MATERNIDADE ATÍPICA

Uma jornada de amor, aceitação e crescimento

COORDENAÇÃO EDITORIAL

Késsia Oliveira

MATERNIDADE ATÍPICA

Uma jornada de amor, aceitação e crescimento

Literare Books
INTERNATIONAL
BRASIL • EUROPA • USA • JAPÃO

PRESIDENTE DO CONSELHO
Maurício Sita

PRESIDENTE
Alessandra Ksenhuck

VICE-PRESIDENTES
Cláudia Pires e Julyana Rosa

DIRETORA DE PROJETOS
Gleide Santos

COORDENADORA EDITORIAL
Amanda Moura

EDITORES
Enrico Giglio de Oliveira

ASSISTENTES EDITORIAIS
Emerson Xavier e Júlia Almeida

REVISORES
Daniela Braz e Renata Siqueira

CAPA E DESIGN EDITORIAL
Lucas Yamauchi

DIAGRAMAÇÃO
Ana Paula Nunes Medeiros

IMPRESSÃO
Printi

Dados Internacionais de Catalogação na Publicação (CIP)
(Câmara Brasileira do Livro, SP, Brasil)

Maternidade atípica : uma jornada de amor, aceitação e crescimento / [organização Késsia Oliveira]. -- São Paulo : Literare Books International, 2024.

Várias autoras.
Bibliografia.
ISBN 978-65-5922-982-6

1. Família - Relacionamentos 2. Mães e filhos - Relacionamento 3. Maternidade 4. Relatos pessoais 5. TEA (Transtorno do Espectro Autista) I. Oliveira, Késsia.

24-232610 CDD-616.858820092

Índices para catálogo sistemático:

1. TEA : Transtorno do Espectro Autista : Mães e filhos : Relacionamento familiar : Relatos pessoais 616.858820092

Eliete Marques da Silva - Bibliotecária - CRB-8/9380

LITERARE BOOKS INTERNATIONAL LTDA.
Alameda dos Guatás, 102
Vila da Saúde — São Paulo, SP. CEP 04053-040
+55 11 2659-0968 | www.literarebooks.com.br
contato@literarebooks.com.br

FSC www.fsc.org
MISTO
Papel | Apoiando o manejo florestal responsável
FSC® C196274

SUMÁRIO

PREFÁCIO

Por causa da minha profissão, passei a conviver de perto com as maternidades típica e atípica.

Tornei-me uma escuta diária de histórias sobre solidão, abandono e desafios.

Sem dúvidas, essa experiência contribuiu para que eu romantizasse menos meu sonho de ser mãe. Afinal, passei a entender que a maternidade é o prazer de viver um amor incondicional e transformador, mas, ao mesmo tempo, é carregar consigo a cobrança diante de uma intensa responsabilidade. Nasce uma mãe, nasce uma culpa.

Por causa da minha profissão, passei a observar o esgotamento materno diante dos mitos reforçados pela sociedade, como o estigma da mãe guerreira. Entretanto, sabemos que a realidade é diferente. A maternidade é também trabalho, privação, é estar sozinha muitas vezes, é sentimento de culpa, é sofrer preconceito. E na maternidade atípica, nos deparamos com uma maior intensidade de desafios.

Eis a dicotomia da maternidade atípica: ser forte e frágil ao mesmo tempo.

A força para lutar por objetos e a vulnerabilidade diante do capacitismo, da solidão e da falta de suporte.

Após o diagnóstico de seus filhos, a mãe atípica precisa seguir um caminho diferente. Nesse novo caminho, ela enfrenta muitos entraves, como falta de acesso aos direitos de inclusão e ao tratamento qualificado de seus filhos.

Algumas delas, devido à falta de acolhimento e solidão, tornam-se mais vulneráveis a quadros depressivos.

Muitas mães atípicas passam a estudar e se capacitam para conseguir replicar as terapias em casa. Elas criam projetos e ajudam na conscientização da condição de seus filhos, passando a ajudar outras mães.

E este livro é um exemplo dessa vanguarda materna.

Mães que se unem na escrita, cada uma contribuindo com um capítulo sobre suas vidas, experiências e aprendizados.

A mãe escritora entrega afeto para a mãe leitora em cada frase, parágrafo e página deste livro, uma troca de empoderamento por meio de informações que respondem às dúvidas e angústias maternas.

Este livro relata a solidão da maternidade, inclusive na busca por um diagnóstico para seus filhos, porém transmite o seguinte recado: "Você não está sozinha".

Este livro é uma troca de carinho entre mães atípicas.

Para você, mãe atípica, este livro é um abraço!

Mariana Espíndola,
Neuropediatra

01

NEUROATIPICIDADE

A JORNADA ENTRE A COMPARAÇÃO E A AÇÃO

A atipicidade é desafiadora. Vivenciando-a, como profissional ou como uma mãe atípica, ampliei a realidade de busca por conhecimento, reconhecimento dos meus erros enquanto educadora e validação de níveis de cansaço e entrega em cada rotina materna existente, enxergando inclusive que, entre mães atípicas, os desafios não são iguais. Que este capítulo acrescente luz e calmaria aos que o encontrarem.

KÉSSIA OLIVEIRA

Késsia Oliveira

É mineira, mãe, esposa, filha, escritora da Coleção *Leituras inclusivas, maternidade positiva* e coautora do *Manual da infância*. É educadora emocional positiva, analista de comportamento e mediadora escolar, entre outras especializações no segmento do neurodesenvolvimento. É formada em Psicopedagogia e especialista em terapia cognitivo-comportamental. Atua como treinadora de profissionais da educação, é palestrante e mentora de mulheres. Atuou por mais de três anos como educadora emocional de crianças até oito anos, orientou e treinou mais de 600 profissionais que atuam diretamente com inclusão da pessoa com deficiência, e busca diariamente levar sua escrita para crianças em vulnerabilidade social. É idealizadora do programa educacional "Circuito Emocional", e ensina sobre emoções, acolhimento e contribuições sociais para professores da rede pública e profissionais de associações com foco na pessoa com deficiência.

Contatos
Instagram: @circuitoemocional
47 99103 3086

Dou início a este breve capítulo, que será tão cheio de vivências, esclarecendo que **mãe** é ser humano, caso você, leitor(a), tenha se esquecido disso em meio à tanta sobrecarga.

Não há também o que eu possa sugerir sobre força, paciência ou determinação, tampouco proferir palavras que tentem amenizar a frustração da mãe que luta por qualidade de vida para sua criança. O que descrevo aqui, entre as observações diversas que fiz ao longo de tantos atendimentos terapêuticos, é para que todas as mães atípicas reconheçam suas jornadas, validando suas dores e principalmente as suas ações.

Uma citação vem elucidar o que pretendo que você sinta ao finalizar esta leitura:

> Se dá um frio na barriga dizer que "é a vida", também é necessário entender que todas as verdades têm um lugar no mundo – às vezes você está querendo se colocar num lugar que não cabe, ou manter uma relação que não dá mais. Ao invés de descobrir novos lugares, tentamos nos constranger, adaptar, diminuir ou aumentar, para caber, para pertencer, para ser algo para alguém. (Reikdal, 2022, p. 35)

Dito isso, leia não somente este texto, como todos ao longo da vida, questionando e entendendo sobre os lugares e as verdades de cada indivíduo que atravessar sua caminhada.

Agora, imagine como seria se a vida nos trouxesse um roteiro. O início da vida materna seria regado a muitas dúvidas, medo e ansiedade. Não viria com absolutamente nenhum nível de experiência, mesmo não sendo a primeira viagem, e ainda nos causaria frustrações diárias. E então, para a mãe atípica, tudo começaria na **comparação**. Não falo daquela comparação negativa, que visa inferiorizar as pessoas; descrevo aqui a comparação saudável – sim, ela existe. É saudável perceber uma criança em relação aos pares da mesma idade e como ela está se comportando. Uma mãe, muitas vezes com um bebê ainda de colo, observa que o sono do seu bebê é muito diferente daquele dos demais, o choro é sempre mais intenso, suas mãos e pés estão sempre em movimento ou em falta constante deles. Vai aumentando a idade, e são pequenos detalhes que para muitas pessoas não significariam nada, mas aquela mãe vai sentindo, percebendo e comparando. Seja a fala que não chegou, ou a hiperlexia. Atrasos motores e/ou comportamentos impulsivos-agressivos. Resistência demais para flexibilizar pequenas rotinas, como a escovação dos dentes com a mesma escova ou calçar primeiro o pé esquerdo todas as vezes. A repetição da mesma história, carrinhos sempre enfileirados, sempre girando, saltando, fazendo uma busca intensa por movimentos autorregulatórios. Ainda tem as questões sensoriais: dificuldade com barulho, texturas, alimentos. Um pouco mais adiante, fase escolar: dificuldade extrema em adaptação, recusa em frequentar a escola, voltam questões relacionadas ao controle inibitório ou inúmeras estereotipias que colocam a criança em risco e/ou ainda é a criança que desenha muito além do esperado, toca instrumentos apenas ouvindo a música uma única vez e é autodidata.

Acenderia então o sinal amarelo. A atenção começaria a virar uma busca intensa por marcos de desenvolvimento. Também seria dada a largada em torno dos especialistas. Um, dois, três ou o pior dos cenários: encontrar alguém que realmente queira enxergar sua criança e que possa avaliá-la de maneira mais adequada e respeitosa, não reduzindo-a apenas ao diagnóstico. A mãe, além de comparar, começaria ali a jornada da negação.

Negação do possível atraso, da possível neurodivergência, dos supostos diagnósticos e da nada generosa jornada de terapias intensivas e onerosas demais para o orçamento familiar. Aqui não dá mais para falar em situação hipotética, tudo isso é real demais. O roteiro não veio pronto, mas o desenrolar da história de uma maternidade atípica tem sido sempre próximo de tudo isso que descrevi.

Nunca foi e nunca será negação do filho. Para a mãe, não é sobre amar mais ou dedicar-se menos a uma criança pela condição neurológica ou alguma deficiência apresentada. É negação do processo, do medo do que está por vir, da sociedade e da inclusão de cada uma dessas crianças no mundo. Agora, convido, com a ajuda desta citação, que você, leitor(a), enxergue o que é a neuroatipicidade:

> Parece-me que a beleza do comportamento incompatível é utilizar um fenômeno natural: precisa-se de mais energia para fazer parar um objeto em movimento do que para mudar sua direção, ou seja, pode ser mais fácil convencer alguém a fazer algo diferente do que a deixar de fazer alguma coisa.
> (Sutherland, 2008, p. 162)

Enquanto a sociedade insistir que os neuroatípicos é que precisam deixar de fazer algo, ao invés de decidir mudar suas próprias ações e leituras sobre as diferenças, não haverá leveza e evolução para o cuidado atípico.

Lembro-me agora, escrevendo este capítulo, de ter lido, em vários lugares, textos que sugerem que mães atípicas sofrem um **luto do filho perfeito**. Eu consigo assimilar o que essa frase quer dizer, mas escolho descrever de outra maneira. Mães atípicas são **mães**. Nós, mães, tememos constantemente por tudo o que pode acontecer aos nossos filhos quando não estivermos lá para protegê-los ou guiá-los. Nossos filhos são perfeitos à maneira que vieram para nós, com todas as suas imperfeições, inerentes ao ser humano. O que uma mãe atípica vive não é sobre **luto**, é sobre **vida**. Sobre encontrar **melhor qualidade de vida** para seus filhos em meio a tanta desigualdade social e pouquíssimas políticas públicas de incentivo à verdadeira **inclusão** à pessoa com deficiência.

Sobrevivendo ao processo de negação, essa mãe atípica, que na maioria das vezes está sozinha na jornada de atenção à criança, inicia a etapa da **ação**. Uma etapa importante e delicada, na mesma proporção. Uma mãe disposta a fazer todas as terapias, todos os tratamentos sugeridos, qualquer proposta é válida. Algumas mães são induzidas por anos e anos em terapias que infelizmente não irão acrescentar em nada no avanço do neurodesenvolvimento da criança. Outras tantas sobrecarregam suas mentes e lotam as crianças com agendas tão intensas de terapia que mal sobra tempo para que sejam apenas mãe e criança, para além de terapeutas e pacientes. Muitas passam horas separadas por paredes de clínicas e perdendo momentos de interação e conexão. O momento da ação é confuso. A identificação dos profissionais, as recusas e manejos inadequados nas escolas, o uso inadequado de medicações e a quantidade de rótulos que essa mãe e essa criança vão recebendo é imensa. É exaustivo até para descrever. Agir demais pode impedir que a família respeite suas pausas, seus medos e suas necessidades enquanto **lar**. Não agir não é uma opção, e para muitas ainda é o único caminho possível.

Não é uma escolha. A maternidade – principalmente atípica – nos convida a cultivar um constante desejo de cuidar. Desejar, diariamente, cuidar de alguém e viver para que essa criança possa ser respeitada em suas diferenças, é um trabalho pesado, e, por maior que seja a vontade de dizer que está tudo bem não desejar cuidar, não é possível usar essa frase aqui, no maternar. Não estará tudo bem se não desejarmos cuidar das nossas crianças. Nós precisaremos, enquanto cuidadores principais, alimentar esse desejo de cuidar, nutrindo mais laços de afeto, buscando mais autoconhecimento e revisitando nossos traumas e dores ao longo de nossas vidas.

É possível oferecer às nossas crianças aquilo que nunca recebemos? Sim, e para isso é indeclinável a busca pelo conhecimento e terapias de saúde emocional. É fácil? Jamais. Aliás, em se tratando de maternidade **atípica**, precisamos considerar ainda que as mães podem ser pessoas neurodivergentes, com suas próprias dificuldades de regulação emocional e flexibilidade cognitiva.

Vamos precisar descobrir o que fazer com a nossa própria raiva, com nosso choro e nossos gritos, além de entender a importância de algo que nunca antes foi tão falado quanto a **saúde mental** e **educação emocional**. Desejar cuidar de uma criança envolve a percepção de que precisaremos também cuidar de nós, das nossas mentes, corpos e espíritos. A grandeza do papel educacional e de criação de crianças é justamente o quanto tê-los em nossas vidas nos transforma em seres humanos melhores. Educando e criando filhos, nos obrigaremos a aprender sobre educação financeira e reeducação alimentar. Aprenderemos com eles sobre a importância de todos os sentidos do corpo humano e entenderemos também sobre alergias alimentares e alterações de pele. Passaremos a melhorar nossa relação com o uso de telas e redes sociais, bem como nos esforçaremos para ler mais livros. Aplicaremos, mesmo que de maneira leve ou inconstante, a teoria de **ser exemplo**. Não há ensino maior sobre comportamento que o **exemplo**, bem como não é possível encontrar melhor maneira de moldar positivamente um cérebro além de oferecendo **afeto**.

A jornada materna, a neuroatipicidade e as ações que virão ao longo do tempo não estarão munidas de um manual de instruções, e a vida não vem com um roteiro pré-estabelecido. É descoberta diária, é recálculo de rota. É a ambiguidade entre o cansaço extremo e o amor inigualável. Ainda que essa frase soe como uma romantização do sofrimento envolvido nesse ato de constante abdicação, é apenas um convite à reflexão do quanto precisamos buscar forças nesse sentimento tão puro e seguir na jornada.

Sinto ainda, neste capítulo, como se eu pudesse convidar uma mãe atípica para tomar um chá em minha casa. Estaríamos tentando tomar o nosso chá, enquanto as nossas crianças transformariam a sala num ateliê de pinturas com cola branca e *glitter* para todo lado, além do banheiro, que já estaria em várias poças de sabão com tinta. Eu limparia tudo depois com todo prazer. Mas eu poderia expressar, segurando-a pelas mãos:

"Querida, acolha-se! Sejamos nós, mulheres e mães, acolhimento e afeto umas para as outras. Sejamos as que estendem mãos, não as que julgam e fecham portas. Que estas palavras ecoem em você e lhe permitam entender que não podemos controlar a vida. Você está vivendo e fazendo um ótimo trabalho. Que seja o mais leve possível, e que você encontre pessoas boas para contar." Cito:

> A sua maternidade tem fome de quê? Gaste seu tempo nisso e seja mais amena consigo em outros aspectos. Vai ser bom para você e para todos ao seu redor. Daí seu filho já tira a lição de que não dá para abraçar o mundo.
> (Rios, 2019, p. 163)

É real a vontade de viver este momento com muitas mães, principalmente atípicas e que vivem a maternidade sozinhas, mas finalizo este breve momento de reflexão, traduzido em poucas palavras, com a sensação de dever cumprido. A vida não precisa ser um cabo de guerra e você não precisa segurar a corda o tempo inteiro. Afrouxe a mão quando precisar, respire, compreenda e chore para aliviar. A gente não precisa ganhar todas, a gente já ganha demais mantendo o mínimo de sanidade. A jornada tem começo, meio e nunca terá fim. Filhos são eternos e precisaremos escolher nossas batalhas. **Viva**!

Referências

REIKDAL, M. *Em busca de si mesmo*: o poder do autoconhecimento como filosofia. Petrópolis: Vozes Nobilis, 2022.

RIOS, M. *Do caos ao instinto*: é preciso coragem para se conectar ao seu filho. São Paulo: Skoobooks, 2019.

SUTHERLAND, A. *O que a baleia Shamu me ensinou sobre a vida, amor e casamento*: lições dos animais e seus treinadores para todos nós. Rio de Janeiro: BestSeller, 2008.

02

NÃO HÁ NADA DE ERRADO COM VOCÊ!

Ser mãe implica inúmeros desafios cotidianos que se iniciam na gestação e se intensificam com o nascimento dos filhos. E, quando eles nascem, a vida se torna mais complexa e as prioridades se invertem. Uma mãe atípica vivencia uma situação ainda mais dinâmica, pois precisa lidar com um mundo desconhecido e explorar novas alternativas trazidas pela incerteza que o diagnóstico do seu filho representa.

ALESSANDRA OLIVEIRA

Alessandra Oliveira

Graduada em Administração de Empresas, com MBA em Finanças Executivas e pós-graduação nas áreas de compliance e integridade corporativa, e em abordagem interdisciplinar em síndrome de Down (T21). Especialista em Gestão pela Harvard Business School, *Personal & Professional Coaching*, certificada pela Sociedade Brasileira de Coaching (SBC) e, atualmente, mestranda em Intervenção Psicológica no Desenvolvimento e na Educação. É coautora em quatro livros sobre educação e empoderamento feminino, e exerce uma liderança admirável em sua vida pessoal e profissional. Acredita que o mundo não será um lugar bom para si própria se não for bom para todos! Tem mais de 23 anos de trajetória profissional, a maior parte em cargos de liderança em instituições do mercado financeiro e do setor de óleo, gás natural e energia. Mentora feminina e voluntária no acolhimento de famílias de crianças nascidas com síndrome de Down. Mãe atípica, apaixonada e dedicada aos pequenos projetos Catharina e Heitor, a primeira com altas habilidades e superdotação, e o segundo com T21.

Contatos
Instagram: @alessandra.s.oliveira
LinkedIn: alessandra-oliveira-adm
21 98886 6233

Quando éramos crianças, costumávamos pensar que quando crescêssemos não seríamos mais vulneráveis. Mas crescer é aceitar a vulnerabilidade. Estar vivo é estar vulnerável.

Madeleine L'engle

Grandes histórias surgem diariamente por meio das experiências com nossos filhos, construindo memórias afetivas que carregaremos por toda a nossa vida. Internamente, é um misto de emoções que se entrelaçam entre as histórias vividas com nossos pais, a nossa própria história enquanto mulher, antes dos filhos, e a nova realidade enquanto mães e responsáveis por prover e orientar uma outra pessoa gerada por nós. E, por assim dizer, não nos resta dúvidas do quão importante é a preservação emocional da mulher para exercer tantos papéis distintos e complementares entre si.

Toda mãe necessita de apoio, compreensão e acolhimento – uma mãe atípica precisa disso tudo em doses ainda mais generosas. O primeiro desafio é aceitar o sentimento de luto e frustração que o diagnóstico apresenta: é preciso superar a expectativa inicial do "filho sonhado" para dar lugar ao "filho concebido". A duração do luto pode variar de acordo com inúmeros fatores e devemos respeitar o tempo de cada família. Entretanto, é preciso que essa etapa seja superada para que a mãe se permita viver integralmente a maternidade e "devoção" pelo filho, que será fonte de muita alegria, ainda que traga consigo uma gama de necessidades extras.

Muitas mães declaram que não passaram pela fase do luto ao se depararem com o diagnóstico. A forma como cada pessoa se comporta, aceita e valoriza a vida está baseada em seu filtro cultural, fruto de suas experiências ao longo de sua jornada. Acredito que o filtro cultural delas trouxe mais rapidamente a percepção de que o amor supera todos os obstáculos em direção à maternidade que "podemos ter". Com o avanço da medicina e das adaptações na área da educação, a sociedade passou a compreender que o diagnóstico não é uma sentença e que, portanto, uma criança atípica também alcança os marcos de desenvolvimento esperados e deve ser integrada em todos os núcleos sociais. O caminho a ser percorrido envolve a estimulação precoce, uma família engajada, uma escola adaptada ao conceito de educação especial, acesso a médicos e profissionais multidisciplinares especializados.

Toda mãe passa pelo puerpério, ou seja, o período após o parto que se inicia com a saída da placenta e termina com a primeira ovulação, e que dura entre 45 e 60 dias. Esse período representa uma etapa de transição, em que o corpo experimenta mudanças profundas e as emoções ficam à flor da pele. Nessa fase, a mãe demanda uma especial atenção devido às oscilações hormonais significativas que, associadas às mudanças de rotina, privação de sono e insegurança quanto aos cuidados com o recém-nascido, podem deixar a puérpera mais instável emocionalmente. Imaginemos, então, o cenário delicado que é a junção do puerpério com a notícia do diagnóstico. É necessário desmistificar essa fase da vida da mulher, pois estamos nos referindo a comportamentos ligados às oscilações biológicas e não ao caráter.

A maternidade atípica é uma experiência singular que se diversifica de acordo com a deficiência da criança. Ela traz mudanças significativas na rotina familiar, com frequentes consultas médicas e sessões de terapias, preocupação com alimentação balanceada e suplementação, além das temidas adaptações escolares. Essa grande demanda relacionada ao planejamento e à execução da rotina dos filhos faz com que as mães, muitas vezes, sofram com o estresse físico e emocional, que nem sempre são reconhecidos e auxiliados por falta de rede de apoio.

Um processo com muitos desafios

Segundo um estudo divulgado em 2023 pelo Instituto Mano Down, uma entidade sem fins lucrativos que apoia a independência e a inclusão de pessoas com síndrome de Down e outras deficiências, aproximadamente 73% dos pais abandonam as famílias em até cinco anos após o nascimento do filho com deficiência intelectual.

Os pais desempenham um papel crucial nessa jornada e a participação ativa de cada um deles nas terapias e na compreensão das necessidades específicas do filho é essencial para o desenvolvimento integral da criança. A maternidade não é uma tarefa trivial e pode se tornar muito pesada à medida que a paternidade não é exercida de maneira plena e responsável. Quando o pai abandona a família, a mãe se torna a única encarregada de levar os filhos aos médicos e terapeutas, brigar por cobertura do plano de saúde ou lidar com o sistema de saúde público, além de buscar a inclusão na escola, que engloba a oferta de recursos e oportunidade de desenvolvimento e aprendizagem. Além disso, muitas vezes, a dura realidade de ser a única provedora da família recai sobre a mulher. O custo de vida associado ao núcleo familiar atípico tende a ser mais elevado, com altas despesas médicas e terapêuticas que, por vezes, consomem a maior parte da renda familiar, situação delicada principalmente quando se trata de uma família com outros filhos.

Diante de tanta sobrecarga, as mães atípicas enfrentam muitas aflições que causam insegurança, medo, cansaço, impotência, solidão, sensação de rejeição, baixa autoestima e estresse, além de casos graves de crises de ansiedade generalizada, depressão, síndrome do pânico e burnout. Muitas se sentem ignoradas pela sociedade, gerando um sentimento de isolamento social por não conseguirem participar de encontros familiares e de amigos devido à intensa rotina, adicionada ao preconceito e ao capacitismo relacionados ao seu filho.

O bem-estar é uma combinação complexa de saúde emocional e física, cada uma delas com seus próprios desafios. Mas diante de todos esses desafios, o que fazer para garantir que as mães tenham integridade ao exercer seus inúmeros papéis?

A inteligência emocional na maternidade atípica

A inteligência emocional é muito valorizada atualmente, pois traz benefícios tanto para quem a aplica em sua vida quanto para as pessoas com quem se convive. Por esse motivo, virou pauta nas sessões de terapia e nos treinamentos corporativos. Mas do que exatamente estamos falando?

A inteligência emocional é a capacidade de gerir as próprias emoções de modo que elas sejam expressas de maneira apropriada e eficaz. Envolve habilidades como autoconhecimento, empatia, motivação e compreensão de sistemas complexos, estimulando práticas que promovem a saúde mental da população. A saúde mental é um componente crítico do bem-estar emocional na maternidade, podendo desencadear uma série de emoções, incluindo ansiedade, tristeza e medo. É preciso reconhecer que esses sentimentos são normais, não sinalizam ou significam fraqueza e, desse modo, procurar ajuda profissional quando necessário.

A prática da atenção plena (mindfulness) também pode ser uma aliada na promoção da saúde mental. Ao desenvolver a inteligência emocional, as mães atípicas podem lidar melhor com o estresse e as dificuldades, encontrando meios amistosos e eficazes para cuidar de si mesmas e de seus filhos.

A preparação emocional é importante para a prática da maternidade: cada mulher tem suas próprias experiências antes de ter um filho e isso pode afetar de forma positiva ou negativa. Não existe uma única maneira correta de se preparar emocionalmente para ser mãe. É essencial que as futuras mães sigam seu próprio caminho de forma autêntica e respeitem suas necessidades, preferências e valores pessoais. A maternidade é uma oportunidade de crescimento, aprendizado, descobertas, sendo essencial a manutenção do amor-próprio.

Sugere-se manter relações saudáveis com outros pais e mães que enfrentam desafios semelhantes para partilhar experiências e solidariedade entre famílias. Ao falar sobre as próprias experiências com outras pessoas, a família atípica tende a lidar melhor com as emoções e a encontrar soluções para os desafios que aparecem. Além disso, exercitar a autorregulação reconhecendo e nomeando suas emoções facilita o seu gerenciamento ao longo da jornada.

Estratégias emocionais na maternidade atípica

Como mencionado anteriormente, a recomendação é que estejamos preparadas para exercer a maternidade atípica, pois perpassaremos por fases de intensas emoções que vão da felicidade à angústia em frações de segundos. As emoções fazem parte dessa experiência e devem ser reconhecidas, não ignoradas. Por isso, é importante buscar um equilíbrio emocional interno e preparação para a maternidade, lidando previamente com as próprias crenças, medos e desejos.

Leia, a seguir, algumas práticas recomendadas para manutenção do equilíbrio pessoal na maternidade.

- O autocuidado é essencial, pois ajuda a mãe a cuidar de si e do bebê. Técnicas como meditação, respiração intencional, exercício físico e outras atividades reduzem o estresse e a ansiedade.
- A maternidade atípica implica enfrentar a dor pela perda do filho idealizado e o acolhimento do filho real. É essencial procurar ajuda profissional e suporte emocional. Às mães: deixem-se viver o luto e, se for

preciso, desçam até o fundo do poço, mas, ao chegar lá, tomem impulso e retornem à superfície com toda força.

- É recomendada a terapia visando regulação emocional. Além da terapia com a mãe, em alguns casos, é indicada a intervenção precoce na criança como fator fundamental para o desenvolvimento de suas capacidades emocionais, intelectuais e cognitivas. Especialistas em terapia, psicologia e saúde podem prover ajuda vital para os dois casos.
- A mãe deve buscar conhecimento especializado sobre o diagnóstico do filho para entender melhor as suas necessidades, comportamentos e reações. Use e abuse da literatura de qualidade, tanto técnica quanto biográfica.
- A mãe deve organizar sua rotina e priorizar o que é mais importante, tanto na rotina da família quanto na sua agenda pessoal, além de manter a qualidade do sono e evitar situações de estresse desnecessário.
- Gerir relacionamentos e rede de apoio fortalece o núcleo familiar, ao passo que alivia as tensões maternas. Construir uma rede de apoio forte inclui cultivar amizades e trocas com outras famílias atípicas. Se possível, contar com cuidadores para ajudar com as tarefas domésticas pode permitir que a mãe tenha tempo para descansar e se concentrar no bebê.
- Buscar apoio do parceiro para compartilhar responsabilidades e enfrentar desafios juntos. Atenção: pais não são rede de apoio! Os pais têm obrigações com a criança e não devem ser eximidos dessa responsabilidade. Além da jornada como pais do filho atípico, existe a jornada de companheirismo e relacionamento romântico, muitas vezes negligenciada em função do aumento da demanda familiar.

Nutra o seu relacionamento consigo e com seu filho!

Como mãe de duas crianças atípicas, falo com propriedade: enfrentar expectativas e incertezas requer reconhecer que a maternidade é um processo de aprendizagem permanente. Logo, não existe uma receita perfeita e os erros e dificuldades devem ser vistos como oportunidades de crescimento. Por isso, é essencial praticar a autoempatia e entender que é natural não ter todas as respostas. Como mãe e mulher, o que conta é estar disposta a aprender, transformar e, acima de tudo, amar e cuidar do seu filho com o melhor do seu conhecimento e habilidade hoje.

Antes de se tornar mãe, como era a sua vida? Quais eram as suas ambições, projetos e passatempos? Do que você abriu mão para viver a maternidade? Muitas vezes, temos que adiar sonhos e planos, mas precisamos saber o momento certo de equilibrar, começar a balancear e nos permitir retomar os nossos prazeres.

A sociedade impõe um padrão de mãe perfeita, o que é irreal. Muitas mães se sentem sobrecarregadas e desvalorizadas com a rotina intensa de cuidar dos filhos. Mas não podemos nos esquecer da mulher que somos. Precisamos cuidar da nossa saúde física e mental, principalmente das nossas emoções. Podemos meditar, fazer ioga e ler, ou até praticar algo que nos faça bem e ajude a nos reconectar com nós mesmas.

Celebre o progresso do seu filho, pois cada passo, mesmo pequeno, é uma conquista. Torne a jornada uma festa de amor e apoio incondicional. Entenda que cada mãe e cada bebê são diferentes, e o que funciona para uma família pode não funcionar para outra. Dê atenção aos outros filhos que tiver, não se concentre só no filho atípico, mas crie um vínculo saudável com todos eles. Respeite o tempo de cada um. Não se culpe, confie em você e no seu filho.

O mundo que nós queremos

Enquanto sociedade não podemos nos abster de agir. É importante ter empatia e prestar apoio às mães de crianças atípicas. Recursos como a criação de redes de apoio para contato com outras mães e profissionais especializados estimulam o sentimento de pertencimento ao grupo e amenizam a sensação de invisibilidade. Devemos mostrar compreensão e reforçar que elas não estão sozinhas, criando um ambiente inclusivo e acolhedor, no qual possam expressar suas angústias e se informar sobre os direitos e cuidados com a criança atípica.

Cuidar das famílias atípicas é uma responsabilidade de toda a sociedade, pois elas desempenham um papel fundamental na qualidade de vida e no desenvolvimento de seus filhos. Merecem apoio prático, suporte emocional, compreensão e respeito de todos.

Reconhecer e valorizar a diversidade da maternidade pode construir uma sociedade mais inclusiva, empática e solidária. Vamos juntas nessa jornada?

Gostaria de dizer, mãe atípica, que você não está sozinha! Compreendemos os seus sentimentos e queremos ajudá-la! E, para a sociedade, um recado muito importante: sejam gentis, tenham empatia e participem ativamente dessa mudança de comportamento.

Referências

ALVES, E. G. R. A morte do filho idealizado. *O Mundo da Saúde*, São Paulo, v. 36, n. 1, p. 90-97, 2012. Disponível em: https://bvsms.saude.gov.br/bvs/artigos/mundo_saude/morte_filho_idealizado.pdf. Acesso em: 26 set. 2024.

CHAGAS, E. S. *Trajetória biográfica-escolar de um estudante com altas habilidades na educação infantil e anos iniciais do ensino fundamental*: a perspectiva da família. 2021. 98 f. Trabalho de Conclusão de Curso (Graduação em Pedagogia) – Faculdade de Educação, Universidade de Brasília, Brasília, 2021.

HASIMOTO, L. G. *Maternidade e síndrome de Down*: experiências e desafios. 2024. 29 f. Trabalho de Conclusão de Curso (Licenciatura em História) – Faculdade de Ciências Humanas, Universidade Federal de Mato Grosso do Sul, Campo Grande, 2024.

KINTOPE, L. O.; BORGES, R. de S. Empoderando mães atípicas: um estudo de campo sobre a importância da autoestima na maternidade atípica. *Journal of Media Critiques*, v. 6, n. 18, p. 21-36, 2020. Disponível em: https://journalmediacritiques.com/index.php/jmc/article/view/28. Acesso em: 26 set. 2024.

03

OS PROCESSOS DA MATERNIDADE ATÍPICA

Desde a gravidez, os pais idealizam o futuro do filho, mas essa idealização pode ser desfeita ao descobrir um transtorno e/ou deficiência. Isso desencadeia um processo de luto e busca por apoio, terapias e informações. Muitas mães se veem sobrecarregadas, negligenciando sua própria saúde física e mental. No entanto, é importante lembrar que cuidar de si mesma não as torna menos mães.

BEATRIZ FERREIRA DA SILVA

Beatriz Ferreira da Silva

Psicóloga graduada pela Faculdade Anhanguera (2019), com pós-graduação em Intervenção de Análise do Comportamento Aplicada (ABA) para Transtorno do Espectro Autista (TEA) pela Faculdade Metropolitana (2022). Atua na promoção do bem-estar e da saúde mental em adultos e adolescentes e no desenvolvimento precoce em crianças com transtorno do espectro autista (TEA).

Contatos
beatriz.ferreira.silva.96@gmail.com
Instagram: @beatriz.ferreira.psi
11 98568 8995

Maternidade, quantos sonhos são realizados e desfeitos ao longo da gestação? Muitas pessoas sonham com a maternidade inclusive antes mesmo de concretizá-la.

Após a descoberta e no decorrer da gestação, os pais passam a planejar como será esse filho(a), seus costumes, religião, relações e estudos, considerando toda a cultura visada e/ou já praticada no núcleo familiar. Essa idealização é necessária, pois "a mãe precisaria personificar o feto para que, na hora do parto, não se encontre com alguém completamente estranho a ela" (BRAZELTON; CRAMER, 1992, *apud* PICCININI *et al.*, 2003, p. 83). Com isso, essa personificação também pode ser relacionada com as características físicas dessa criança, incluindo o sexo do bebê.

Nota-se então que a maternidade por si só já carrega projeções e medos e um exemplo disso é o atual chá revelação, no qual as pessoas podem compartilhar a experiência de torcer pelo sexo do bebê e, ao mesmo tempo, frustrarem-se caso o sexo desejado não seja o constatado.

Ainda no exemplo acima, após a revelação, cria-se uma rede de apoio, na qual são compartilhadas experiências, sonhos, conquistas e possíveis frustrações.

Durante a gestação, quantos conselhos você escutou? Eles sempre eram bem-vindos? Talvez nem todos. Mas ali, em cada conselho, existia uma esperança de ter uma rede de apoio, pois, em maternidades típicas, as vivências tendem a ser compartilhadas e compreendidas.

Nas maternidades atípicas, também há a idealização do filho(a); entretanto, após a descoberta do transtorno ou deficiência, constata-se a ocorrência do processo de luto do filho idealizado, um filho simbólico, além dos medos e incertezas de todas as projeções já realizadas.

É válido ressaltar que "mesmo quando o luto foi elaborado, é comum o retorno eventual do sofrimento em determinadas situações em que o falecido é lembrado" (Campbell, 2011, p. 59), ou seja, é possível que, em diversos momentos, os pais ainda sofram por situações que gostariam de estar vivenciando, pois, nesse caso, o "falecido" que está sendo lembrado é o filho simbólico.

Em meio ao processo de luto, também ocorrem as idas incansáveis aos médicos e especialistas. Afinal, além da esperança de que o diagnóstico seja um equívoco, também se inicia uma corrida contra o tempo.

Tempo em relação ao qual muitas mães acreditam estar atrasadas, pois nem sempre o diagnóstico é precoce. Por conta da falta de conhecimento e de profissionais especializados, muitos diagnósticos são confirmados tardiamente.

E, assim, iniciam-se os processos de buscas por terapias multidisciplinares, brigas por direitos negligenciados, buscas por mais informações e estudos de como melhorar a qualidade de vida do(a) filho(a) e informar aos familiares e amigos sobre cada dificuldade do(a) filho(a) e maneiras de ajudar.

Nesse momento, também aparece a culpa e o pensamento "fiz algo de errado na gestação?", "tem algo de errado comigo?", "existem casos na minha família?", "por que não percebi antes?". E para cada culpa, ao procurar a rede de apoio, percebe-se o quão frágil e escassa ela pode ser.

Para algumas pessoas que estão em seu convívio, você será invalidada, pois passará a ser considerada culpada, ou ainda será colocada na posição de "Mulher-Maravilha", de "Supermãe", e assim colocarão em você a responsabilidade de lidar com tudo sozinha; "a ovelha aguenta o peso da própria lã".

Ainda será preciso lidar com a desinformação e os julgamentos em relação a comportamentos de seu filho, muitas vezes compreendidos como "falta de educação e exemplo materno".

A maternidade atípica pode, sim, se tornar solitária, cheia de julgamentos, medos e necessidades básicas, pois nem todas as mães têm a possibilidade de trabalhar e deixar seu filho sob cuidados especializados e de qualidade.

Nenhum salva-vidas inicia sua profissão sem saber nadar, nenhum médico inicia sua carreira sem antes estudar, mas a maternidade atípica se inicia sem preparos; afinal, dos conselhos que se recebe durante a gestação nenhum é sobre a maternidade atípica.

É comum encontrar mães atípicas que precisam de cuidados, como necessidades básicas (alimentação, moradia, dinheiro etc.), em busca de trabalho, ou de um trabalho que respeite suas necessidades, tempo e disponibilidade para lazer de qualidade, rede de apoio, saúde física e mental. Mãe, qual foi a última vez que foi ao médico para se consultar? Você costuma sair para se divertir? Quando precisa, tem alguém que a ajude a levar seu filho em consultas e à escola? Existe alguém que escute você sem julgamentos e estereótipos? No seu trabalho, você pode se ausentar sem sentir medo de uma possível demissão?

Dizem que a maternidade atípica é sobrecarregada e cansativa, mas se esquecem de dizer o quanto se aprende a valorizar cada momento e conquista, como um dia em que conseguiu achar tempo para fazer algo por si mesma ou até aquele dia que passou sem se sentir sobrecarregada. Também se valoriza e se comemora uma conquista do filho, que, após muita intervenção, passou a realizar alguma atividade e/ou comportamento.

Seu filho pode até não ser o filho idealizado na gestação, mas não deixou de ser amado por isso.

Na maternidade atípica, o cansaço e o desânimo podem ser bem acentuados e impactar as necessidades da mãe. Quando uma mãe não leva o filho às terapias ou não dá o suporte necessário em um momento de fragilidade, ela pode apresentar sentimentos de culpa e pensamentos, como "e se fosse diferente" ou "não sou boa o suficiente". Isso acontece pela pressão social e romantização da maternidade e da mãe, da qual espera-se que sempre dê conta de tudo e, em razão disso, acabe por negligenciar sua própria saúde. Desse modo, vale ressaltar que mães também podem se sentir cansadas, e que erros e fraquezas fazem parte do ser humano.

Vale ressaltar o quão importante é se cuidar, pois só assim é possível cuidar de outras pessoas. Então permita-se se arrumar, fazer algo de que goste (mesmo que às vezes precise adaptar), ir em busca de sua saúde física e mental. Você não será "menos mãe" se permitindo viver e se cuidando. Lute por seus direitos da mesma forma que luta pelos direitos de seus filhos.

E lembre-se: o combate pela divulgação de informações confiáveis, pelo fim do preconceito e do capacitismo e, sobretudo, por qualidade de vida deve ser travado pela sociedade como um todo e não apenas pela maternidade atípica.

Referências

CAMPBELL, A. B. *O mundo interno diante da morte:* a elaboração do luto. 2011. 23 f. Tese (Doutorado) – Pontifícia Universidade Católica do Rio de Janeiro, Rio de Janeiro, 2011.

PICCININI, C. A. *et al.* O bebê imaginário e as expectativas quanto ao futuro do filho em gestantes adolescentes e adultas. *Interações*, São Paulo, v. 8, n. 16, p. 81-108, dez. 2003.

04

COMO RESSIGNIFIQUEI TODAS AS ÁREAS DA MINHA VIDA APÓS DUAS GESTAÇÕES ATÍPICAS

Estive pensando por muito tempo sobre o que eu poderia colocar neste capítulo que impactará a sua vida de forma que não seja apenas palavras em vão, mas que altere a química dos seus pensamentos para algo positivo, mesmo em meio a tantas diversidades que se apresentam na maternidade atípica, e eu diria também da vida adulta. Decidi contar, neste capítulo, para vocês sobre períodos específicos dessa minha trajetória de dez anos, vivendo uma maternidade atípica na transição da adolescência para a vida adulta, e quais foram os pontos de impacto disso em minha vida. Vou contar a minha história por meio de divisões de títulos para simplificar a leitura e seu entendimento e citar a mudança drástica que tive em todas as áreas da minha vida.

BIA BOMBAZARO

Bia Bombazaro

Atualmente com 27 anos, empreendedora, mãe de duas crianças, uma com síndrome de Down (T21) e transtorno do espectro autista (TEA) e outra com T21, casada, formada em Radiologia e Fotografia, atuando também como comunicadora digital.

Contatos
contato.bombazaro@gmail.com
Instagram: @biabombazaro
@bombazarofotos
@mayconbombazaro

O começo

Aos 16 anos, no terceiro ano do ensino médio, descobri a minha primeira gravidez. Apesar de ter engravidado na adolescência, sempre tive uma ótima educação e estudei em boas escolas. Fui criada pela minha mãe com a ajuda de toda a família dela. Viemos de uma classe social simples, sem luxos, de pessoas que trabalhavam incansavelmente para ter uma condição de vida ao menos confortável. Estava em um namoro de pouco mais de seis meses quando me vi grávida em uma fase única na vida de toda menina, que é a adolescência.

No terceiro mês de gestação, através de um exame de ultrassonografia, a translucência nucal (TN) do bebê deu alterada, então foi indicada a amniocentese, um exame mais invasivo para saber de fato o que o bebê tinha. Aí começa o primeiro baque da minha vida: filha de pais separados, origem simples, grávida do primeiro filho, no terceiro ano do ensino médio, de uma criança diagnosticada com síndrome de Down (T21), recebendo na época um salário de R$ 400,00 por um estágio de auxiliar de professora. Meu primeiro emprego foi aos 14 anos. O segundo emprego foi em uma escola aos 16 anos, no qual não permaneci por muito tempo, pois passava mal pelos sintomas físicos da primeira gestação, e logo em seguida, o impacto mental, com a notícia da descoberta de que eu não seria uma mãe convencional.

Foi um baque para minha família e para a família do meu namorado na época (atual esposo). Por sermos de família religiosa, nossos familiares organizaram um casamento às pressas para oficializar a nossa união. Não pudemos sonhar nem preparar com alegria essa parte da nossa história. Ao realizar meu casamento, já estava com 17 anos e grávida de cinco meses. Uma festa em que não estavam presentes nossos amigos nem pessoas especiais da nossa vida. Éramos sustentados pelos nossos pais. Logo o Enzo nasceu e, além da depressão, conheci também a crise de pânico. Entrei em desespero ao chegar em casa com um bebê que precisava de tantos cuidados; conseguia sentir meu sangue correr nas veias de tão perdida que eu me encontrava. Não sabia mais sorrir, entrei em um looping de sofrimento e negação pela vida que estava vivendo; afinal, ninguém sonha em engravidar na adolescência de um bebê atípico, sem casa, dinheiro e formação.

Depressão, crise de ansiedade e crise de pânico

Minha mãe sempre deixou claro que faria de tudo para me ajudar; e quando eu estava no fundo do poço, com pensamentos suicidas, sem ânimo para viver, ela me forçou a não desistir de correr atrás dos meus sonhos. Após o nascimento do Enzo, me dediquei única e exclusivamente a ele, e em seguida voltei a pensar um pouco mais em mim, sobre qual faculdade fazer e o que me tornar. Não queria um título de uma mulher que teve um filho deficiente e não conquistou nada na vida.

Foi então que virei a chave dos meus pensamentos: eu precisava fazer minha história ser vista e fazer dos limões que estavam em minha vida uma limonada bem gelada! Em 2014 criei uma página no Instagram mostrando minha rotina com meu filho; comecei a relatar nossas conquistas e dificuldades. Eu não conhecia ninguém desse universo atípico, mas sempre imaginei que teria pessoas vivendo e passando pela mesma fase que a minha.

Minha página na internet tomou uma proporção que não imaginava e, em pouco tempo, já estávamos em vários jornais e noticiários de TV. Voltei a estudar com a ajuda da minha mãe, que me auxiliava nas idas aos médicos e terapias. Enzo ficava doente com facilidade, o que resultou em várias internações também! Onde estava o pai? Meu marido começou a trabalhar fora da cidade, e estava em casa a cada 15 dias, ou quando o Enzo se encontrava em alguma internação.

Comecei a mascarar meus sentimentos e seguir minha rotina como se nada estivesse acontecendo dentro da minha cabeça; buscava sempre os melhores terapeutas e melhores médicos da cidade e, mesmo assim, o Enzo não apresentava uma resposta significativa ao tratamento. Eu não entendia por que ele não evoluía mesmo sendo atendido nos melhores locais. Comecei a me martirizar, pensando no que eu estava errando, ou se era a falta de dinheiro, que nunca conseguíamos juntar o suficiente. Minha incapacidade de suprir tudo o que a sociedade e os médicos me pediam acabou com a minha saúde mental.

A depressão que não tratei na gestação voltou com tudo, bem pior. Naquela altura da minha vida havia concluído minha formação como fotógrafa (minha mãe ia junto em todas as aulas para, nos intervalos, eu poder amamentar o Enzo) e estava na segunda graduação. Eram as terapias do Enzo de manhã; de tarde, estágio da faculdade; de noite, faculdade e, aos finais de semana, fotografava festas e realizava ensaios fotográficos.

Meu corpo e mente não aguentaram a sobrecarga emocional. Procurei ajuda psiquiátrica e psicológica, e iniciei um tratamento fortíssimo com várias medicações, pois não conseguia me alimentar e já havia perdido dez quilos em pouco menos de dois meses, tinha alucinações; e foi nesse momento que reconheci que precisava de ajuda profissional.

Entrei em processo de negação novamente me perguntando o porquê de ter tido um bebê que todos chamavam de "especial", via todos vivendo uma vida tranquila, estudando e tendo "filhos normais"; muitas coisas passavam pela minha mente, comecei a achar que dei errado e que Deus estava me punindo por algo. Lembro-me até hoje das sensações que eu sentia com tantas medicações, vivia desmaiando e adormecendo facilmente em qualquer local. Continuei a levar sozinha o Enzo nas terapias e, enquanto esperava, eu ficava dentro do carro com tudo fechado, suando frio, chorando muito e tendo muitas crises de pânico e alucinógenas, como ouvir vozes ou sentir o carro andando sozinho. No entanto, ali eu não entendia que se desse uma pausa nas terapias não mudaria em nada o desenvolvimento dele, então continuei a levá-lo por medo de ele não se desenvolver mais por minha culpa, por eu estar doente e ele ficar lesado. Não queria carregar mais uma culpa nas costas.

Deus enviou uma pessoa para cuidar de mim: uma professora do Kumon que dava aulas para o Enzo na época – ela me pegou, por diversas vezes, tendo crises e chorando na rua enquanto eu esperava meu filho sair da aula. Ela me acolheu, orava comigo, me discipulava e indicou um livro que fez total diferença na minha vida chamado *Campo de batalha da mente* (2009), de Joyce Meyer; todos deveriam ler esse livro. Por vários meses, ela cuidou de mim, enviando orações e canções para eu ouvir e não desistir da minha vida; ela não desistiu de mim em nenhum momento e sempre esteve ali para me ouvir. Enfim, uma pessoa improvável que Deus colocou no meu caminho para me mostrar o quanto ele estava, sim, cuidando de mim. Obrigada por tudo, Joelma, você ficou marcada na minha vida em um momento de tanto sofrimento pelo qual eu passava. Espero que eu faça diferença na vida das pessoas, assim como a Joelma fez na minha.

Ali entendi que meu propósito na Terra não era sobre quantos diplomas conseguiria juntar, mas quantas vidas seriam transformadas através da minha, e o quanto eu poderia fazer a diferença na vida de alguém a partir da minha experiência. Se você está passando por essa fase na sua vida, procure ajuda profissional, não desista de si mesma. Hoje sou grata por ter passado pela depressão, pois lá no fundo do poço aprendi coisas que sorrindo não aprenderia.

O quanto conseguir sonhar importa, o quanto um café com uma amiga importa. O quanto pequenas conquistas importam, eu tirei muitos aprendizados dessa fase ruim. Hoje tenho um total controle emocional que muitas pessoas não têm, e esse controle emocional me elevou a uma realidade de vida que sempre almejei.

A sabedoria do seu controle emocional a levará a lugares altos, lembre-se sempre disso. Cuide-se primeiro, depois dos seus filhos e demais familiares; é isso mesmo, não tem como cuidarmos do outro sem saúde. Não se sinta culpada por querer cuidar de você em primeiro lugar, nossos filhos merecem uma mãe com saúde e um sorriso no rosto para que eles se sintam motivados, e não uma mãe sobrecarregada que vive chorando, eles sentem tudo!

Casamento

Onde ficou aquele jovem casal, que se casou aos 17 anos e enfrentou tantas batalhas? Aquele casal que não teve o casamento dos sonhos e muito menos uma lua de mel? Que passou seu primeiro ano casados dentro de hospitais lutando pela vida do filho? Sim, estamos juntos até hoje, 11 anos ao todo. Nos perdemos várias vezes no meio do caminho, mas nunca desistimos de lutar pela nossa família.

A vida a dois nesses casos fica bem limitada; por isso, é muito importante que o homem e a mulher conversem e alinhem muito bem todas as tarefas para que um não seja mais prejudicado que o outro, e para não dar brechas para brigas e, por fim, para o rompimento do casal. Meu marido foi a primeira referência boa de pai que tive na minha vida graças à educação que ele recebeu do pai dele. Costumo dizer que nos casamos e crescemos juntos aprendendo a ser pais e como lidar com isso dentro de um casamento que aconteceu no meio de uma montanha-russa.

Nosso casamento aconteceu no meio de um turbilhão de sentimentos, tínhamos muitos sonhos como casal, sonhos estes abortados por nós mesmos; sem entender muito sobre a vida, íamos fazendo o que achávamos ser correto e aprendendo quando errávamos. Se você é pai de uma criança atípica, esse recado é para você: não abandone sua mulher, seu filho não foi um erro. Lute pela melhor versão que você tem a oferecer e, se errar, recomece. Meu marido é um pai incrível tanto para o Enzo quanto para a Maria (essa vocês vão conhecer no próximo tópico).

Vida pessoal

De uma coisa eu tinha certeza: precisava estudar para sair daquela situação – uma jovem mãe sendo sustentada pela família sem condições para nada. Eu não queria isso para a minha vida, não queria desistir de mim; foi então que comecei a enxergar oportunidades por onde eu passava. Sou muito comunicativa, então usei isso a meu favor, e consegui o meu "primeiro" cargo: influenciadora digital. Não perdia tempo em fazer novos contatos. Era nas internações do Enzo, nos intervalos das terapias, na internet, no jornal, não importava o local e nem o meio de comunicação, eu deixava a vergonha de lado e ia atrás. (Deixando aqui um adendo para as mães que ficam durante muito tempo esperando o filho sair da terapia: use esse tempo a seu favor. Invista em você no período que ele estiver em sessão. Seja para cuidar de você, ler um livro, fazer academia ou até mesmo estudar ou empreender – abrir o seu próprio negócio).

Falando por mim, não sou aquele tipo de mulher que se sente realizada cuidando de casa; nada contra, inclusive super admiro quem consegue, pois eu mesma não dou conta. Eu me encontro no trabalho, costumo dizer que é no trabalho que eu descanso. Diante da minha realidade de vida, eu precisava ser a "chefe"; afinal, eu precisava montar meus horários de acordo com a rotina de mãe atípica, e não era só isso, eu precisava me destacar no mercado de trabalho a ponto de as pessoas não terem dúvidas da minha capacidade de excussão do meu próprio negócio.

Segunda filha, a surpresa + descoberta de autismo

Finalmente, chegamos a falar sobre ter outro filho. Depois de formada, estabilizada, com casa e carro, comecei a fazer terapia para engravidar novamente. Sim, terapia, pois fiquei com muitos traumas da primeira gestação, tinha muito medo de ter outro filho PcD (sigla para pessoa com deficiência); afinal, só eu sei o quanto sofremos para dar o melhor para o Enzo dentro do pouco que tínhamos. Não queria ver meu futuro filho sofrer nos hospitais como meu primogênito.

Nessa mesma época recebemos o diagnóstico de autismo do Enzo; além da T21, também ele é autista grau 3 de suporte. Falar de autismo é algo muito complexo, me recuso a romantizar o autismo. Transtorno do espectro autista (TEA) é a condição caixinha de surpresa, cada família recebe de uma maneira, um grau diferente, um tratamento diferente. O autismo me roubou muitos dos sonhos que eu tinha para meu filho. Vê-lo preso em uma condição que lhe causa dor, pois não consegue ter controle emocional e muitas das vezes não consegue conviver com outras pessoas (um simples passeio ao parque pode virar um pesadelo caso ele tenha uma crise, sem contar as medicações que ele toma e os olhares da população sobre o autismo) ainda é algo muito difícil para mim, eu não queria isso para meu filho.

Ressignifiquei a T21, mas o TEA ainda não. Na mesma época em que recebi o laudo de autismo do Enzo, fazia exames e tomava várias vitaminas para engravidar novamente, e foi então que veio a segunda maior surpresa de nossas vidas: eu estava grávida de novo, e de novo de um bebê com síndrome de Down! As chances? Um por cento. Isso mesmo. Vale lembrar que o Enzo é trissomia livre, e não translocado, e meu marido, Enzo e eu fizemos mapeamento genético para investigar a causa.

Estava despreocupada, quando, na segunda ultrassonografia, veio a notícia. Eu me senti caindo em um buraco e relembrando todos os sofrimentos que havia passado com o Enzo. Na terapia nunca falamos da hipótese de acontecer novamente, e sim do quanto isso ajudaria no desenvolvimento do meu filho, sem contar as expectativas de todos com o novo bebê. Todos ficaram em choque e sem reação.

Naquele momento, vivi um luto muito grande e, para completar, estávamos no meio da pandemia da Covid-19. Eu me permiti sofrer, gritar e questionar a Deus o que ele queria para a minha vida e qual era o meu propósito. O problema não é a condição em si, e sim todos os gastos e tratamentos que mexem em toda estrutura familiar. Eu sofri tanto, meu emocional ficou destruído, até o dia em que eu descobri que era uma menina. Naquele dia, eu senti Deus segurando minha mão para que eu não me preocupasse mais, pois se Ele permitiu essa situação, foi para que algo grande acontecesse em nossas vidas.

Meu marido e eu tomamos a decisão de contar que o novo bebê também tinha T21 somente no nascimento. Queria evitar olhares de piedade ou de preocupação. Eu só queria viver aquela gestação em paz, e assim foi feito. Oramos muito a Deus para que a Maria nos surpreendesse com seu desenvolvimento, e assim Ele fez. Mas, como nem tudo são flores, ao nascer, contamos a todos que ela também tinha T21, e logo no primeiro mês de vida descobrimos que ela tinha uma doença chamada megacólon, e precisou ser operada com dois meses de vida para retirar 15 cm do intestino.

Ali começava mais uma batalha em nossa família. Nunca tínhamos ouvido falar dessa doença até receber o diagnóstico da Maria. Passamos por muitos médicos que não souberam o que fazer nem o que ela tinha, mesmo ela vomitando fezes – era uma cena horrível. Em uma cena de desespero vendo Maria vomitar fezes sem parar em casa (ela estava internada e recebeu alta médica do hospital ainda sem diagnóstico), aproximadamente às nove horas da noite, entrei em contato com a mulher do médico, que também é mãe, expliquei a situação e supliquei por um atendimento naquela noite mesmo, em meio ao caos da pandemia.

Foi preciso ter alguns cuidados com a alimentação da Maria após a retirada do pedaço do intestino. Ela precisava de um leite especial, cuja lata pequena custava em torno de R$ 300,00. Conseguimos o leite especial pela Farmácia Popular da nossa cidade, graças a Deus menos um custo enorme que teríamos. Maria precisou fazer também fisioterapia anal para não atrofiar o esfíncter, e assim continuar evacuando normalmente. Porém, até o dia da cirurgia chegar, passamos muitos perrengues: em casa, tínhamos que passar anestésico no bumbum dela e colocar uma sonda para retirar o cocô que ela não conseguia expelir naturalmente. Essa fase passou e hoje a Maria está curada.

Terapias

Por muitos anos eu me martirizava, perguntando-me se o Enzo estava sendo bem atendido, ou se estava tendo evoluções nas terapias que fazia. Acabava adoecendo de tanta preocupação, e me culpava muito quando precisávamos faltar às terapias por algum motivo – achava que eu estaria atrasando o desenvolvimento dele por causa de uma falta ou simplesmente por estar exausta dessa rotina puxada, que era quase diária. Nunca achava o suficiente o que eu podia oferecer, me comparava muito, e estava sempre em busca de profissionais que ofereciam tratamentos com os quais eu não podia arcar, e mesmo assim eu dava um jeito.

Enzo sempre teve o melhor, mesmo não conseguindo manter ou bancar o tratamento contínuo, e, para minha surpresa, alguns anos se passaram e ele não desenvolvia a fala nem o cognitivo. Foi então que eu descobriria o autismo. Tratamento certo no diagnóstico errado não tem resultado. Nesse caso, o autismo do Enzo traz mais atrasos que a síndrome de Down, então todo o plano de intervenção dele foi modificado. Por isso eu digo: desconfie de terapias que seu(sua) filho(a) faz há anos e não enxergue resultados. Mas esse não é o ponto principal dessa pauta. Não se culpe por não ter a melhor condição de dar o melhor médico ou oferecer o melhor terapeuta a seu(sua) filho(a). Isso irá tirar a sua paz e você pode acabar adoecendo mentalmente. Faça aos poucos, faça o que couber na sua rotina e dentro das suas condições.

Temos vários vídeos no YouTube ensinando vários métodos para aplicarmos em casa com a criança, então não pense que dinheiro compra tudo. Já perdi muito tempo de trânsito e espera em recepções de profissionais que nem pegavam no meu filho direito, valeria mais se eu fizesse em casa do que na clínica (não estou invalidando o profissional da área, apenas dizendo que existem vários recursos a todas as classes sociais). Hoje entendo que precisamos estar bem, para só depois podermos cuidar de nossos filhos; não devemos passar por cima de nossos sentimentos, permita-se sentir, e depois levante-se e dê o seu melhor.

O melhor para seu filho é aquilo que você pode oferecer no momento, não importa se é uma terapia particular, pelo plano de saúde ou simplesmente fazendo em casa, assistindo vídeos na internet. Não caia na ilusão de que seu(sua) filho(a) não irá se desenvolver pois você não consegue pagar o profissional mais caro. Seu(sua) filho(a) se desenvolverá dentro dos limites que você pode oferecer e, acredite, isso é o melhor para ele(a). Um dos motivos de eu ter caído em depressão foi esse: a culpa de achar que o que eu podia oferecer não era suficiente. Saia dessa ilusão para que você não adoeça, e entenda de uma vez por todas: seu filho nasceu na família certa. Tiro por reflexo meus filhos: os dois têm síndrome de Down – trissomia livre, e desenvolvimentos totalmente diferentes. Por um lado, o Enzo, que era atendido pelos melhores médicos e terapeutas, e, por outro, Maria, três anos, que nasceu em uma pandemia e não pôde fazer nenhum tipo de terapia nos primeiros anos de vida. A Maria tem um entendimento cognitivo muito maior que o Enzo, que tem dez anos, e quem nos acompanha em nossas redes sociais fica chocado com a diferença dos dois.

Afinal, quem é Bia Bombazaro?!

Hoje uma mulher que sabe o que quer ser e onde quer chegar. Uma pessoa que errou muito, caiu muito, mas com sabedoria usou de seus tropeços para se tornar alguém melhor. Aos poucos eu me construo a partir de todas as batalhas que lutei e, até hoje, nos meus atuais 27 anos, muitos dizem "uau, você só tem isso de idade?", e eu penso "uau, que sufoco eu passei", e como sou feliz de saber que a presença de Deus sempre esteve comigo.

Deus estava lá, nos meus dias de sofrimento, nos meus dias de alegria, nos meus dias de fúria e tropeços, ele sempre esteve lá me moldando e levantando para a mulher que sou hoje. Eu não tenho como mudar meu passado, mas posso, com pequenas ações, mudar meu presente e futuro. Não aceito menos do que mereço, muito menos julgamentos de pessoas que não calçaram minhas sandálias. Sei muito bem quando faltei e quando estive presente.

Atualmente sou apenas a Bia, mãe do Enzo (T21 e TEA) e da Maria (T21), casada com Maycon, empreendedora no ramo de fotografia e influenciadora digital, formada também em radiologia e outros cursos associados. Compartilho minha história pelas redes sociais. Eu quero dar à Maria e ao Enzo a melhor versão que eles merecem de mim, não estive presente em muitos momentos na vida do Enzo, pois estava tentando sobreviver trabalhando, estudando e tratando um psicológico totalmente abalado. Enzo foi na minha vida a maior faculdade que já cursei. Já a Maria teve uma mãe formada, experiente e com um emocional curado, ela veio na melhor fase da minha vida, ela usufrui de experiências que infelizmente eu não pude dar dez anos atrás para o Enzo. Não vou usar a expressão "recuperar o tempo", pois acredito que tudo o que passei foi válido para que tenha me tornado quem sou hoje, mas sim, quero ser uma pessoa diferente para essas vidas que Deus confiou a mim, e busco a cada dia me aperfeiçoar para que eu consiga alcançar meus objetivos de ser quem eu preciso ser e cumprir meu propósito.

Sou grata a todos que me ajudaram nessa caminhada e que não foram citados aqui; saibam que eu sei exatamente quem vocês são, principalmente a minha rede de apoio diária: minha mãe e as tias Ana e Inês.

05

MATERNIDADE ATÍPICA, O QUE É MESMO?

Neste capítulo, vamos falar sobre a luta para e no ato de ser mãe, os direitos cerceados de escolha, a experiência de quase morte e a significação da vida por amor aos filhos, as violências emocional, física, patrimonial e jurídica que vivo até hoje por escolher meus filhos, gestação natural, adoção, separação, maternidade atípica e superação. AMOR incondicional.

CAROL KEIM

Carol Keim

É uma empresária multifacetada, com uma trajetória notável e uma paixão genuína por capacitar e transformar vidas. Como CEO da CFK Marketing Consult, ela lidera a área de posicionamento e *branding*, ajudando empresas e indivíduos a se destacarem no mercado digital. Além disso, é uma mentora dedicada no programa de mentoria Posicione-se, em que guia mulheres a se posicionarem e reposicionarem no mundo, construindo negócios de valor e alcançando liberdade financeira. Com uma carreira de mais de 20 anos no mercado financeiro, atua como assessora de investimentos na Lince Investimentos, um escritório afiliado ao Safra Invest, do Banco Safra. Sua sólida formação inclui uma certificação pela Ancord AAI, um MBA executivo em Marketing, com ênfase em Gestão de Pessoas e Mudanças, um máster em Gestão de Negócios pelo Insper e Design Gráfico pela Escola Panamericana de Artes. Apaixonada pela comunicação, criou o *Ela Podcast*, no qual aborda temas como posicionamento pessoal, propósito e empreendedorismo feminino.

Contatos
cfkmarketingconsult.com
Instagram: @carolfkeim
11 99587 3222

Depois de seguir todos os protocolos – formada, casada e com profissão e trabalho estáveis – decidi que era a hora de ser mãe! Começa então uma luta, física e emocional, na qual a fé me mantém em pé até os dias de hoje.

Dia das mães, felizes da vida fomos para São Paulo contar para a nossa família que eu estava grávida, pois na época morávamos em Porto Alegre. No mesmo dia perdi nosso bebê, ainda no primeiro trimestre de gestação. Foi um aborto espontâneo, que só depois descobri que é muito normal acontecer na primeira gestação. Foi difícil, parecia que meu mundo iria acabar, e na verdade a jornada estava só começando.

Após um ano de tentativas, descobri que não poderia ser mãe por método natural. Decidimos, então, meu ex-marido e eu, que faríamos o que fosse possível para realizar esse sonho tão lindo da maternidade. A primeira parte é o dinheiro, pois um processo de fertilização *in vitro* (FIV) custa um carro. Descobri que com ovários policísticos, útero retrovertido e trompas obstruídas teria 0,1% de chance de ser mãe; mesmo após cirurgias corretivas, só teríamos chances se fosse uma gestação assistida. O que eu não sabia ou não queria ver era que havia um risco, no meu caso, grande. Na primeira tentativa tive uma hiperestimulação ovariana, entrei em choque e cheguei ao hospital sem pressão. Foram 15 dias na UTI, até que os médicos (ops!) até que Deus me desse outra chance de viver tudo o que viria depois. Clamei à Nossa Senhora que intercedesse junto ao Pai, para testemunhar seus milagres através de minha fé.

Mais uma tentativa sem sucesso e volta para São Paulo

Depois de mais uma implantação sem sucesso, decidimos deixar para lá. Voltamos para São Paulo e, sem saber, "grávidos" de método natural. Tudo parecia perfeito, Pedro Henrique crescendo e se desenvolvendo. Estávamos morando em Atibaia, interior de São Paulo, em uma casa no campo, dias lindos e repletos de esperança. Minha pressão começou a subir muito à noite. Em um ultrassom, a médica disse: "Você está com resistência nas artérias uterinas". Depois disso, não ouvi mais nada. A médica que me acompanhava disse que era normal e me pediu para consultar um especialista. O exame detectou que meu bebê estava com a comunicação vital centralizada, sem sangue nas extremidades, somente nos órgãos vitais. Fomos para a maternidade Pro Matre.

Depois de cinco dias na UTI, com 24/25 semanas, o médico nos deu uma notícia terrível: esperar até que Pedro viesse a óbito na barriga ou assumir todos os riscos de um parto prematuro. Decidi pagar o preço para ter meu filho em meus braços. Era preciso amadurecer o pulmão do Pedro Henrique antes do parto. Tomei inúmeras injeções de cortisona, e a cada duas horas uma enfermeira entrava para escutar o coração do Pedro. O parto estava agendado para uma segunda-feira e, no domingo de manhã, escutei pela última vez o coração dele bater. A médica do ultrassom disse: "Mãezinha, o bebê está sem face, entrou em óbito". Parecia o fim, mas era o começo do fim.

Devido ao tempo de gestação, o parto tinha que ser normal. Algumas memórias são vagas, mas lembro de uma enfermeira dizendo: "Seu filho já morreu, você precisa deixar ele sair", o que feriu minha alma. Meu parto durou 14 horas. Cheguei a 47 de febre, quase em convulsão, com meu marido rezando pela minha vida. Dizem que a dor do parto é insuportável, mas que tudo passa com a recompensa de ter o filho nos braços. Isso não aconteceu comigo. Natimorto. Em meus braços, perfeito, lindo e todo roxinho. Batizamos ele, e esse foi meu único consolo por muito tempo.

O dia mais triste da minha vida: o enterro!

Lembro como se fosse hoje, 24 de julho 2016, era meio de inverno, mas fazia um dia com cara de outono, minha estação do ano preferida. Ventava muito, o sol brilhava, e o dia estava estranhamente lindo e triste. Fomos ao cemitério de Itaquera. Eu estava ansiosa pela última chance de estar com meu pequeno Pedro. Muitas pessoas estavam lá, amigas de uma vida, família, os dindos dele, irmãos. Com lágrimas nos olhos, sinto o vazio da saudade que me invade todos os dias. O caixão tão pequeno, branco, lindo, escolhido com tanto amor pelo pai do Pedro. Ele foi enterrado de azul, cor do céu. Minha cunhada deu um bonequinho para colocar sobre o jazigo, mas eu queria que colocassem dentro do caixão com ele, para ele não se sentir sozinho.

Ele se foi, meu anjo Pedro, deixando um vazio, uma dor sem fim. Minha fé me manteve viva, em pé, mesmo em meio à escuridão profunda. A certeza da vida eterna e de que, um dia, nos veríamos de novo foi e continua sendo meu consolo até hoje.

Na fila da adoção

Após muitas cicatrizes, decidimos adotar por causa do amor em nossos corações. Entendi que meu destino era amar e não ser mãe pelo método natural. O processo de adoção, lento e minucioso, parecia burocrático, mas entendi que querer não é suficiente; adoção não é caridade. Após cerca de dois anos, estávamos habilitados.

Não fomos chamados na fila da adoção. Nosso filho, Davi, de três anos, veio por necessidade familiar diante de abandono, negligência e maus-tratos. Crianças com direitos básicos violados ficam em casas de acolhimento, não mais chamadas de orfanatos. Essas crianças muitas vezes adquirem transtornos devido a maus-tratos, abandono, abuso de drogas na gestação, entre outros fatores.

Na escola, Davi disse à professora: "Eu nasci com 3,6 anos e 12 quilos". Todos riram, mas para ele era assim. Os pais de Davi estavam doentes pelo uso contínuo de drogas, e familiares não podiam cuidar dele. Fomos buscá-lo quando ele tinha 3,6 anos e pesava 12 quilos. Ele me perguntou: "Mamãe, você me adotou porque queria um filho? Por isso me deu um Caramecna?". Caramecna é o Capitão América, e sim, queria muito um filho. Tinha amor, condições físicas e financeiras; emocionais, nem tanto. Meu ex-marido foi para ser legal comigo; se desse certo, ele seria incrível; se não, ele só queria ajudar.

"Eu o amei desde o primeiro dia, eu já amava todos os meus filhos, mesmo antes dos seus nascimentos, chegadas ou partidas."

No começo tudo ficou bagunçado, mas parecia uma questão de adaptação. Ele rapidamente me chamou de mãe. O pai o acolheu, comprou roupas, tal pai, tal filho. Mas minha família e a dele não aceitaram bem. Ouvi coisas como: "Adoção nunca dá certo"; "Eles vêm com sangue ruim"; "Nossa, como é malcriado!".

Sem entender, nossa vida se desorganizou. Davi ficou na escola por menos de seis meses e foi expulso. Resolvi procurar um psiquiatra e vieram os diagnósticos de transtorno do déficit de atenção com hiperatividade (TDAH) e transtorno opositor desafiador (TOD). "Deus, obrigada por me enviar o Davi, não importa o que ele tenha, vamos superar." Iniciou a medicação, um processo cansativo, enquanto todos criticavam, dando opiniões que não pedimos. O cuidado e o amor cresciam em mim; no pai, incompreensão e desamor. De criação militar, meu ex-marido só tinha o olhar de educador, limitado ao que sabia. Esse foi o início do nosso fim como casal.

Grávida? "Deus, por favor, não me deixe passar por tudo de novo!"

De um lado, a certeza do milagre: ao abrir meu coração para a adoção, Deus me presenteou com minha princesa Maria Isabel. De outro, o medo; mas no fundo eu sabia que ela estaria em meus braços. Sabíamos, devido à gestação do Pedro, que eu tinha trombofilia gestacional, o que significava tomar injeção de Clexane durante toda a gestação e no puerpério, e que havia risco de aborto e até de morte. Ainda assim, meu coração estava pleno de alegria e amor. Eu teria dois filhos ao mesmo tempo.

Um dia, meu ex-marido disse: "Eu quero só a nossa família, chegou a hora de levar o Davi embora". Embora para onde? Ele explicou que a paternidade não tinha acontecido para ele como a maternidade para mim. Cada dia mais perto dos meus filhos, mais longe eu ficava do sonho da família feliz. Em algum lugar desse processo, nos perdemos como casal. Em 16 anos de relacionamento, foram muitas as concessões e renúncias. Mas desta vez era diferente. Meus valores inegociáveis estavam sendo destruídos. Tentei negociar e ganhar tempo.

Minha pequena Maria Isabel nasceu saudável. Depois de uma semana fomos para casa. Agora éramos nós quatro, nossa família, quanto amor e alegria. E veio novamente a conversa séria, no fim do meu puerpério. Não consegui amamentar a Bel, pouco leite, muita culpa, muito medo. Meu ex-marido insistiu em devolver o Davi. Com o ultimato dele, começou um período de incertezas. Davi ficou por um ano na minha mãe. Eu me dividia: três dias com Isabel e meu ex-marido, dois com Davi. E por que passei por isso? Por amor à família que tanto sonhei, ao amor da minha vida. Lutei tanto por aquele momento e ele estava escorrendo entre meus dedos.

Igualdade e direito adquirido: ser mãe solo e solitária!

Muitas mulheres passam por situações iguais, por isso há muitos casamentos desfeitos. Não aprendemos a lidar com o casamento depois dos filhos; o pai não aguenta o filho atípico; vivemos em uma geração na qual os homens são meninos, não crescem, são egoístas. A família se abstém das decisões do pequeno núcleo, rede de apoio é luxo. Eu entrei para a estatística amando cada pedacinho dos meus filhos, cada conquista deles, cada defeito. E amando o homem para quem eu disse sim na saúde e na doença, todos os dias de nossa vida. Mas o que nos separou foi a falta de amor.

Tenho 30 dias! Estamos seguros

Em meio à pandemia, o juiz da Vara da Infância e Juventude queria saber por que o pai saiu da guarda. Ao contar a história ele me deu 30 dias para resolver minha situação com o Davi. E foi então que eu tomei a minha decisão definitiva: eu e as crianças fomos para um lar, onde podíamos estar os três juntos. Eu estava confiante em minha decisão, não havia outra possibilidade. Como uma leoa, protegia meus filhos de qualquer ambiente emocionalmente instável, embora uma dor imensa se escondesse por trás do meu sorriso.

Divorciada, em outra profissão, meu futuro era incerto. Mas eu tinha uma única certeza: nunca ficaria sem meus filhos, eles estariam sempre comigo, nada mais importava.

Diagnóstico de transtorno do espectro autista

Hoje, moramos com minha mãe de 68 anos, que ainda trabalha para ajudar no sustento. Estou refazendo minha vida profissional, e enquanto organizo o novo momento, de descobertas e aprendizados com eles, transito entre os médicos, remédios, alegrias, terapias, clientes, livros escritos e lidos, meus filhos estão presentes e são meus grandes amores. Agora somos só nós.

A dinâmica diária é intensa com eles: escola, lição de casa, banho, refeições, amor, amor e mais amor, livros, cabanas, crescimento e desenvolvimentos. Porém, os desafios com o comportamento do Davi ainda eram incompreensíveis. Chegou a hora de atualizar o laudo, fazer novos testes e confirmar a suspeita dos profissionais que o acompanham. Davi tem TEA nível de suporte 1, TDAH gravíssimo e TOD moderado. O que muda? Tudo.

A forma de ensino, o manejo na escola, a responsabilidade da escola e dos profissionais que o acompanham, a luta constante pelos direitos que ele teme que são de difícil acesso, como terapias, remédios, vacinas e laudos. A única coisa que não muda é o amor por eles. Ainda estamos muito longe, como nação, de tratar nossos filhos com respeito, quem dirá o filho atípico. Sigo na luta diária com o tratamento, aprendendo a conduzi-lo e, principalmente, tentando nos manter unidos e funcionais como família.

Mãe atípica

Quando ouço falar em maternidade atípica, com tudo o que passei e vejo outras mulheres passarem, me pergunto: "Será que há maternidade típica?". Aqui estou falando do meu maior sonho, que era ser mãe, do meu amor maior, pelos meus filhos, e de como foi difícil chegar até aqui! Apesar de tudo eu faria novamente, eu os teria novamente, porque a cada "mamãe, eu te amo até o infinito", meu coração explode de amor e certezas. Fica uma pergunta? Por que tem que ser tão difícil? Não falo das coisas sobre as quais não temos controle, como a saúde, perder um filho pela gestação interrompida; falo sobre o que é responsabilidade do ser humano, do homem, do poder público, da família.

Eu começo dizendo que trombofilia é uma doença muito comum, mais comum do que se imagina, e o exame que detecta esse tipo de doença não é pedido no pré-natal! Que somente depois que a mãe perde três gestações é que se investiga o porquê! Que muitas mulheres têm de pagar do próprio bolso uma medicação que custa em média R$ 2.000,00/mês porque não há informação!

Sigo dizendo que os homens, em sua maioria, são meninos irresponsáveis, que não assumem seus compromissos e abandonam suas famílias e filhos. As mães, não, ficam com os filhos independentemente de qualquer coisa, porque os amam incondicionalmente, e isso é uma realidade desde muito tempo.

Reforço a dificuldade jurídica de obter respostas e direitos, para abusos que envolvem preconceito, abandono, prejuízos emocionais. E até que os direitos cheguem, essas mulheres seguem em dupla, tripla jornada, chegando muitas vezes à exaustão física e emocional.

Confesso minha preocupação com a vida profissional e pessoal, que fica em meio às prioridades das crianças, sejam elas atípicas ou não. No fim, ficamos com toda a responsabilidade diária e ainda temos que dividir as despesas com os progenitores, ou assumi-las sozinhas quando eles não cumprem nem com essa parte. Dentro da minha agenda integral, super organizada, 60% do meu tempo são destinados aos cuidados com as crianças. Os 40% restantes tenho que dividir entre trabalho, autocuidado, saúde, capacitação e afazeres domésticos. Será mesmo que é possível? Sim, me considero uma supermulher, mas é humanamente impossível, mesmo sendo organizada, esperta, inteligente, dar conta de tudo! Porque esse tudo deveria, no mínimo, ser feito por duas pessoas, aquelas que planejaram ou não essa família, e que têm responsabilidade sobre ela.

Aos governos, dirijo um pedido para que facilitem os processos já existentes, capacitem seus professores para lidar com crianças atípicas. Pesquisas mostram que a cada 36 crianças que nascem uma é autista; então, a inclusão escolar precisa ser tratada com mais rigor e responsabilidade, com conhecimento. Reconheçam as medicações mais modernas, com menos efeitos colaterais, disponibilizem na rede pública todos os atendimentos necessários, como psicopedagoga, psicólogo, psiquiatra, terapeuta ocupacional, fonoaudióloga nos CAPS das regiões, facilitando o acesso das mães.

Sinto muita tristeza pelas mães que desistem de seus filhos, seja pelo motivo que for, e eu sei que eles podem ser muito numerosos. Amem e protejam seus filhos, somos o porto seguro deles, o amor maior, o olhar sem julgamento, o alimento da alma. Estar presentes, com amor, faz toda a diferença na criação e na formação de nossos filhos.

Amor maior que EU

Maria Isabel e Davi são a própria essência do meu ser, a manifestação mais pura do amor e da entrega como mãe. Cada riso, cada lágrima, cada desafio, são a prova viva de que minha jornada é dedicada a eles, meus amores, minha vida. Aos meus anjos, a saudade e a esperança da vida eterna.

06

MÃE ATÍPICA AOS 17

UMA JORNADA DE AMOR E SUPERAÇÃO

Uma jovem enfrenta uma gravidez não planejada aos 17 anos e recebe o diagnóstico de síndrome de Down para seu filho. Sem apoio do pai da criança e despreparada, ela enfrenta desafios emocionais e médicos na UTI neonatal. Apesar das adversidades, ela encontra força na maternidade atípica, crescendo junto com seu filho e superando todos os obstáculos.

CAROLINA BERGER

Carolina Berger

É uma mãe dedicada e resiliente, que enfrentou os desafios da maternidade atípica desde tenra idade. Formada em Naturologia e pós-graduada na primeira turma do Brasil em Ginecologia Natural, encontrou, na busca pelo bem-estar e na conexão com a natureza, uma fonte de inspiração e apoio em sua jornada. Sua história de amor, superação e crescimento é um testemunho da força do vínculo entre mãe e filho.

Contatos
carolina.vb97@gmail.com
Instagram: @_enzoberger
11 97711 0615

Eu tinha apenas 17 anos, uma adolescente despreparada para o que viria a seguir. Um descuido e o temor se materializou: uma gravidez não planejada. Despertei para uma realidade desafiadora, uma montanha-russa de emoções que me fez sentir-me incapaz, perdida, desesperada. Mas, mesmo na escuridão do desconhecido, sabia que precisava enfrentar essa jornada, cuidar de mim mesma e da criança que crescia dentro de mim.

Durante o período da minha gestação, meu relacionamento com o pai da criança foi um verdadeiro martírio. Desde o início, ele demonstrava um comportamento abusivo, me atacando verbalmente o tempo todo, lançando palavras cruéis que ecoavam em minha mente todos os dias. Ele me dizia que eu seria uma péssima mãe, que nunca seria capaz de cuidar do nosso filho, e que tinha pena da criança por ter uma mãe como eu. Suas palavras eram como punhais perfurando minha autoestima já fragilizada pela inexperiência da juventude e pela incerteza da maternidade iminente.

Mesmo fragilizada, eu sempre tive em minha mente que o meu filho precisava de mim, tomava todos os cuidados necessários e fazia todos os exames; porém, no primeiro exame morfológico, uma revelação fez meu coração parar: uma alteração na translucência nucal. Um sinal incerto, apontando para possíveis síndromes e possíveis problemas cardíacos. Fui encaminhada para a amniocentese, o exame mais difícil e dolorido de toda a minha vida; o procedimento foi um mergulho no abismo da incerteza. Retiraram o meu líquido amniótico e, depois de 15 dias de angústia, veio o veredito: síndrome de Down.

Quando recebemos o diagnóstico de síndrome de Down para nosso filho, a reação do pai do meu filho foi ainda mais devastadora. Em vez de conforto ou apoio, suas palavras foram cruéis e insensíveis. Lembro-me, claramente, de ele dizendo que "crianças com síndrome de Down morrem cedo". Não sei se ele falou isso com pena, temendo pela vida do nosso filho, ou se foi uma expressão de alívio, como se visse nisso uma solução para se livrar de um problema que ele sempre encarou como um fardo.

Meu relacionamento com ele sempre foi marcado pela abusividade. Na minha ingenuidade de adolescente, eu não conseguia enxergar a toxicidade desse vínculo, pois estava cega pelo desejo de fazer dar certo pelo bem do nosso filho.

Caras abusivos têm o poder de dominar e manipular nossos sentimentos, obscurecendo nossa visão da verdade. Eu, aos 17 anos, ainda estava aprendendo sobre relacionamentos e sobre mim mesma, e me agarrei à ilusão de que seríamos uma família, de que ele seria um pai presente e amoroso. Mas, infelizmente, a realidade era bem diferente, ele nos abandonou comigo ainda grávida.

De repente, me vi diante de uma jornada desafiadora, enfrentando o desconhecido completamente sozinha. A incerteza do que estava por vir, misturada com o peso da responsabilidade de criar um filho com necessidades diferentes, parecia esmagadora.

Foi um turbilhão de sentimentos. Alívio por não ser algo ainda mais complexo, mas a preocupação inundava minha mente. Como eu, tão jovem, poderia cuidar de uma criança atípica? Uma mistura de medo, raiva e tristeza tomava conta de mim. Por que justo eu? Por que agora? Eu me achava completamente incapaz com tudo o que estava acontecendo na minha vida, me achava incapaz de criar um filho sozinha, ainda mais uma criança atípica.

Encontrar-me diante dessa realidade foi um golpe avassalador. A aceitação da síndrome de Down do meu filho parecia uma montanha **intransponível**. Cada batida do coração era um lembrete doloroso de que a vida que eu imaginava para nós estava mudando drasticamente. Me questionava todos os dias sobre minha capacidade de ser a mãe que ele precisaria, sobre como enfrentaríamos os desafios que viriam. Essa nova perspectiva de maternidade estava além do que eu jamais imaginei e me deixou completamente desorientada.

Descobrir que meu filho tinha síndrome de Down foi um dos momentos mais impactantes da minha vida. A notícia veio como uma tempestade, virando de cabeça para baixo todos os planos que havia feito para o futuro. Eu estava ansiosa para começar a minha faculdade, mas quando descobri que estava grávida, percebi que não seria possível conciliar os estudos com a chegada iminente de um bebê com necessidades atípicas.

Abandonar meus planos educacionais foi uma decisão difícil, mas necessária. Precisava me concentrar em cuidar do meu filho, em aprender sobre a síndrome de Down e em encontrar recursos e apoio para nós dois. Embora tenha sido uma jornada repleta de desafios, também foi uma experiência de crescimento e aprendizado inigualável.

A fase de aceitação foi um caminho cheio de espinhos. Chorava todos os dias, questionava o porquê. Sentia-me incapaz de enfrentar essa nova realidade. Mas o tempo passava, minha barriga crescia e o inevitável se aproximava. Eu precisava estar pronta para receber meu filho, mesmo que minhas inseguranças ainda ecoassem.

Pesquisei incansavelmente sobre a síndrome. Encontrei relatos desoladores, previsões sombrias sobre o futuro do meu filho. No entanto, também encontrei esperança. Mães nas redes sociais me mostraram que a síndrome de Down não é o fim do mundo. Aprendi que meu filho precisaria, sim, de cuidados especiais, mas que ele poderia ter uma vida feliz e plena.

Assim, aos poucos, minha jornada começou a clarear. Mesmo diante das adversidades, encontrei forças para abraçar esse novo capítulo da minha vida, determinada a proporcionar ao meu filho todas as oportunidades e todo o amor que ele merece, mesmo sendo uma mãe solo e atípica aos 17 anos. Busquei apoio naqueles que estavam ao meu lado, e destaco especialmente meus pais, que nunca me abandonaram. Sempre estiveram comigo, sempre me apoiaram e nunca soltaram minha mão.

Os dias passaram, ele estava perto de nascer, e eu, ao mesmo tempo que estava feliz com a sua chegada, estava cada vez mais angustiada e preocupada quanto a como seria o momento após o seu nascimento, me questionava todos os dias se conseguiria ser uma boa mãe para o meu filho.

No dia 15 de junho de 2015, uma madrugada de domingo, enquanto eu dormia, fui despertada por um líquido escorrendo entre minhas pernas: minha bolsa havia estourado antes do previsto, no auge da 36ª semana de gestação. Rapidamente, meus pais me levaram ao hospital, e, às 2h01 da manhã, meu filho veio ao mundo, em um parto normal e rápido, sendo colocado diretamente em meus braços.

A primeira vez que segurei meu filho foi um turbilhão de emoções. Uma felicidade avassaladora se misturou com a preocupação com tudo o que viria pela frente. Contudo, essa alegria foi brevemente interrompida quando ele foi levado para a UTI neonatal. Meu filho era cardiopata e, por precaução, os médicos decidiram mantê-lo em observação.

Os dias na UTI foram os mais desafiadores que já enfrentei. O medo de perdê-lo me assombrava a cada instante, deixando-me cheia de angústia e desespero. Foram dias que eu não conseguia nem dormir. Mas foi ali, nesses dias sombrios, que encontrei forças no meu próprio filho.

Em uma tarde desesperadora, ao entrar na UTI e ver meu filho na incubadora, não consegui conter as lágrimas, desabei, estava com muito medo e angustiada. No entanto, pela primeira vez, ele abriu os olhos, segurou meu dedo com sua pequena mão e me olhou. Naquele instante, parecia que ele estava me tranquilizando, dizendo que tudo ficaria bem e que juntos superaríamos qualquer obstáculo.

Em meio à escuridão da UTI, encontrei uma luz na força e na resiliência do meu filho. Cada batida do seu coração ecoava como um lembrete do nosso vínculo inseparável. Naqueles momentos de desespero, vi nos olhos dele a confiança de que juntos superaríamos qualquer adversidade. Ele se tornou minha fonte de coragem, inspirando-me a enfrentar o desconhecido com determinação. Aquelas horas de incerteza foram cruciais para a minha jornada de aceitação, mostrando-me que nosso amor seria a âncora que nos manteria firmes diante de qualquer tempestade.

Encontrei forças naquele momento para seguir em frente, e a partir daquele dia, percebi que, juntos, poderíamos enfrentar qualquer desafio. Ele nasceu não apenas me trazendo alegria, mas também força e esperança para dias melhores.

Os dias na UTI foram sem dúvidas os dias mais desafiadores de toda a minha vida, mas foram essenciais no meu processo de aceitação. Foi nessa fase que pude perceber o quanto era forte, o quanto amadureci. Pude perceber que o meu filho precisava ter vindo para mim do jeitinho que ele veio, para eu conseguir evoluir e me tornar a mãe e mulher que sou hoje.

Porém os desafios não cessaram na UTI. Uma criança atípica demanda uma infinidade de médicos, exames e terapias. Desde os três meses de idade meu filho iniciou suas terapias. Foi doloroso vê-lo tão pequeno enfrentando tantos obstáculos, e até hoje é difícil testemunhar a corrida incansável que é sua vida, cheia de compromissos terapêuticos, mas compreendi que cada desafio é vital para seu desenvolvimento.

Tive que interromper meus estudos por um tempo, mas finalmente retomei. Graduei-me em Naturologia e fiz pós-graduação em Ginecologia Natural. Contei sempre com o apoio dos meus pais e, hoje, ao ver que consegui enfrentar todas as adversidades mesmo sendo uma mãe jovem, solo e atípica, meu coração se enche de calor. Cada obstáculo superado foi uma prova de minha determinação e amor incondicional pelo meu filho.

Ter um filho atípico nunca esteve em meus planos. Nunca imaginei essa jornada, nunca a desejei para mim, nunca foi algo que estava nos meus sonhos. A maternidade atípica, sem dúvidas, é uma das coisas mais árduas que já enfrentei. E hoje, olhando para trás, percebo que me tornei uma mãe excepcional para meu filho, e essa certeza acalma meu coração. Consegui enxergar o quanto cresci, o quanto superei e tudo o que conquistei.

Ser mãe atípica é uma montanha-russa de emoções. Cada dia é uma batalha, uma prova de resistência, enfrentando o desconhecido e superando desafios que jamais imaginei; mas também é descobrir uma força interior que nem sabia que existia.

Não é fácil. Há momentos de dúvida, de medo, de um cansaço extremo que parece não ter fim. Contudo, em cada obstáculo, encontramos uma nova faceta de nossa força. Somos capazes de coisas que jamais imaginávamos. Enfrentei o inesperado com muitos desafios, consegui superar todos e, hoje, eu me vejo feliz e realizada.

Ser mãe atípica pode parecer uma estrada desconhecida e desafiadora, mas é também uma fonte de crescimento pessoal e força interior. Cada obstáculo que enfrentamos nos torna mais resilientes e nos mostra que somos capazes de superar o inimaginável. Somos mães excepcionais, mesmo diante de tantas batalhas, e cada passo dado nessa jornada é uma prova de coragem e amor incondicional.

Hoje olho para meu filho e sei que não mudaria nada. Ele é minha maior bênção, minha inspiração diária. Ele me ensinou a ser forte, a ser resiliente. E, por isso, cada desafio, cada lágrima, cada sorriso, valeu a pena. Sou uma mãe atípica, sim, e sou incrivelmente grata por isso.

Para todas as mães atípicas lá fora, quero dizer que, se eu consegui, vocês também conseguirão. Sei que pode parecer impossível em alguns dias, mas vocês são mais fortes do que imaginam. Sejam gentis consigo mesmas, peçam ajuda quando necessário e lembrem-se de que não estão sozinhas nessa jornada. Juntas, somos capazes de enfrentar qualquer desafio que a vida venha a nos apresentar.

07

JORNADA DE UMA MÃE ATÍPICA

EM BUSCA DE AUTOCONHECIMENTO, DIREITOS E INCLUSÃO

Um breve relato de uma mãe atípica pela jornada de autoconhecimento e busca incansável por direitos adquiridos, qualidade de vida, inclusão e diversidade.

CHARLENE GORA DALLEGRAVE

Charlene Gora Dallegrave

Tem como máxima: "Em cada uma de nós, existe um mundo de histórias!". Esposa do Marco, mãe da Lia e da Julia, motivação deste relato. Acredita que a família é um bem inegociável e, sem dúvida alguma, a maternidade foi essencial em sua evolução como pessoa, além de ser um guia em sua vida. É mãe de 76 dias de UTI, sobrevivente, guerreira incansável pelos direitos da filha. Também é filha, amiga, esportista e viajante nas horas vagas. É administradora e pós-graduada em Marketing e Publicidade. Hoje, atua como gestora da clínica de cirurgia plástica do marido, ajudando mulheres a encontrarem sua essência por meio da beleza.

Contatos
charlenegora@gmail.com
Instagram: @charlenegora

O que aconteceu

Quando decidi ser mãe, idealizei uma maternidade típica linda, encantada e mágica.

Nunca esqueço quando, na ecografia do segundo trimestre de gestação, o médico que fazia o exame comentou: "Mãe, comecei pelo coração, vou seguir fazendo o check-up do restante e depois voltamos aqui!".

Foi meu marido médico quem me explicou a cardiopatia da Julia e eu me lembro de ter perguntado: "Mas ela vai precisar tomar algum remédio?". Quando ele respondeu: "Ela vai precisar fazer cirurgia", eu não sabia o que estava por vir.

Foram duas cirurgias cardíacas, uma ao nascer e outra com um ano de idade. Passei a conhecer e compreender palavras como atresia pulmonar, hemorragia, pneumotórax, realização de Blalock-Taussig SEM sucesso, crise convulsiva, pulmão de SARA, lesão frontal esquerda com regiões de leucomalácias etc.

A paralisia cerebral é sequela das várias paradas cardiorrespiratórias que minha filha teve enquanto lutava pela vida. Ao refletir sobre a batalha que ela travou na UTI apenas para respirar, eu sabia que as consequências dessa paralisia cerebral seriam desafios que eu estaria disposta a enfrentar.

Ainda na UTI, lembro-me de ouvir frases como: "Mãe, ela não vai andar, sentar, falar". Com uma força interna que desconhecia, aquela que surge quando nasce uma mãe, transformei-me em uma pessoa incansável na busca por tratamento.

Foi assim que o mundo das necessidades especiais se revelou para nós.

Um outro olhar: o mundo das deficiências ou necessidades especiais

Entre terapias, consultas médicas, adaptações, dificuldades motoras e de fala, percebi que um novo mundo se formava ao nosso redor. Compreendi cedo, logo quando as mães ouvem as primeiras palavras e testemunham os primeiros passos de seus filhos típicos, que olhares valem mais do que mil palavras e pequenas conquistas valem mais do que medalhas de primeiro lugar. Meus olhos ainda se enchem de lágrimas toda vez que minha filha realiza, com autonomia, uma atividade simples como comer sozinha ou quando, deitada, se senta para se levantar sem a nossa ajuda.

Rapidamente percebi que o tempo na maternidade atípica[1] tem um ritmo distinto. Compreendi que minha velocidade em fazer as coisas é diferente da dela, e aprendi a andar novamente, em vez de correr. Incluí palavras como inclusão, mãe atípica e AVDs[2] no meu vocabulário.

Infelizmente, aprendi cedo o que é capacitismo.[3] "Só aceitamos sua filha na nossa escola se ela estiver andando" e inúmeras outras situações comprovam a falta de preparo das escolas.

Chorei muitas e muitas vezes em silêncio. Quase sozinha, dentro do meu pequeno núcleo familiar, enfrentei esse reencontro com a sociedade, uma sociedade tão dura e despreparada.

O reencontro com a sociedade

Conforme a consciência ia se desenvolvendo, percebi que muitas mudanças estavam ocorrendo em minha vida, e que um novo mundo, sem volta, se abria diante de nós. Retornar ao trabalho, cuidar da minha saúde física e mental, o relacionamento com meu marido e amigos, entender meu papel na família e na sociedade, e até mesmo minha própria identidade, tudo, absolutamente tudo seria diferente simplesmente pelo fato de eu ter me tornado uma mãe atípica.

Nossa rotina era repleta de terapias e tratamentos intensivos de reabilitação, com agendas tão cheias que parecia que vivíamos dentro do carro, entre idas e vindas a fonoaudiólogos, fisioterapeutas, terapeutas ocupacionais e diversos especialistas que eu nem sabia que existiam. Era necessária uma enorme dose

---

1 Maternidade atípica/mãe atípica: mães cujos filhos têm um desenvolvimento que foge do esperado, do típico, do padrão de normalidade, como nos casos das deficiências físicas ou mentais.

2 AVD: atividades da vida diária.

3 Capacitismo (em inglês: *ableism*) é a discriminação e o preconceito social contra pessoas com alguma deficiência (WIKIPÉDIA).

de paciência, força e coragem para lidar com tudo isso, tentando conceber o inimaginável. Eu repetia para mim mesma, quase como um mantra, as palavras de uma das terapeutas da minha filha: "Força, coragem, ação!".

Com essa perspectiva em mente, encontrei pessoas abençoadas que pareciam ter vindo a este mundo com a missão de acolher, cuidar e ensinar.

Nunca esquecerei quando uma das terapeutas estava visitando escolas para sua própria filha e me contou que uma das perguntas que fazia era sobre o sistema de inclusão da escola. Isso me deixou curiosa; afinal, a filha dela era típica. Não resisti e perguntei: "O que muda para você ao colocar sua filha em uma escola com adaptações ou não?". Ela me respondeu com a maior naturalidade: "De que adianta minha filha viver em uma bolha, estudar em uma escola sem diversidade? O que eu quero para ela é que conviva com o máximo de diferenças possível, para se tornar uma adulta humana e consciente".

Maravilhoso seria se todos pudessem agir assim, se pudéssemos realmente viver fora de nossas caixinhas, entender que este mundo é grande demais para nos isolarmos das dificuldades e diferenças, entender que empatia vai muito além de sentir pelo outro.

Como disse o jornalista Jairo Marques: "O tempo é agora. Acredite, um ambiente em que existe pluralidade humana alavanca caráter, habilidades e dialoga com o futuro". Ele traduziu em palavras o sentimento latente que tenho dentro de mim, que todos deveríamos perceber ao nosso redor! É urgente, precisamos repetir, explicar, orientar e fazer nossa parte diariamente.

Defender nossos interesses é importante, mas respeitar o bem-estar do outro é o que nos eleva como seres humanos.

Vida real – força, coragem, ação

Com o mantra em mente, decidi, de modo intuitivo e não proposital, que faríamos pela Julia o que faríamos por qualquer outro filho. Assim, embarquei em uma jornada de inclusão, lutando para envolvê-la em todas as atividades, apesar das imensas dificuldades enfrentadas pelas crianças com dificuldade motora e paralisia cerebral neste mundo.

Busquei conhecimento e os direitos que ela tem de forma prática, fazendo adaptações, ajustes de rota e relevando muitas coisas, com o objetivo simples de levar uma vida mais leve e justa. Já mencionei e repito com certa frequência que "a Julia não vai receber alta desse ou daquele tratamento amanhã", então farei o que estiver ao meu alcance e sugiro que toda mãe de uma criança atípica faça o mesmo. Busque por seus direitos, suas verdades e faça as melhores escolhas pelos seus filhos dentro do que considera certo. No final das contas, serão os pais que tomarão as principais decisões por muitos anos.

Minhas sugestões do que é possível dentro da realidade de cada família:

- Buscar medicamentos de uso contínuo pelos programas do governo.
- Buscar a placa para estacionamento nas vagas prioritárias.
- Buscar os direitos com o plano de saúde do seu filho para garantir o direito ao tratamento adequado.
- Aproximar-se de entidades, vereadores e deputados na luta por direitos e inclusão.
- Conhecer os direitos de emissão de passagens aéreas para voos nacionais e internacionais.
- Perguntar sempre, em qualquer entrada de museu, show, espetáculo o direito do seu filho a acesso prioritário ou diferença no valor para acessar esses ambientes.
- Buscar o direito por tutores nas escolas públicas ou privadas.
- Buscar as facilidades que o seu filho pode ter em um parque temático de diversão.

Ajustes de rota para uma rotina mais leve

Além de buscar tudo o que é do nosso direito, fiz ajustes para uma rotina que também trouxesse alegria no dia a dia dela e da nossa família. Ao longo desses 11 anos tento fazer coisas que fazem parte da minha rotina e que passaram a fazer parte da dela também.

Ainda pequena, ela passou a escalar comigo (dentro de uma mochila adaptada), a viajar com a gente, apesar dos perrengues e das mudanças de script de uma viagem tradicional.

Ela joga *beach tennis* – leia-se: com todas as adaptações necessárias para o jogo dela. Ela faz aula de música! O esporte e a arte têm o poder incrível de unir e de inspirar de uma maneira que poucas coisas fazem. O que importa não são os ajustes, o que realmente importa é o entendimento de que as possibilidades são reais, a alegria dela é real. Vencer barreiras que me disseram impossíveis é uma possibilidade real.

No tempo dela, exclusivamente no tempo dela, ela aprendeu a conversar com o próprio corpo e, no final das contas, esse ritmo nos levou a experimentar a vida em outro compasso. Não será justamente isso que a gente precisa? A gente grita por uma vida mais desacelerada, por tempo para observar as coisas, por pé no chão, por caminhar em vez de correr, por uma chance de olhar ao redor e realmente enxergar... Com um propósito único que apenas Deus pode nos responder, a Julia nos trouxe esse aprendizado diário.

Acolher a diversidade nos levará para caminhos inimagináveis de fé, pluralidade, empatia e amor.

Referência

CAPACITISMO. *In*: *Wikipédia*: a enciclopédia livre. Disponível em: https://pt.wikipedia.org/wiki/Capacitismo. Acesso em: 24 set. 2024.

08

DO LUTO À LUTA

Sempre tive um desejo profundo: ser **mãe**. Fui uma filha muito desejada e aprendi o significado de amor maternal pela entrega da minha própria mãe. Sinto muito por ela não poder presenciar tudo o que me ensinou, e acredito que se orgulharia de mim! Eu me chamo Cláudia, esposa do Ronaldo, mãe do Pedro, que sonhava ter um irmão. Um dia, o pedido de Pedro e a minha fé foram atendidos: chegou o Rafael, uma criança que veio para ressignificar e trazer muita luz para a caminhada da nossa família. Rafael é **autista** e o luto de um laudo me levou à luta!

CLÁUDIA KIATKOSKI MOLENDA DE MATTOS

Cláudia Kiatkoski Molenda de Mattos

Paranaense natural de Curitiba, iratiense de coração, residente em Vila Velha-ES. Profissional de educação física, formada há 20 anos pela Unicentro-PR. Especialista em atividade física adaptada e saúde. Especialista em neuropsicomotricidade. Cristã, casada com Ronaldo Mattos, mãe do Pedro e do Rafael. Rafael é autista e a inspira diariamente a aprofundar-se cada dia mais sobre o autismo, e levar informação a fim de ser uma agente de transformação para a causa autista. Atuante na área de educação física escolar, treinamento esportivo, empresária, idealizadora da marca Alma de Mãe, com produtos para identificação de autistas e acolhimento de mães neuroatípicas. Palestrante, capacita profissionais para acolhimento de autistas em suas empresas.

Contatos
claukm.mattos@gmail.com
Instagram: @almademae_alma
27 99937 8219

"Você só vai me dar banho, mamãe, se eu puder dar um beijo no bebê que está em sua barriga!"

Foi com esse argumento fortíssimo que Pedro Henrique, nosso filho mais velho, me surpreendeu aos seis anos, me fazendo paralisar e ficar em um misto de sentimentos sobre o que aquela criança estava sonhando e tentando me falar.

Pedro já existia em nosso coração desde que nos conhecemos, em uma noite onde nos conectamos, literalmente – Cláudia, uma paranaense, e Ronaldo, um mineiro bem capixaba, entramos na rede e... nela permanecemos fazendo planos e, com ideias similares, a maior delas era o mesmo desejo de constituir uma família com dois filhos ou até mais!

Pedro nasceu em 15 de março de 2012, mostrando para mim o significado de um amor maior que eu poderia imaginar que existisse: ser mãe.

Lembro com riqueza de detalhes, a lembrança de minha falecida mãe, Joana, me dizendo que eu só saberia o real amor que ela sentia por mim quando eu me tornasse mãe, e assim se fez verdade a fala dela.

Pedro sempre alegre, dançarino que só ele, amoroso e doido por um colinho e abraços, chamando a atenção por sua educação desde pequenininho, até começarmos a perceber uma vontade dele, a vontade de ter um irmão!

A vida tomando novos rumos, meu marido e eu trabalhando como professores de educação física, construindo dia a dia nosso espaço profissional; mesmo com o sonho de mais filhos, não víamos ainda um momento certo e nem sabíamos se esse momento poderia acontecer.

Eu, Cláudia, filha única, e o casamento dos meus pais não seguiu o caminho do sonhado "felizes para sempre". Meu pai saiu de casa, eu ainda era pequena, e fui criada com todo amor e entrega por minha mãe. Lembro-me de conversas de nós duas, eu dizendo como seria bom se eu tivesse um irmão para dividir minhas histórias e até mesmo para termos a casa mais cheia.

Vendo o desejo do Pedro, vinham-me essas lembranças e eu me colocava totalmente no lugar daquela criança, de como seria maravilhoso poder proporcionar aquele sonho ao meu filho.

A vida seguia seu curso; decidimos entregar nossas vontades nas mãos de Deus e fosse feita a vontade d'Ele.

Relatei ao Ronaldo que meu corpo não estava normal, me sentia muito cansada, mas não associei em momento algum que poderia ser uma gestação. Pedro havia chegado da escola, aquele fim do dia de toda mãe – preparar o jantar e levar o menino para tomar banho.

Pedro foi enfático e firme sobre dar o beijo no bebê que estava em minha barriga e ainda acrescentou que eu deveria ir ao médico.

Não dormi a noite, falei com meu esposo, que ainda brincou: "Ele sonha mesmo com esse irmão, hein!".

No dia seguinte fui correndo ao laboratório, passei na farmácia e tive a resposta: eu estava grávida e meu filho me avisou.

Sentei-me e chorei muito, era uma mistura de medo com euforia e alegria, mas a primeira coisa foi contar ao Ronaldo, para juntos darmos a tão sonhada notícia ao Pedro.

"Filho, você ganhará um irmão ou uma irmã, a mamãe está grávida!" A ansiedade era tão grande que não consegui guardar e logo contei, porém chegou o dia do primeiro exame de ultrassom e fomos surpreendidos com uma gestação anembrionária, em que o processo gestacional todo se forma, porém o embrião não.

Meu Deus, só eu sei a dor que senti naquele momento... Oito semanas de gestação e não tinha embrião; meu filho não estava lá?

Vim me questionando como falar isso ao Pedro, explicar a uma criança que não deu certo.

Foi quando ele mais uma vez se mostrou a nossa força. Choramos copiosamente juntos, nos permitimos viver a dor em família, e ele enxugou nossas lágrimas, dizendo: "Calma, eu estou aqui e tudo ficará bem!".

Seguimos, porém minha depressão se fez presente. Eu me culpei demais por ter decepcionado meu filho, por não ter conseguido realizar seu sonho e eu só sabia chorar e pedir perdão quando ele dormia, mesmo sabendo que eu não tinha culpa alguma.

Exatamente um ano depois, Pedro vem até mim, deita-se ao meu lado e fala que tinha outro bebê em minha barriga. Sem pensar, briguei com ele que não era hora para brincar. Por um ano, eu me vi deprimida e ansiosa, ganhando peso, pois estava me recuperando do trauma que me marcou demais; então, ao vê-lo falar da minha barriga e comentar sobre bebê, fraquejei e, sem pensar, pedi que ele parasse na hora. No entanto, fui até meu marido e comentei o que havia ouvido no quarto e, mais uma vez, não dormi.

Amanheci na farmácia, fiz um teste e ele deu positivo.

Contei ao Ronaldo chorando e combinamos que não falaríamos nada ao Pedro até que tudo se mostrasse confirmado e certo.

Entre consultas, exames, imagens, um segredo absurdo em casa, chegou a tão esperada revelação: em uma caixinha preparei fotos, cartinhas e um sapatinho de bebê. Entregamos para ele e juntos chegamos à mensagem: "Você agora terá um irmãozinho ou irmãzinha para cuidar!".

Ah, que momento foi aquele! O abraço mais forte que recebi, com o sorriso misturado em lágrimas e ele afirmando que era um menino e se chamaria Rafael, pois ele pediu para Papai do Céu.

Costumo dizer que a vida do Rafael já começou especial pelo desejo enorme do amor de uma criança em ter um irmão, ele foi desejado e anunciado por um anjo.

Foi uma gestação de fé e entrega total; eu tinha medo demais de perder o meu bebê, mesmo tendo uma fé enorme.

Tive uma gestação difícil, placenta muito baixa, trabalhei sentada bons meses, passava mal e sempre com medo da perda.

Dois de abril de 2019, o dia reservado para a chegada do Rafael, enfim a espera acabava e o sonho se tornava realidade. Uma cesárea foi agendada devido aos possíveis contratempos, não poderíamos nem pensar em colocar o bebê em risco, e eu confiei a minha vida e a vida do Rafael nas mãos do meu querido e saudoso dr. Roberto Laperrière (*in memoriam*), que me acolheu como um pai e me permitiu acreditar o tempo todo, sempre dizendo: "Minha filha, onde está a fé que mora em você?".

Pedro amanheceu com febre, não pôde ir até a maternidade e ficou com a vovó.

Que parto! A cesárea mais emocionante que eu poderia merecer, e Rafael veio ao mundo às 17 horas e 56 minutos.

Final de noite, nós três acomodados no quarto do hospital, aquele momento a sós, o telejornal passando bem baixinho na televisão, Rafael dormindo após mamar e o noticiário mostra uma reportagem sobre o dia dois de abril, **Dia Mundial de Conscientização sobre o Autismo**; nem imaginávamos a história que iríamos contar.

Um bebê se desenvolvia, aparentemente dentro de toda a normalidade em cada fase mês a mês. Vem então a pandemia e nos fecha, nos coloca para dentro de um único mundo que era a nossa casa, sem convívio social acreditando que tudo acabaria logo. Meu Deus, quanta tristeza, quanta angústia e quantos medos rondavam, porém, costumo relatar sobre o divisor de águas que foi esse momento, quando nos trancamos e nos olhamos com mais afinco, e isso permitiu que enxergássemos algo.

Quando se tem mais de um filho, você acaba tendo um parâmetro de comparação de como era o desenvolvimento do mais velho e o que o mais novo ainda não atingiu no mesmo período.

Rafael, com um ano e quatro meses, não balbuciava sílabas, nem o sonhado "mamã e papá"... Brincando muito com sua sombra, inquieto, me puxando para lugares e apontando, até me mordendo se eu não compreendesse o que ele queria. Um dia, sentados, nos entreolhamos, meu marido e eu, e concordamos: "Vamos conversar com a pediatra dele sobre esses comportamentos". Eu, com a voz preocupada, complementei: "Acho que Rafael é autista". E assim começava a incansável busca por respostas que lá no fundo eu já tinha, mas eu precisava ser a fortaleza do Rafael para ajudá-lo.

Comecei a pesquisar e ler muito sobre autismo, mesmo ainda não tendo laudo comprobatório nem consultado nenhum profissional especialista. Não podíamos sair, mas eu poderia fazer algo, era só isso que me vinha à cabeça.

Foram meses à espera, foram meses de avaliações, consultas, pesquisas, noites sem dormir, choro escondido, bullying na escolinha após retornarmos ao processo presencial. Julgamento de mães, criticando aquela família que não via que o filho era um "problema" em sala, que mordia e arranhava outras crianças. Li mensagens e ouvi áudios sem me manifestar, eu só chorava e pedia sabedoria para lidar com tudo aquilo. Passei por uns dos piores dias da minha vida, e o tempo todo agradecia por ter sido escolhida para ser a mãe do Rafael; o que eu mais queria era saber se realmente o autismo seria confirmado para enfim saber por onde começar a andar.

No dia da conclusão do laudo, nunca um papel pesou tanto em minhas mãos e, não era o peso do filho, era o peso da dor da impossibilidade de não poder transferir para mim tudo o que ele poderia passar. Naquele dia, eu morri! Morreu uma Cláudia e nasceu, naquele consultório, uma mãe disposta a ser a luta do seu filho. Executar funções que eu não imaginava ter competência para tal, e eu me permiti chorar desesperadamente, enxugar as lágrimas e seguir... eu precisava seguir!

A partir daquele momento, uni forças com a equipe de cuidados que acompanharia o Rafael. A questão primária era entender o que é o autismo e qual papel eu poderia desempenhar para ser o apoio seguro dele, além do papel materno.

Ao receber um laudo com o número de horas de terapias vem o desespero de como encaixar tudo aquilo. Eu não poderia parar de trabalhar; e como pagar cada hora de terapias se nós não tínhamos condições de arcar com tudo aquilo?

Foi então que decidi aprender, estudar, mergulhar de cabeça em uma jornada de amor profundo.

Rafael fechou o laudo com três anos, ele não verbalizava, não brincava com outras crianças, manifestando estereotipias de sacudir as mãozinhas e era só o deixarmos sozinho, que lá estava escalando móveis e enfileirando brinquedos.

Eu prometi ao Rafael que me capacitaria para ajudá-lo, e dentro do que podíamos pagar, estava eu, sentada aprendendo com as terapeutas para reproduzir em casa tudo o que elas faziam.

Eu me desliguei de mim, abandonei-me como mulher vestindo a camisa de mãe... agora chamada também de mãe neuroatípica.

E Pedro? Pedro pediu para aprender sobre o autismo, pois ele queria estar envolvido e cuidar do irmão.

Dentro de todo um quadro novo, nos unimos em família, em prol do que fosse melhorar a qualidade de vida do Rafael.

Dediquei-me 24 horas, acreditem, eu não conseguia dormir pensando em como seria o próximo dia. Eu sonhava em ouvir o Rafael me contando como foi o dia da escolinha, vê-lo comendo frutas, legumes e uma maior variedade de alimentos e pesquisava, conversava com especialistas tentando buscar alternativas de estímulos que eu pudesse produzir com materiais alternativos em casa.

Tomei frente de que, se o meu filho conseguisse falar o mínimo possível para melhorar a comunicação dele, os dias dele poderiam ser mais leves.

Estipulei as tardes com tempo de contação de histórias, com bonequinhos que ele já tinha, com o que criávamos com papel, embalados a muita música. Sim, vários estímulos musicais que chamavam muito a atenção dele.

E nós conseguimos! Rafael conseguiu verbalizar, externar suas emoções, falar suas necessidades e diminuir aquela inquietude que ele tinha com precisão aos quatro anos.

Meu Deus, como chorei quando ouvi que o seu dia na escola "foi muito legal!". Precisei parar o carro para chorar e pedir a ele que falasse mais uma vez. E, envolvida com todos os cuidados, eu não queria cuidar somente do meu filho, me vi precisando abrir mão de horários de trabalho e eu queria fazer mais por outras famílias.

Meu desejo era que a identificação de uma criança autista pudesse, sim, levar informação e ser meio de transformação aos olhos de uma sociedade que ainda fala: "**Nossa, ele nem tem cara de autista!**".

A mesma camiseta que criei para mim escrita MÃE DE AUTISTA, para ir com meu filho a pracinhas, parques e qualquer lugar de convívio social que me ajudou a minimizar os olhares antipáticos dentro de algum comportamento atípico dele, eu queria que ajudasse outras mães, e era algo que vinha da minha alma.

Tamanho foi o meu envolvimento no processo que me tornei a ALMA DE MÃE! Um projeto individual, que veio de uma grande dor, tornando-se luta! Eu quis ser mais que um produto: quis levar esperança para outras famílias e mostrar que somos capazes de sermos agentes de transformação, acolhimento e inclusão.

Pretendo levar cuidados para outras mães, ensinar o pouco que aprendi e sigo aprendendo, ser a luz do Rafael e ser a voz do autismo.

A mensagem que eu deixo a cada família que encontro?

Desistir não faz parte da nossa caminhada. Nunca foi fácil, nunca foi leve, mas eu quis que fosse possível por amar incansavelmente o meu filho.

Hoje trabalho em prol da causa autista. Sou a mãe que fala de autismo por onde passa. Busco possibilidades de me capacitar para dar o suporte necessário na minha casa, pois acredito que, a partir do momento que a família mergulha no processo, estuda, busca informações e conhecimento, forças são somadas para que o filho venha a se desenvolver. E esse desenvolvimento gerará frutos futuros na escola, no trabalho e na sociedade.

Em meio a todos os desafios, compartilho conhecimento com outras mães e me sinto feliz podendo contribuir com a vida de outras crianças, tanto em palestras, encontros e atendimentos individuais.

Sim, é uma jornada incansável, Rafael veio para ressignificar o meu caminhar e me preparar para cuidar de outros autistas. Ele é minha grande inspiração de vida.

Eu só posso agradecer ao meu outro filho amado, Pedro Henrique, e ao meu marido, Ronaldo, por permitirem a minha ausência física em algumas situações, porém sempre sentindo a minha presença em amor.

Um dia, um laudo me enlutou; dias depois, ele me transformou!

09

FILHOS ATÍPICOS E O DIREITO À EDUCAÇÃO

UMA PERSPECTIVA JURÍDICO-MÉDICA

Neste capítulo, você, mãe atípica, encontrará estratégias jurídico-médicas para lidar com barreiras ao acesso à educação de seu filho ou de sua filha e compreenderá os impactos adversos no seu desenvolvimento e bem-estar quando o cumprimento das leis relativas à inclusão for negligenciado. Um chamado à ação para a defesa dos direitos educacionais das crianças atípicas.

CLÁUDIO ALVES
DÉBORA LORENA

Cláudio Alves

CRM/CE 17.369

Médico pediatra. Pós-graduado em Neuropediatria pelo AFYA – Educação Médica de Fortaleza-CE e Brasília-DF. CEO da primeira clínica-escola de neurologia infantil do Ceará, a CENI Ibiapaba. Doutorando em Neurociências com Ênfase em Autismo pela Unisul-SC. Mestre em Ensino na Saúde pela UECE. Especialista em Saúde da Família pela UFC e em Psiquiatria e Saúde Mental pela Unyleya-DF. Formado pela Elam/Cuba e revalidado pela UFC. Pesquisador na área do autismo junto ao Mapa Autismo Brasil (MAB).

Contatos
ceniibiapaba.com.br
ceniibiapaba@gmail.com
Instagram: @drclaudio_alves
88 99635 7838

Débora Lorena

Advogada com atuação nacional. Atendimento jurídico humanizado às pessoas com autismo, deficiência e suas famílias. Membro das Comissões de Direito das Pessoas com TEA da OAB-CE e OAB-DF. Palestrante. Negociadora e mediadora. Cofundadora do TeSer – Mediação. Técnica em Assistência Social na Sedes-DF. Mestre em Direito pela UnB. Integrante da equipe de Publicação do Mapa Autismo Brasil (MAB) e pesquisadora nas áreas de direitos humanos, acesso à justiça, mediação e autismo.

Contatos
deboralorena.com.br
contato@deboralorena.com.br
Instagram: @deboralorena.adv
88 99922 5618

Falar em educação inclusiva é reforçar a necessidade de serem respeitadas, na prática, as diferenças e necessidades individuais de cada estudante, valorizadas as capacidades e estimulada a conquista de novas habilidades físicas, sensoriais, psicológicas, intelectuais e sociais.

No entanto, nesse campo a realidade brasileira ainda é desafiadora, e por isso desenvolvemos neste texto uma abordagem jurídico-médica, para lidar com os desafios enfrentados por você, mãe atípica, quanto à efetivação do direito ao acesso à educação de seu filho.

Obstáculos à implementação das leis de inclusão educacional

Inicialmente destacamos que não nos faltam leis, desde dispositivos internacionais às normativas nacionais, como a Declaração Universal dos Direitos Humanos de 1948, Declaração Mundial sobre Educação para Todos de 1990, Declaração de Salamanca de 1994, Convenção Internacional sobre os Direitos das Pessoas com Deficiência e seu protocolo facultativo de 2007, Constituição Federal de 1988, Estatuto da Criança e do Adolescente de 1990 (Lei n. 8.069/1990), Lei Brasileira de Inclusão (Estatuto da Pessoa com Deficiência) n. 13.146/2015, Lei Berenice Piana n. 12.764/2012, Lei n. 7.853/1989, Lei de Diretrizes e Bases da Educação Nacional n. 9.394/1996, Lei n. 10.098/2000, entre outras.

A grande questão é a incorporação do que está escrito nas normas para a realidade social, considerando que o maior empecilho no acesso à inclusão é o que chamamos de barreira atitudinal, mais conhecida por preconceito e discriminação. Nesse sentido, a maior barreira às pessoas atípicas está na incapacidade da sociedade em acolher a diversidade e eliminar os obstáculos que impedem a plena participação de todos.

Vale destacar que os responsáveis por ofertar educação não podem alegar o desconhecimento das leis que trazem direitos educacionais, quando não ofertam inclusão nesse espaço que é tão potente. O descumprimento da lei precisa ser responsabilizado.

Seguem alguns exemplos de obstáculos que revelam a violação de direitos das crianças atípicas no âmbito escolar:

- Recusa de matrícula.
- Limitação de vagas.
- Cobrança adicional para estudantes, em razão da condição atípica.
- Alegação de que não há recursos para atender às necessidades educacionais específicas desses estudantes.
- Falta de adaptações adequadas, como materiais didáticos e avaliativos acessíveis; tecnologias assistivas; suporte de assistência individualizada, como professor auxiliar.
- Impedimento ao tratamento multidisciplinar, quando a escola não aceita o ingresso do acompanhante terapêutico (AT).
- Falta de capacitação de professores.
- Bullying e discriminação.
- Negligência nas avaliações e no plano educacional individualizado (PEI).

Tais violações, que muitas vezes revelam a ocorrência de crime de discriminação (nem sempre facilmente identificável), resultam em um ambiente escolar prejudicial, afetando a capacidade de aprendizagem e bem-estar do estudante com consequências devastadoras não apenas para ele, mas também para sua família e a sociedade como um todo.

Diante desses desafios, é crucial que você tenha acesso a recursos legais e apoio adequado para defender os direitos educacionais de seu filho.

A perspectiva jurídica: estratégias e recursos legais

Pode ser muito frustrante não ter os direitos do seu filho garantidos no seu dia a dia por conta de diversas barreiras, não é?

Antes de apresentarmos algumas ferramentas jurídicas possíveis para efetivar tais direitos, vale destacar a importância de consultar um advogado especializado ou uma advogada especializada para avaliação e aconselhamento jurídico de cada situação específica, e ter esse apoio tanto em relação às demandas administrativas quanto judiciais.

Além de aquele ou aquela profissional disponibilizar o caminho jurídico que melhor se adequa à sua situação específica, o trabalho dele ou dela, diante de demandas complexas, como costuma ser a maioria das ações judiciais nessa temática, contribui para termos mais decisões favoráveis às famílias atípicas, que podem servir de fundamento para outros pedidos no futuro. O trabalho jurídico responsável e bem-feito é bom para todos!

Ah, e se você não possui condições de pagar um advogado ou uma advogada pode recorrer aos serviços da Defensoria Pública da sua região.

Entre as ferramentas jurídicas, sejam elas administrativas ou judiciais, são possíveis orientação jurídica (individual ou coletiva), requerimentos junto a órgãos e instituições, participação em negociação, conciliação ou mediação e processo administrativo. No âmbito judicial também são possíveis a conciliação, mediação ou o processo judicial.

Alguns exemplos de estratégias administrativas:

- Requerimento à Secretaria de Educação, solicitando avaliação da necessidade de acompanhamento especializado para o estudante dentro da sala de aula.
- Registro de ocorrência na Regional de Ensino, em caso de seu filho ser mantido fora da sala de aula, porque não foram inseridas no planejamento atividades que o incluam.
- Negociação direta com a escola em relação ao ingresso de acompanhante terapêutico (AT), para acompanhamento da criança atípica, com a devida comprovação.
- Agendamento de reunião com a diretoria da escola, a fim de explicar habilidades e limitações do seu filho e solicitar as adaptações necessárias.
- Registro de ocorrência ou denúncia, por ameaça ou violação a direitos, sempre com formalização por escrito, em canais de atendimento ou ouvidorias de órgãos como Secretaria de Educação Municipal ou Estadual, Ministério da Educação, Secretaria Municipal, Estadual ou Nacional dos Direitos da Pessoa com Deficiência, Disque 100 (Ministério dos Direitos Humanos e da Cidadania, que encaminha o caso para o Conselho Tutelar mais próximo), Disque 125 (Coordenação de Denúncias de Violação dos Direitos da Criança e do Adolescente – Cisdeca), Conselho Tutelar, Delegacia de Polícia Civil (por meio do boletim de ocorrência) e Ministério Público.

Alguns exemplos de estratégias com foco no âmbito judicial:

- Registrar e documentar de forma organizada tudo o que se relacione à condição do seu filho: laudos, notas fiscais de consultas, terapias, compra de medicação, e-mails, conversas via WhatsApp, pedidos escritos e protocolados junto à escola ou a outros órgãos.
- Solicitar a preferência de processamento nas ações judiciais que as pessoas com deficiência têm direito, ou seja, o seu processo tem prioridade legal em seu andamento.

- Como inicialmente muitas escolas negam os pedidos que são feitos "só de boca", é preciso solicitar de forma escrita e documentada, para que haja mais chances de o benefício ser concedido. Os documentos devem ser protocolados na escola, Secretaria da Educação ou Regional de Ensino. Em caso de negativa, recorra ao tribunal, juntando como prova as negativas e os documentos administrativos.

Como podem perceber, as estratégias administrativas são primordiais para fundamentar um processo judicial robusto e assim possibilitar maiores chances de êxito. Afinal, no processo judicial só é considerado pelo juiz aquilo que lá está escrito, por isso a importância de se documentar o máximo possível.

A perspectiva médica: impactos no desenvolvimento e bem-estar

Em muitos casos os filhos atípicos enfrentam experiências educativas negativas e, se essa for a realidade da sua família, é crucial considerar que o tratamento adequado e o acolhimento das necessidades das crianças neurodivergentes (autistas, TDAH, disléxicos, TOD), com deficiências ou doenças raras, são essenciais para seu progresso.

Nesse sentido, a negligência no cumprimento das leis de inclusão pode impactar, às vezes de forma irreversível, os níveis de desenvolvimento e bem-estar daquelas crianças, resultando em atrasos cognitivos, sociais e emocionais, baixa autoestima, riscos de problemas de saúde mental e agravar dificuldades comportamentais.

Por consequência, pode levar à exclusão escolar, causando isolamento, marginalização, agressividade e limitando a evolução de habilidades sociais e acadêmicas essenciais. Além disso, crianças com deficiência em ambientes sem suporte adequado correm maior risco de bullying, o que afeta também a sua regulação emocional.

Para evitar consequências negativas graves, é fundamental uma abordagem educacional inclusiva para garantir que as crianças recebam o apoio necessário para suas necessidades únicas de aprendizagem, desenvolvam plenamente suas habilidades e alcancem seu potencial máximo, garantindo oportunidades futuras de independência.

Estratégias colaborativas: integrando a abordagem jurídico-médica

Já queremos deixar uma dica especial: **atenção ao relatório médico**!

- **Relatório ou laudo médico**: mesmo a escola não podendo exigir laudo médico, muito menos laudo médico "atualizado", para ofertar educação conforme às necessidades do seu filho, esse documento é um grande aliado na reivindicação de direitos, inclusive na via judicial.

Assim, recomendamos que o relatório médico inclua informações completas sobre a história clínica da criança, detalhes sobre o tratamento, até mesmo o período de duração e a urgência em realizá-lo, especialmente em casos de neurodesenvolvimento atípico. Além disso, é importante descrever todas as abordagens terapêuticas ecléticas ou convencionais sem sucesso que o paciente tentou, assim como o tempo que permaneceu realizando-as. O relatório também deve incluir descrições dos riscos da ausência de tratamento, a periodicidade das terapias e o tempo de sessão, especificações detalhadas das abordagens utilizadas e certificações dos profissionais envolvidos no tratamento multidisciplinar. Adicionalmente, é recomendável especificar os prejuízos que podem ocorrer, se o tratamento for longe da residência da criança atípica, e citar artigos científicos de medicina baseada em evidências.

O laudo médico (dentre outros pareceres dos profissionais da área da saúde e educação), quando indica as terapias necessárias para que a criança melhore seu desempenho escolar e sua saúde, auxilia a escola a direcionar melhor os dispositivos de aprendizagem e estratégias de ensino personalizadas para o estudante.

- **Tratamento multidisciplinar**: garantida por lei, a discussão de casos de inclusão deve envolver um trabalho conjunto com pais, profissionais de saúde e educação e o próprio estudante. Isso permite uma avaliação completa das suas necessidades e potencialidades.

Caso seja necessário o pedido judicial de acompanhamento especializado, PEI e/ou adaptação curricular, o relatório biopsicossocial é fundamental, que pode ser emitido por equipe formada por médico, psicólogo, assistente social, pedagogo, entre outros profissionais. Na falta dele, veja com o médico a possibilidade de constar no relatório do seu filho a necessidade de acompanhamento especializado no ambiente escolar, detalhando na avaliação do estudante, quando couber: impedimentos físicos, socioambientais, psicológicos e pessoais; limitação no desempenho de atividades; e restrição de participação.

Perceba como a interligação entre saúde e educação é fundamental para o sucesso do estudante. Se houver dificuldades em acessar consultas ou terapias, é recomendável buscar apoio jurídico especializado para garantir o direito ao tratamento necessário.

- **Aproximação com a escola**: busque estabelecer uma parceria com a escola. Isso começa por incluí-la na sua rede de apoio e reforçar a colaboração entre a família e a escola. Aproxime-se dos professores, funcionários, equipe de coordenação e direção, apresente sua família e seu filho, e comunique seus sentimentos e necessidades. Isso ajudará a escola a entender melhor o contexto da criança e a encontrar soluções criativas para seus desafios.

Para manter a comunicação alinhada, dê retornos à escola regularmente e se coloque à disposição. Pergunte aos profissionais se há algo que você possa fazer para ajudar e se eles têm alguma dúvida ou dificuldade.

Cada criança é única, por isso não há "receita pronta" quando o assunto é inclusão escolar. O que deve haver é uma construção coletiva de possibilidades!

- **Discriminação e bullying**: para lidar com essa situação na escola, é crucial manter uma comunicação aberta e eficaz com seu filho. Esteja disponível para ouvi-lo e receptiva para apoio e orientação. Encoraje o compartilhamento de sentimentos e necessidades. Reforce a importância de buscar ajuda diante de situações difíceis. Utilize simulações e histórias para explicar discriminação e bullying e as formas de proteção.

Essas estratégias que partem da nossa abordagem colaborativa (entre advogada e médico pediatra) ajudarão a melhorar a defesa dos direitos das crianças atípicas e criar um ambiente escolar mais seguro e inclusivo para todas.

Considerações finais

Por meio dessa abordagem jurídico-médica desejamos que tenham ficado nítidos alguns caminhos possíveis que auxiliem você, mãe atípica, na reivindicação dos direitos educacionais do seu filho ou da sua filha, e que isso reverbere acessibilidade, conscientização e respeito à diversidade.

Assim, exija os direitos do seu filho, busque apoio legal e médico, quando confrontada com desafios no âmbito da educação inclusiva, em prol do pleno cumprimento das leis de proteção às crianças atípicas.

Paulo Freire, em seu poema "A escola", dizia que "escola é, sobretudo, gente". Por isso, não é possível concebê-la a partir da exclusão, escola é diversidade e inclusão!

O que, deste capítulo, foi importante para você?

Será uma grande satisfação receber o seu retorno.

Conte para nós no @deboralorena.adv e @drclaudio_alves.

Abraços! Seguimos juntos e juntas!

Referências

FREIRE, P. A escola. *Rizoma freireano*. 2010. Disponível em: https://www.rizoma-freireano.org/poema0808/a-escola-paulo-freire. Acesso em: 25 jan. 2023.

ORGANIZAÇÃO DAS NAÇÕES UNIDAS PARA A EDUCAÇÃO, A CIÊNCIA E A CULTURA. *Directrices sobre políticas de inclusión en la educación*. Paris: UNESCO, 2009. Disponível em: https://unesdoc.unesco.org/ark:/48223/pf0000177849_spa. Acesso em: 2 fev. 2024.

ORGANIZAÇÃO DAS NAÇÕES UNIDAS PARA A EDUCAÇÃO, A CIÊNCIA E A CULTURA. *Manual para garantir inclusão e equidade na educação*. Brasília: UNESCO, 2019. Disponível em: https://unesdoc.unesco.org/ark:/48223/pf0000370508. Acesso em: 30 abr. 2024.

ORGANIZAÇÃO MUNDIAL DA SAÚDE. *Relatório mundial sobre a deficiência*. São Paulo: SEDPcD, 2012. Disponível em: https://iris.who.int/bitstream/handle/10665/44575/9788564047020_por.pdf. Acesso em: 30 abr. 2024.

10

DIAGNÓSTICO NÃO É DESTINO

Neste capítulo, vemos a jornada de uma mãe em busca de um diagnóstico para seu filho Léo, que apresentava graves problemas respiratórios. Após consultar mais de 40 médicos, Léo foi diagnosticado com neurofibromatose tipo 1, o que trouxe muitos desafios e várias cirurgias. A fé, o apoio familiar e uma rede de mães enfrentando situações similares foram fundamentais para a superação das dificuldades. Diagnóstico não é destino.

EREDIANA BIANCA ALVES

Erediana Bianca Alves

Mãe típica do Gustavo, mãe atípica do Leonardo. Atua nas áreas de publicidade, relacionamento com o cliente, marketing e jornalismo ativista sobre tema maternidade atípica e neurofibromatose tipo 1. Possui experiência na área comercial, com conhecimento da metodologia de vendas. Experiência em gestão de marketing, prospecção e fidelização de clientes, análise de indicadores do mercado consumidor e acompanhamento das atividades de campo. Grande capacidade de negociação, habilidades de comunicação, com boa redação e oratória. Conhecimento do mercado publicitário e de seus principais *players*: anunciantes, veículos, agências de propaganda, promoções, eventos e comunicação. Ainda não consegue trabalhar a maior parte do tempo, por conta de todas as demandas que tem com os cuidados e consultas do Leonardo. Então, usa toda sua trajetória sobre a descoberta da doença para acolher outras mães que passaram ou passam pelo mesmo desafio da busca pelo diagnóstico ou até mesmo aquela mães que já devolveram seus filhos para o Céu. Atualmente, sua maior jornada profissional é descobrir e estudar caminhos que tragam qualidade de vida para seu filho e todos que lhes achegarem.

Contato
Instagram: @maternidadeatipicaa

Angústia de não achar respostas

Imagine ter seu bebê recém-nascido no colo, frágil, chorando e fazendo um tremendo esforço para respirar, e você sem saber por que, muito menos como ajudar. Assim eu estava na primeira semana de vida do Léo. A busca pelo diagnóstico foi constante. Eu já imaginava que ele tinha algum problema, mas não conseguia imaginar qual era. Eram noites sem dormir, dias sem conseguir amamentar, e o Léo, a cada dia que passava, não conseguia respirar. Eu já tinha sido mãe, tinha um filho de dez anos, então sabia que algo estava errado com aquela criança, mas não conseguíamos descobrir o que era.

As idas e vindas aos prontos-socorros deixavam nossa rotina exaustiva e cansativa. O Léo não se desenvolvia, não crescia, e nós, até aquele momento, estávamos sem nenhuma resposta, sem direção, sem caminho a seguir. Cada visita ao hospital era uma nova esperança de encontrar respostas, mas também uma nova decepção quando nada de concreto era descoberto, e o diagnóstico errado era sempre dado.

A situação chegou ao ponto em que fomos obrigados a ficar na UTI. Esse foi um momento de extrema tensão e medo para mim e para toda a família, pois chegamos na UTI e não havia nada a ser feito a não ser entubar meu menino. Ignorantes que éramos, sofremos, pois para nós era o fim, estávamos perdendo nosso menino.

A decisão de achar respostas

Meu coração me dizia que eu não deveria desistir. A persistência se tornou minha companheira constante. Cada consulta, cada exame, era uma tentativa desesperada de entender o que estava acontecendo com o Léo. Os primeiros indícios começaram a aparecer, mas, ainda assim, a incerteza era esmagadora.

A cada novo sintoma, a cada nova dificuldade, a angústia aumentava. Eu sabia que precisava continuar lutando, não só por mim, mas principalmente pelo Léo, por nossa família. Eu não podia deixar minha casa ficar doente.

Os primeiros sintomas que apareceram no Léo foram a dificuldade de respirar. Ele simplesmente não conseguia respirar direito. Como ele tinha essa dificuldade forte de respirar, consequentemente, não mamava bem. Além disso, começamos a perceber que um lado do rosto dele estava maior do que o outro, um inchaço que nos preocupava muito. Ele fazia um barulho muito forte ao respirar, um som que parecia um ronco, e a gente não conseguia entender como um bebê podia fazer um barulho tão forte assim.

Esse barulho e o inchaço no rosto eram sinais claros de que algo não estava certo. Isso nos trouxe um alerta de que realmente alguma coisa não estava legal, alguma coisa não estava indo bem. Foi então que começamos nossa busca incessante por especialistas. Passamos por muitos médicos, e a maioria deles dizia que o Léo tinha laringotraqueomalácia, uma má formação da traqueia. Eles nos diziam que não havia muito o que fazer, que teríamos que esperar o desenvolvimento dele, que a traqueia iria se desenvolver e, com isso, melhorar.

Essa espera era angustiante. Cada consulta, cada diagnóstico incerto aumentava nossa ansiedade e nosso desespero. A sensação de impotência era esmagadora. Eu sabia que algo mais sério estava acontecendo, mas não conseguia encontrar as respostas que tanto buscava. A cada dia, a situação do Léo parecia piorar, e a incerteza sobre o futuro dele nos consumia.

A busca incansável

Consultamos mais de 40 médicos, não só em São Paulo, como no Rio de Janeiro, em Minas Gerais e no Paraná. Onde diziam que existia um médico que pudesse nos ajudar a encontrar uma solução, um caminho para que o nosso bebê pudesse respirar melhor e ter uma melhor qualidade de vida, comer e se desenvolver, lá estávamos nós. Eu parei toda a minha vida, toda a minha carreira em prol de atender o Léo. Então essa busca incessante foi minha: meu marido e eu fizemos um combinado de ele ficar trabalhando, com a cabeça boa para o trabalho, enquanto eu buscava respostas; era comissão de frente do Léo e ele pagava os boletos e dava atenção para o nosso filho mais velho que tinha apenas dez anos e também estava preocupado com toda a situação de abandono.

Depois de uma busca incansável em vários médicos diferentes, com vários diagnósticos errados, chegamos a uma médica que nos deu um apoio e disse que não poderia nos deixar sem resposta, que ela não poderia deixar que a gente saísse dali sem um caminho a seguir. Não era a patologia que eu tinha imaginado, então ela nos encaminhou para um oncologista. Mais uma vez, sem diagnóstico, sem caminho a seguir, e com o bebê sem nenhuma melhora, o nosso mundo caiu. Pensamos "Pronto, nosso filho tem um câncer raro, nosso filho tem algum tumor que não tem como curar", e com isso em mente lá fomos nós. Eu me lembro exatamente da roupa que vestia naquele dia, como estava o tempo, como eu estava me sentindo com aquele bebê nos meus braços, quando cheguei naquela consulta, olhei para aquela médica e disse: "Doutora, o meu filho tem câncer? O que o meu filho tem?" Todos na sala ficaram em silêncio, meu marido e eu, e ela olhou para mim e respondeu: "Eu não sei o que seu filho tem. Mas nós vamos descobrir isso juntas."

Quando conhecemos a doutora Viviane Sonaglio, percebemos que ela era uma profissional humana que nos olhava nos olhos e era desprendida do papel de médica. Ela vestia seu papel de mãe; se colocou no meu lugar, me olhou, me deu um abraço e disse que juntas descobriríamos o que meu filho tinha. De uma maneira leve, simples e que quebrava todos os protocolos médicos, ela nos explicou que talvez o nosso filho pudesse ter neurofibromatose tipo 1, uma doença rara que desenvolve tumores no corpo e que ele já poderia ter. Mas disse para ficarmos calmos, não procurar nada na internet, que dali para frente estaríamos sendo bem assistidos por ela e que poderíamos ter um futuro pós-diagnóstico.

A doutora Viviane Sonaglio é a oncologista do Léo desde que ele tem quatro meses de vida. Ela diagnosticou o Léo com neurofibromatose tipo 1. Depois que a encontramos, conseguimos encontrar vida após o diagnóstico. A doutora Viviane é uma... Eu não sei como falar dela. Qualquer coisa que eu diga sobre ela pode parecer pequeno perto da grandeza da mulher e da médica que ela é. Ela foi tão essencial na minha vida, tão essencial na vida do Léo, que hoje eu tenho uma tatuagem no meu braço em homenagem, em gratidão a ela, a toda a direção que ela fez a gente seguir.

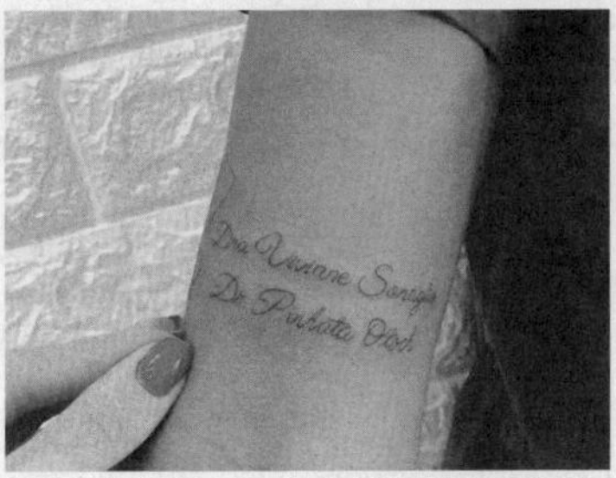

Tatuagem em homenagem aos médicos de Léo. (Ongaratto, 2021).

A desesperança

Mesmo com a orientação da doutora Viviane, a incerteza ainda pairava sobre nós. A possibilidade de que Léo pudesse ter uma doença rara e grave como a neurofibromatose tipo 1 era assustadora. O medo do desconhecido e a preocupação com o futuro do nosso filho nos consumiam. A cada novo sintoma, a cada nova complicação, a sensação de impotência aumentava.

A esperança

Mas, em meio a toda essa escuridão, a abordagem empática e acolhedora da doutora Viviane trouxe pequenos sinais de esperança. Cada consulta com ela era uma oportunidade de aprender mais sobre a condição do Léo e de sentir que estávamos no caminho certo. A promessa de que estaríamos bem assistidos e que poderíamos ter um futuro pós-diagnóstico nos dava forças para continuar.

Foi aí que a doutora Viviane nos conectou com um paciente dela, que naquele ano estava completando 20 anos e ela o acompanhava desde os quatro anos de idade. Aquilo nos trouxe uma experiência muito grande. Conseguimos ter luz, enxergar, entender que poderia existir vida pós-diagnóstico. Desde então, venho tratando o Léo de modo leve, feliz, e sempre dizendo para ele que ele não é a neurofibromatose, ela é uma condição que o acompanha, mas ela não é ele. Ter contato com esse paciente fez toda a diferença na nossa vida, nos deu perspectivas do futuro, mais esperança, mais clareza e com isso a vontade de buscar cada vez mais informação, qualidade de vida, e nos conectar com pacientes que tivessem a mesma patologia e mães que podiam trilhar um caminho tão tortuoso como o nosso. Foi toda a diferença.

Hoje, eu abro meu celular e me assusto. Não existe nome de mães. Existe a mãe da Gabi, a mãe do Léo, a mãe da Lívia, a mãe do Elias. Porque nós somos apenas mães. Mães em busca de um futuro melhor para nossos filhos, uma qualidade de vida. Todas as vezes em que estive em UTI acompanhando meu filho, nunca me importei em saber o que aquela mãe fazia, se era solteira, casada, que profissão tinha, qual faculdade cursou, qual seu nível de conhecimento. Eu apenas queria saber de quem ela era mãe e por quem estava lutando, por quem estava ali do lado, dia após dia, acreditando, sonhando e crendo que dias melhores viriam. Às vezes, esses dias não chegavam. Perdíamos muitas crianças dentro da UTI, mas a mãe sabia que Deus nunca deixou de estar ao seu lado.

O Léo hoje está com nove anos. Ele já passou por 33 cirurgias, foram 33 vezes que precisei atravessar aquele corredor branco, frio, de paredes brancas, para deixar meu filho no centro cirúrgico na mão de uma equipe de cirurgia, da qual, muitas vezes, eu não conhecia o anestesista, mas eu conhecia Deus.

A experiência de ver seu filho passar por tantas cirurgias é algo que nenhuma mãe deveria enfrentar. Cada vez que atravessava aquele corredor frio e impessoal, sentia um misto de medo e esperança. A confiança em Deus era o que me sustentava nesses momentos de extrema vulnerabilidade.

Eu conhecia Deus e, diante daquele momento, pensava "Maria, passe na frente, que esses médicos, essa equipe seja guiada pelo Senhor e que todos os seus caminhos trilhados, que toda a sua cirurgia seja guiada por Deus, não pelos homens", e assim tem sido até hoje, dia após dia.

Perspectiva do pai

O Michel, meu marido e pai sempre esforçado, ao me ver tão abalada, tentava ser a rocha da família. Ele segurava minha mão e me dizia palavras de conforto e força, mesmo quando eu via que ele próprio estava cheio de medo. Michel desempenhou um papel crucial, sendo o pilar de força para mim e nossa família. Ele também sentia medo e incerteza, mas sabia que precisava ser forte e dar apoio. "Vamos passar por isso juntos", ele dizia, tentando esconder a própria ansiedade. "O Léo é forte, e nós também somos." Essas palavras de encorajamento eram um bálsamo para mim, que encontrava no meu marido um parceiro inabalável, mesmo nos momentos mais difíceis.

Interações com profissionais de saúde

Em uma das cirurgias, uma enfermeira segurou minha mão e disse: "Eu sei que é difícil, mas ele está em boas mãos. Nós vamos cuidar dele como se fosse nosso." Esses pequenos gestos de empatia e apoio dos profissionais de saúde faziam uma enorme diferença também. Saber que havia pessoas cuidando do Léo com tanto carinho e dedicação trazia um pouco de alívio ao meu coração.

"Cada vez que vejo o Léo, ele me surpreende com sua força", disse um dos médicos. "Ele é um verdadeiro guerreiro." Essas palavras dos médicos me enchiam de orgulho e esperança. Saber que seu filho era visto como um guerreiro pelos profissionais que o tratavam era uma fonte de força.

Impacto no irmão mais velho

E o Gu... o Gustavo, meu primeiro filho, com apenas 10 anos, também sentia o peso da situação. Vendo o quanto estávamos constantemente preocupados, tentava ser forte, mesmo sem entender completamente o que estava acontecendo. Ele tentava ser forte e ajudar como podia, mas a incerteza e a preocupação, querendo ou não, afetavam todos nós.

"Mamãe, o Léo vai ficar bem?", ele perguntava, com os olhos cheios de preocupação. Essas perguntas inocentes, mas carregadas de medo, mostravam como a situação afetava toda a nossa família. Eu precisava encontrar forças para confortar não apenas o Léo, mas também o Gu.

Momentos de esperança

Em meio a tantas dificuldades, havia momentos de esperança, como quando um médico sugeriu um novo tratamento que poderia melhorar a qualidade de vida do Léo. Esses momentos de esperança eram como a luz no fim do túnel. Cada nova possibilidade de tratamento trazia uma renovação de forças e a esperança de dias melhores.

"Hoje o Léo teve um dia melhor", disse Bianca, com um sorriso tímido. "Ele conseguiu brincar um pouco e até riu." Esses pequenos momentos de alegria eram preciosos. Ver Léo sorrir e brincar, mesmo que por pouco tempo, era um lembrete de que havia esperança e que a luta valia a pena.

Essa jornada tem sido a mais difícil da minha vida, mas também a mais transformadora. Aprendi a valorizar cada pequeno momento de alegria e a encontrar força na fé e no amor da minha família. A cada dia, eu vejo o quanto o Léo é forte e o quanto ele nos ensina sobre resiliência e esperança. Ele é a nossa luz e a nossa inspiração.

Pós-diagnóstico

Primeiros tratamentos

Após o diagnóstico, nossa vida mudou drasticamente. Consultas médicas frequentes, terapias e tratamentos se tornaram parte do dia a dia. A adaptação a essa nova realidade foi desafiadora: uma equipe de *home care* em casa, um hospital dentro de casa, era um desafio diário e uma rotatividade enorme de pessoas, mas também trouxe momentos de esperança e pequenas vitórias. Cada tratamento era uma batalha, mas também uma oportunidade de melhorar a qualidade de vida do Léo.

Tratamento de pesquisa

A participação em tratamentos experimentais e pesquisas foi uma decisão difícil, mas necessária. Eu estava disposta a tentar qualquer coisa que pudesse melhorar a qualidade de vida do Léo. Esses tratamentos trouxeram não apenas avanços médicos, mas também um senso de propósito e esperança renovada.

O propósito

A necessidade de compartilhar a jornada e ajudar outras mães me levou a criar um perfil no Instagram. Por lá, consigo compartilhar minhas experiências, oferecer apoio e criar uma comunidade de mães que enfrentam desafios semelhantes. Essa rede de apoio se tornou uma fonte inestimável de força e inspiração.

O sonho

Meu sonho é ver o Léo crescer e viver uma vida plena, apesar dos desafios impostos pela neurofibromatose. Sonho com um futuro em que ele possa realizar seus desejos e ser feliz, independentemente das limitações. Esse sonho é o que me motiva a continuar lutando e buscando sempre o melhor para meu filho.

Cada mensagem de apoio, cada comentário de encorajamento, era como um raio de luz em meio à escuridão. Saber que minha história estava ajudando outras mães a encontrar força e esperança me dava um propósito maior e me motivava a continuar compartilhando.

A gratidão

Hoje, tenho dois médicos que são o meu alicerce de vida, são pessoas em quem confio plenamente para tomar qualquer decisão e decidir por qualquer caminho que venha à vida do Léo; refiro-me à doutora Viviane Sonaglio e ao doutor José Pinhata Otoch, de quem também tenho o nome tatuado em meu braço, e já operou o Léo mais de 20 vezes. Eles têm meu eterno agradecimento, minha eterna admiração, meu eterno amor, e não existe nada no mundo que possa retribuir tudo o que eles representam para a minha família.

Eu adoraria que, nove anos atrás, tivesse acessado a internet e encontrado alguém falando sobre a neurofibromatose tipo 1. Tenho certeza de que se tivesse sido assim, meu caminho seria mais leve, mais curto, mais direto. É difícil saber o que seu filho tem, mas o pior é saber o que seu filho não tem, é você não ter um caminho, é você não ter um diagnóstico, é você não ter uma direção, é você não ter uma luz, é você não ter esperança.

O lema de vida

Hoje digo para meu filho: "Léo, qual é o lema aqui de casa?" Ele prontamente responde: "Tentar, tentar até dominar". E assim tem sido a nossa vida, dia após dia, hora após hora. Nós não entendemos que ele pode ter uma doença que pode pará-lo, nada pode pará-lo. Se ele quiser, como ele quiser, eu digo para ele: "Filho, nunca se rebaixe para caber no mundo de ninguém, nunca, nunca se rebaixe para ser aceito por ninguém. Você é um lutador e a cada cicatriz que você tem no seu corpinho, 33 cicatrizes que você tem no seu corpinho, são 33 marcas que eu tenho na parte do meu coração, são 33 marcas que eu tenho no meu coração de sofrimento e de esperança, de amor e perseverança."

Cada cicatriz no corpo de Léo é um símbolo de luta e superação. Elas representam não apenas o sofrimento, mas também a esperança, o amor e a perseverança que definem nossa jornada. Essas cicatrizes são testemunhos de uma batalha contínua, mas também de uma força inabalável que nos mantém unidos e determinados a seguir em frente.

Hoje, sempre que uma mãe chega no meu Instagram, tento, com o maior amor possível, acolhê-la, acalmá-la e fazê-la entender que diagnóstico não é destino, diagnóstico não é o fim. O filho dela é único, não existe nenhuma outra criança que pode ser comparada a ele. Assim como a neurofibromatose, não existe comparação. Com cada paciente, ela age de uma forma. Que a minha história não seja uma história triste, uma história pesada. Por mais que meu filho tenha passado por tantos procedimentos cirúrgicos, hoje ele é traqueostomizado, existe uma equipe multidisciplinar em casa cuidando dele. A história do Léo é nossa, é dele, não vai ser a dessa mãe. Digo a ela que se apegue em Deus, que siga firme e que possa tirar da gente todos os pontos positivos para que consiga dar uma qualidade de vida melhor para o seu filho.

Hoje, quando vejo uma mulher grávida, eu não digo que venha com saúde, eu sempre digo para a mãe que ele seja amado do jeito que vier, porque não vir com saúde é uma possibilidade. Eu não tenho dó de crianças com condições atípicas, tenho dó de crianças que não são amadas.

O amor sempre cura.

Referência

ONGARATTO, S. Mãe tatua nomes de médicos do filho, que tem síndrome genética incurável: "Foi a forma que encontrei de demonstrar a minha gratidão". *Crescer*, 17 dez. 2021. Disponível em: https://revistacrescer.globo.com/Saude/noticia/2021/12/mae-tatua-nomes-de-medicos-do-filho-que-tem-sindrome-genetica-incuravel-foi-forma-que-encontrei-de-demonstrar-minha-gratidao.html. Acesso em: 23 out. 2024.

11

GUIANDO MÃES NA COMUNICAÇÃO DE CRIANÇAS AUTISTAS

Este capítulo oferece acolhimento e apoio para mães de crianças com autismo, destacando a importância do brincar no desenvolvimento. Inclui estratégias de estimulação da fala, manejo comportamental e o uso de comunicação alternativa aumentativa (CAA). Com quase dez anos de experiência, compartilho métodos eficazes para melhorar a comunicação e as habilidades sociais das crianças, tranquilizando e orientando famílias.

FLÁVIA MARTINS

Flávia Martins

44 anos, nascida em Barra do Garças/MT, criada em São Paulo/SP e em João Pessoa/PB. Atualmente, reside em São Paulo/SP. É filha de Valdecy e Maria José. Irmã de Paula Martins. Nutricionista. Tem dois filhos mestiços, adolescentes, Hone, de 15 anos, e Ivan, de 12 anos. Graduada em Fonoaudiologia, Desenvolvimento da Fala e Linguagem Infantil, com capacitação em autismo. Habilitada na implementação da comunicação alternativa aumentativa (CAA), especialista em análise do comportamento aplicada (ABA) para o transtorno do espectro autista (TEA), também mentora de mães de crianças autistas e de professores. Palestrante e escritora.

Contatos
sites.google.com/comunicamae.com/flaviamartins
adm@comunicamae.com
Instagram: @fonoflaviamartins
LinkedIn: flavia-martins-para-empresas
11 98777 9280

Querida mamãe, sei que o diagnóstico de autismo do seu filho pode ter trazido uma mistura de emoções: alívio por finalmente entender melhor seu filho, mas também medo e incertezas sobre o futuro. Quero que saiba que não está sozinha, muitas mães já percorreram esse caminho e encontraram maneiras de transformar os desafios em oportunidades de crescimento e amor. Ao longo de quase dez anos de experiência clínica e ambulatorial atendendo crianças com diagnóstico CID-10 F84 (transtorno do espectro autista – TEA), tenho ajudado muitas famílias a encontrarem conforto e esperança. Sanar dúvidas e tranquilizar corações com minhas palavras tem sido uma parte essencial do meu trabalho. Entender que seu filho tem um mundo único dentro de si e que, com apoio adequado, ele pode florescer, é o primeiro passo para essa jornada.

A comunicação é um dos pilares mais importantes no desenvolvimento de qualquer criança, e com crianças autistas isso pode requerer abordagens específicas e dedicadas. Aqui estão algumas estratégias que podem ajudar na estimulação da fala do seu filho:

- **Imitação vocal e verbal**: incentive a repetição de sons e palavras. Comece com sons simples como "mama" ou "papa", podem significar mamãe ou mamadeira, papa para alimento ou papai; em toda estimulação de fala é interessante dar função ao enunciado. Depois, gradualmente, vá aumentando sua complexidade. Utilize brinquedos e objetos de interesse da criança para motivar a imitação.
- **Rotina estruturada**: utilize atividades diárias previsíveis para inserir novos vocabulários e praticar a fala. Por exemplo: durante o banho, você pode nomear partes do corpo e objetos utilizados. A repetição constante em contextos familiares ajuda na aprendizagem.
- **Brincadeiras interativas**: jogos que envolvem troca de turnos, como esconde-esconde ou jogos de encaixe, podem ser excelentes para estimular a comunicação verbal. Durante as brincadeiras, incentive seu filho a fazer pedidos, nomear objetos e expressar suas preferências.

- **Modelagem e expansão**: modele a linguagem adequada para a situação e expanda o que seu filho diz. Se ele diz "bola", você pode responder "sim, a bola azul está rolando".

Durante meus estudos, desde 2005, ano de minha formação em Fonoaudiologia, foi necessário aprofundar-me e capacitar-me em autismo, assim como especializar-me em análise do comportamento aplicada (ABA) em autismo. Foram mais de 500 horas para entender e aprender como o manejo comportamental é essencial para ajudar as crianças a lidarem com situações desafiadoras e desenvolver habilidades sociais. Algumas técnicas incluem:

- **Reforço positivo**: elogie e recompense comportamentos desejados para incentivar seu filho. As recompensas podem variar de elogios verbais, adesivos, até um tempo extra com um brinquedo favorito. Certifique-se de que a recompensa é algo que seu filho realmente valoriza.
- **Desenvolvimento de rotinas**: estruturas claras ajudam a reduzir a ansiedade e comportamentos indesejados. Crie um cronograma visual com imagens ou ícones que representem cada atividade do dia. Isso ajuda seu filho a entender o que esperar e a se preparar para as transições de ambientes e recursos.
- **Análise funcional do comportamento**: entenda as causas dos comportamentos para intervir de forma eficaz e personalizada. Observe quando e onde os comportamentos ocorrem e o que os precede. Com essa análise, você poderá identificar os gatilhos e trabalhar para modificá-los ou ensiná-lo a responder de maneira mais adaptativa.
- **Ensino das habilidades sociais**: use histórias sociais e jogos de dramatização para ensinar habilidades sociais, como compartilhar, esperar a vez e seguir instruções. Isso pode ajudar seu filho a se sentir mais confortável em interações sociais.

Já me deparei com questionamentos de mães sobre o brincar e uso dos brinquedos nos meus atendimentos, e a minha explicação é simples: atendo crianças, e claro que usarei recursos lúdicos durante o tratamento fonoaudiológico. Precisamos enxergar na criança a vivência lúdica, e sim, se faz necessário o uso do brinquedo específico para sua faixa etária, já que o brincar é uma atividade fundamental para o desenvolvimento infantil, incluindo crianças com autismo. Por meio da brincadeira, elas aprendem habilidades sociais, emocionais, cognitivas e de comunicação. Aqui estão alguns benefícios específicos do brincar para crianças autistas:

• **Desenvolvimento da linguagem**: jogos e brincadeiras podem ser usados para introduzir novas palavras e conceitos. A interação durante a brincadeira estimula a comunicação verbal e não verbal.
• **Interação social**: brincar com outras crianças ou adultos ajuda a desenvolver habilidades de turnos, compartilhamento e cooperação. Isso é essencial para melhorar as habilidades sociais e a compreensão das normas sociais.
• **Regulação emocional**: atividades lúdicas podem ajudar as crianças a expressarem e compreenderem suas emoções. Brincadeiras estruturadas podem ser usadas para ensinar habilidades de autorregulação e lidar com frustrações.
• **Habilidade motora**: muitas brincadeiras envolvem movimentos físicos que ajudam no desenvolvimento das habilidades motoras grossas e finas. Isso inclui jogos de correr, pular, montar blocos ou desenhar.
• **Imitação e criatividade**: brincadeiras de faz de conta e imitação ajudam as crianças a desenvolverem a criatividade e compreensão dos papéis sociais. Isso pode incluir brincar de casinha, super-heróis ou outras atividades imaginativas.

A seguir estão alguns exemplos de brincadeiras e dicas de como estimular o brincar simbólico e funcional.

Nas brincadeiras funcionais, podemos citar:

• **Brincar de cozinha**: incentive seu filho a "cozinhar" usando panelas, talheres de brinquedo e alimentos de plástico. Isso ajuda no desenvolvimento da linguagem relacionada a alimentos e ações de cozinha.
• **Montar blocos**: atividades com blocos de montar ajudam a desenvolver habilidades motoras finas e coordenação. Descreva o que está sendo construído para enriquecer o vocabulário.
• **Brincar de loja**: simular compras e vendas com dinheiro de brinquedo e itens da casa pode ajudar no aprendizado de conceito numérico e de troca.

Nas brincadeiras simbólicas, podemos citar:

• **Faz de conta com bonecos**: use bonecos, fantoches ou animais de pelúcia para criar histórias. Isso estimula a imaginação e a capacidade de criar narrativas. Incentive seu filho a dar vozes e personalidades aos bonecos.
• **Super-herói e aventuras**: incentive brincadeiras em que seu filho seja um super-herói ou aventureiro. Isso ajuda a desenvolver a criatividade e a resolver problemas imaginários.
• **Histórias sociais**: utilize histórias sociais para encenar situações cotidianas, como ir ao médico ou à escola. Isso pode ajudar seu filho a entender e se preparar para essas situações.

O brincar oferece inúmeras oportunidades e benefícios para melhorar a comunicação das crianças autistas, como:

- **Desenvolvimento do vocabulário**: por meio de brincadeiras, as crianças aprendem novas palavras e frases. Descreva ações e objetos durante a brincadeira para enriquecer o vocabulário da criança.
- **Estímulo à conversação**: brincadeiras que envolvem turnos incentivam as crianças a se expressarem verbalmente e a esperarem a vez de falar. Isso promove habilidade de conversação.
- **Expressão de necessidades e desejos**: durante a brincadeira, as crianças são incentivadas a pedir brinquedos, solicitar ajuda e expressar suas preferências, o que melhora a habilidade de comunicação funcional.
- **Aumento da interação social**: brincar com outras crianças ou adultos promove a interação social e o uso da linguagem em contextos sociais. Isso ajuda a criança a entender e a praticar habilidades sociais e de comunicação.

Para algumas crianças, a comunicação verbal pode ser um desafio significativo. Ao deparar com famílias que relatam que suas crianças apresentam o comportamento de puxar pelo braço, empurrar o seu corpo, chorar, gritar, se jogar no chão, para expressar seus desejos e necessidades, nesses casos, a comunicação alternativa aumentativa (CAA) pode ser uma ferramenta vital, pois apresenta vantagens como: aquisição das funções e intenção comunicativa, estabelecer interação social, expressar necessidades, transferir informações e etiqueta social. A CAA inclui métodos como:

- **PECS (sistema de comunicação por troca de figuras)**: facilita a comunicação por meio de imagens, ajudando a criança a expressar necessidades e desejos. Comece ensinando a criança a trocar uma figura por um objeto desejado. Para esse método será necessário o acompanhamento de uma fonoaudióloga na área do desenvolvimento da fala e linguagem infantil, que possua habilitação para implementar o método.
- **PODD (pranchas dinâmicas com organização pragmática)**: é a estimulação da linguagem suplementar. Apresenta o modo de organizar o vocabulário para a comunicação em qualquer momento, pelo uso de prancha dinâmica, comunicação organizada e com funções comunicativas, comunicação receptiva e expressiva, multimodal, foco na função e conteúdo. Necessário profissional na área da Fonoaudiologia que possua habilitação para implementar esse método.
- **Dispositivos eletrônicos**: tablets e aplicativos específicos podem ajudar a criança a se comunicar de maneira mais eficaz. Aplicativos como *Lamp words for Life* são projetados para criar frases e sentenças completas que a criança pode usar para se comunicar. Também existe o TD Snap, um dispositivo que ajuda na comunicação para expressar desejos e necessidades.

A CAA não impede o desenvolvimento da fala, oferece uma forma de comunicação enquanto as habilidades verbais estão em desenvolvimento.

Trabalhar com crianças autistas é minha paixão, e cada progresso, por menor que apareça, enche meu coração de orgulho e de agradecimento. Ao longo de quase dez anos atendendo somente autistas, vejo um histórico de sucesso em ter ajudado muitas crianças a desenvolverem suas habilidades de fala e comunicação. Orientei e acolhi inúmeras famílias, sanando suas dúvidas e tranquilizando corações. Agradeço imensamente a afinidade que surgiu ao longo desses anos em realizar atendimento terapêutico com crianças com autismo, assim como conhecer as mães atípicas que têm toda minha admiração e orgulho.

Se deseja um apoio mais personalizado e orientações detalhadas, convido você a participar da minha mentoria TEA em Palavras: Guiando Mães na Comunicação. Nessa mentoria, você terá acesso a ferramentas práticas e suporte contínuo para ajudar seu filho a desenvolver suas habilidades de comunicação.

Agradeço a oportunidade de escrever este capítulo e poder contribuir com meus conhecimentos e experiência prática.

Com amor e dedicação,
Flávia Martins

12

RESILIÊNCIA MATERNA

COMO POTENCIALIZAR AS NUANCES DESSA JORNADA

Sabemos que ser mãe é uma das experiências mais desafiadoras e recompensadoras da vida. É normal enfrentarmos momentos de insegurança e até mesmo culpa. O processo de aceitação pode nos conduzir a uma maternidade mais leve e gratificante, transformando esses desafios em oportunidades de crescimento e conexão com nossos filhos.

GÉSSICA CRISTINA MOREIRA DO CARMO

Géssica Cristina Moreira do Carmo

Graduada em Marketing pela Universidade Anhanguera (2011). Sua jornada de mãe tem sido marcada por desafios estimulantes e conquistas gratificantes. A maternidade é uma parte fundamental da sua identidade, e equilibrar os papéis de mãe, esposa e profissional tem lhe proporcionado uma compreensão profunda da importância da gestão do tempo, organização, empatia e paciência. Uma experiência que trouxe uma dimensão única à sua vida. Está animada para compartilhar sua história e experiência em um livro, e poder contribuir de alguma maneira na vida de tantas mães que, muitas vezes, só precisam ser compreendidas. Abraçar as complexidades da maternidade é um caminho no qual precisamos de pessoas. Acredita que sua narrativa reflete a capacidade de superar desafios e encontrar equilíbrio em meio às múltiplas facetas da vida.

Contatos
gessica.moreira@live.com
Instagram: @gessicamoreira
11 97679 1102

> *Os filhos não precisam de pais gigantes, mas de seres humanos que falem a sua linguagem e sejam capazes de penetrar-lhes o coração.*
>
> (Cury, 2006)

Receber o diagnóstico de autismo de um filho pode ser, no primeiro instante, uma experiência que deixa os pais desnorteados, e é comum que eles passem por uma série de etapas emocionais ao longo desse processo. E por aqui não foi diferente.

Embora meu filho Davi apresentasse diversos pontos que indicavam a possibilidade de ele estar dentro do espectro, eu continuava na expectativa de que talvez fosse apenas uma coincidência. No entanto, à medida que o assunto começou a ganhar uma proporção gigantesca na sociedade, comecei a me perguntar: “Será?”.

De maneira cautelosa, comecei a me preparar para o resultado, mesmo sem querer acreditar. Eu sentia que não estava enganada e que deveria trabalhar isso dentro de mim como mãe antecipadamente. Afinal, uma das primeiras preocupações que surgem é: como poderei proteger meu filho dessa sociedade que não está preparada para recebê-lo exatamente como ele é, com suas limitações e, muitas vezes, suas explosões emocionais, que exigirão explicações repetidas? Eu também não estava preparada, havia medos e crenças que eu ainda carregava comigo e isso me limitava evoluir a tal nível de entendimento. Veio então o primeiro passo dessa jornada: após algumas dificuldades de desenvolvimento na escolinha, foi solicitado pela diretoria que eu o levasse a um especialista, pois Davi já tinha seus quatro anos e não falava praticamente nada, apontava com muita dificuldade quando queria comunicar algo e não havia entrado no desfralde. Eu me via cada vez mais perdida, achando que eu simplesmente não era uma boa mãe, pois não conseguia entender meu próprio filho; afinal, eu era mãe de primeira viagem e tentava dar o melhor de mim. Enfim, após uma consulta e algumas sessões veio o tão temido diagnóstico, e a partir desse momento surgiu uma infinidade de dúvidas. Na maioria das vezes, os pais têm dificuldades de processar as informações do diagnóstico agravando e postergando ainda mais o processo de **aceitação**.

Entendo que você esteja passando por um período de reflexão. É normal ter dúvidas e preocupações quando percebemos comportamentos que podem indicar essa condição. Nessa jornada de descobertas vivenciamos um misto de emoções que contribuem para moldar a relação entre mãe e filho ao longo do tempo. Tornou-se comum para uma mãe atípica ouvir frases que não traduzem nossas experiências e desafios, como "isso é só birra" ou "você precisa ser mais firme com ele". Isso é muito frustrante, pois a rotina com nosso pequeno nesse novo mundo é desafiadora, vivemos diariamente novas descobertas e a maternidade se torna complexa, com desafios únicos que não dá para serem comparados. Vivemos e aprendemos com eles uma nova maneira de ver o mundo, um novo ângulo, e tudo aquilo que acreditávamos ser um padrão na vida cai por terra; aprendemos que não há um jeito único de ser feito, e conseguimos enxergar além do horizonte um leque de possibilidades atribuídas a brincadeiras, jeito de curtir, jeito de se relacionar, jeito de dizer "eu te amo", simplesmente um novo jeito de viver.

Ninguém conhece melhor seu filho do que você, e suas escolhas e abordagens são valiosas para essa jornada se tornar mais leve. Não se cobre tanto, você pode transcender a si mesma nessa jornada, mas não precisa passar por esse processo sozinha.

Lembro-me de um episódio marcante de um momento entre Davi e eu. Estávamos no quintal de casa quando pedi que ele recolhesse seus brinquedos de Lego®, cujas peças consistiam em blocos grandes de apenas três cores: amarelo, azul e vermelho. Em determinado momento, pedi que ele pegasse a última peça, descrevendo-a como vermelha, mas ele começou a procurar em círculos sem conseguir identificar o objeto, que estava claramente à sua frente. Entrei em crise e minha paciência se esgotou a ponto de eu gritar com ele e apontar o objeto que ele não conseguia ver. Sua expressão revelava claramente sua frustração por não conseguir atender às minhas expectativas, desencadeando uma crise de desespero nele. Naquele momento, me senti culpada por ter interferido em seu equilíbrio. Na época, ele já estava em terapia e tinha suas particularidades, das quais eu não estava plenamente consciente durante aquela explosão emocional.

Dias depois, ao voltar de uma sessão de terapia, meu marido me mostrou algo que o terapeuta havia aplicado no Davi naquele dia, e minha mente simplesmente começou a se abrir para uma nova perspectiva. Davi falava muitas coisas em inglês e isso dificultava tanto sua alfabetização quanto seu desenvolvimento social. O terapeuta pediu-lhe que pegasse algumas peças nomeando suas cores em inglês e prontamente ele o fez... Bum! Descobrir que uma coisa tão simples poderia ter sido evitada foi um misto de alívio e culpa naquele momento, e acredito que a partir dessa experiência pude compreender melhor como lidar com o meu filho e acolhê-lo, pois ser mãe de autista é interpretar os olhares e entender o silêncio.

Muitos pais passam por uma fase de culpa e autoquestionamento. Durante essa jornada, é possível que sintam uma sensação de perda de algo e até impotência. A raiva e a frustração são emoções comuns durante esse processo, assim como se sentir irritados com o diagnóstico, com o sistema de saúde, com familiares que podem não entender a situação ou até mesmo com nós mesmas. Essa raiva pode ser direcionada para várias fontes, e pode ser difícil de lidar. Mas acredite, você, que está passando por isso, não está sozinha, não é o fim do mundo, não é o fim da sua história como mãe; pelo contrário, é o começo de um novo capítulo da história da sua vida.

> *[...] fiel é Deus, o qual não deixará que sejais tentados acima do que podeis resistir, antes com a tentação dará também o meio de saída, para que a possais suportar.*
> (1 Coríntios 10:13)

Quando o diagnóstico do Davi foi dado, comecei a estudar tudo o que estava relacionado ao assunto e estivesse ao meu alcance para ter sabedoria em lidar com algumas situações. Ao longo desse caminho descobri que as informações eram muito escassas e muitos pais, assim como eu, se viam perdidos e se questionavam por onde deveriam começar. Qual é o primeiro passo agora? Eram tantas perguntas sem respostas!

Nesse sentido, colocar o tema em pauta é um dos caminhos para que as pessoas iniciem seu processo de entendimento, e trocar experiências com outras mães e famílias que passam pelo mesmo processo pode ser valioso. Eu me sentia muito perdida sobre tudo, comecei a assistir séries que representavam a vida dos autistas, ler livros sobre o tema, acompanhar profissionais da área, participar de eventos presencial ou remotamente que abordavam tudo o que para mim era essencial como conhecimento. Não existe um manual de como lidar com os autistas; afinal, cada um deles tem a sua particularidade, e a importância de estarmos por dentro desse mundo é que nos facilita muito na convivência e comunicação com eles e com os outros. Por meio da empatia, simplificamos processos que poderiam ser dolorosos em nossa vida, entendemos que muitas vezes precisamos entrar no clima deles para perceber coisas simples, aprendemos a desacelerar na vida, ter mais amor ao próximo e o dom do acolhimento.

A internet é uma fonte inesgotável de informações, é essencial estarmos a par de tudo o que acontece nesse novo mundo no qual caímos sem paraquedas. Busque orientação de um profissional; além de ele poder esclarecer muitas dúvidas, poderá dar um direcionamento de onde buscar mais informações.

Após essa primeira fase é comum acontecer de as mães ficarem deprimidas, tristes e até em processos comparados a um estado de luto (é o estágio de sentimentos de debilitação e tristeza acompanhados de solidão). Se você se sente assim, entenda que precisa estar forte para ser a fortaleza do seu pequeno. Isso pode desencadear uma bagunça emocional grande; logo, não hesite em buscar ajuda profissional com um psicólogo, ou partilhar suas frustrações e medos com alguém da família que seja próximo e que a entenderá, aconselhamento em grupos de outros pais a fim de compartilhar experiências produtivas que vão ter um impacto muito positivo no relacionamento com o seu filho. Tive uma experiência importante para mim: meu marido sempre ficou responsável por levar o Davi nas terapias, então ele sempre esteve mais ciente do que acontecia no dia a dia, e recebia os feedbacks dos terapeutas. Nas férias de 2023 fiquei responsável por acompanhá-lo nas terapias, e enquanto aguardava havia uma roda de conversa de pais com uma terapeuta ocupacional; naquele momento pudemos compartilhar nossas experiências com o intuito de nos sentirmos mais leves com tudo o que estávamos vivendo, de dificuldades a conquistas até ali. Alguns pais aprenderam técnicas que eu usava para inserir novos alimentos ao meu filho quando os seus também tinham seletividade alimentar, eu, por outro lado, aprendi outras técnicas de como ensinar o meu filho a fazer determinadas coisas. Essa troca de experiências e informações é importante, pois fortalece o nosso psicológico a lidar com as situações e atender melhor às necessidades de nossos filhos no seu processo de aprendizagem e desenvolvimento.

Não se esqueça: para que seu filho esteja bem cuidado, você precisa se cuidar também em todos os sentidos e áreas da sua vida. Procure fazer algo que lhe faça bem, que faça bem para seu corpo e mente para conseguir passar por essa jornada de modo mais leve; faça terapias, exercícios físicos, cuide de sua autoestima, busque hobbies. Eu escolhi, entre as coisas de que gosto, retomar a leitura, investir na minha autoestima. A maternidade atípica pode nos exigir uma dedicação maior de tempo, conhecimento, paciência, mas não precisa lidar com tanto peso; isso não é motivo para nos esquecermos de quem somos, pois somos a base que sustenta a coragem, a superação de medos, a alegria e tantos outros sentimentos que irão florescer em nossos filhos por meio de nós, **mães**.

Para fortalecer o vínculo com meu filho comecei a entrar em suas brincadeiras, tornei-me personagem da sua imaginação e participei mais ativamente de tudo o que ele gostaria de fazer ou me mostrar. Para mim poderia não ter tanta importância, mas, para ele, se tornava algo excepcional. Davi todas as noites me chama para ir ao quintal ver a lua (ele adora a lua), me faz às vezes de modelo e me pinta, literalmente, dos pés à cabeça de guache, expressando sua criatividade de representar algum personagem que ele gosta. Ele adora massinha de modelar e já criamos personagens juntos, e é claro que ele se superou nessa, pois sou péssima nessa habilidade, às vezes montamos quebra-cabeça e ele é extremamente competitivo como eu (quem será que vai terminar primeiro?). Esses nossos momentos descontraídos me fizeram perceber o quanto é importante nos fazermos presentes para viver um pouco desse mundo colorido de possibilidades que eles criam em sua mente.

Quando comecei a me interessar mais pelo que ele via, passei a enxergar com seus olhos e perceber que ele não deveria ser comparado em momento algum com outra criança. Davi hoje tem sete anos e uma inteligência que às vezes me assusta; no entanto, em situações básicas da vida, como já saber identificar certas coisas, ele ainda age como uma criança de quatro anos em muitos momentos, e está tudo bem. O importante é nunca subjugar ou suprimir suas emoções, ele precisa ter liberdade de expressão e se sentir acolhido no melhor lugar do mundo, o colinho de mãe.

A individualidade do seu filho é um ponto importante para seu desenvolvimento e para o nosso crescimento como mães; todo esse processo faz parte de sua evolução na maternidade atípica e no processo de **aceitação**.

Entenda esta nova fase da sua vida de maneira positiva; você é o espelho que inspirará o seu filho, encorajando-o para grandes realizações e superações na sua jornada. Seja uma mãe que acolhe, que se faz presente em cada descoberta e comemora cada conquista com um sorriso de orgulho no rosto.

Nunca alguém tão grande se fez tão pequeno
para tornar grandes os pequenos.
(Cury, 2020)

À medida que encerramos este capítulo de nossa jornada, espero que todas nós possamos abraçar a beleza e a complexidade da maternidade com um coração aberto e uma mente tranquila. Que a minha, a sua e tantas outras experiências de mães atípicas possam ter um impacto muito positivo na vida e no relacionamento de muitas famílias. Ao praticarmos a aceitação, podemos liberar o peso da culpa e da expectativa, permitindo-nos viver mais plenamente e amar mais profundamente nossos filhos e nós mesmas. Lembrem-se sempre de que não estamos sozinhas nesta jornada e juntas podemos criar uma comunidade de apoio, compreensão e aceitação mútua. Que possamos seguir em frente com leveza, coragem e gratidão, sabendo que somos mães capazes, amorosas e dignas de todo o amor e respeito que o mundo tem a oferecer.

Referências

CURY, A. *O mestre do amor*: Jesus, o maior exemplo de sabedoria, perseverança e compaixão. Rio de Janeiro: Editora Sextante, 2020.

CURY, A. *Pais brilhantes, professores fascinantes*. Rio de Janeiro: Sextante, 2006.

PORTAL RAÍZES. A não aceitação das diferenças faz do mundo um lugar horrível. *Portal Raízes*, c2016. Disponível em: https://www.portalraizes.com/a-nao-aceitacao-das-diferencas-faz-do-mundo-um-lugar-horrivel-leandro-karnal/. Acesso em: 26 set. 2024.

BÍBLIA SAGRADA. 1 Coríntios 10:13. *In*: *BÍBLIA*. Edição Revisada. Trad. João Ferreira de Almeida. São Paulo: Imprensa Bíblica Brasileira, 1898.

13

MATERNIDADE ATÍPICA SEM FILTRO

Gisele traz, em um texto leve e cheio de emoção, os desafios vividos como uma mãe atípica. Explora o seu lugar de fala para dar voz àquelas que estão se sentindo sobrecarregadas e na obrigação de serem super-heroínas, de modo a mostrar que todos somos diferentes, mas estamos em busca de um mundo mais inclusivo.

GISELE RAMOS

Gisele Ramos

Mãe do Gabriel e do Matheus, encontrou na maternidade um verdadeiro propósito. Está sempre sendo inspirada por causas, pessoas e como a comunicação assertiva pode impactar positivamente a sociedade. Acredita na evolução da humanidade por meio do aprendizado contínuo e da conscientização da diversidade e pluralidade de crenças, valores e ideias. Jornalista de formação, tem especialização em Marketing e Gestão de Pessoas. Atua há mais de 15 anos no terceiro setor, e vem aprendendo com a jornada do comportamento humano. Amante de conversas que trazem novas perspectivas e que permitem conhecer outros universos que ajudam a aprender e desaprender para transformar e evoluir. Aprendeu, durante toda a sua jornada, a desenvolver habilidades, além de se considerar uma mãe e profissional em constante evolução.

Contatos
giseleramos@outlook.com
LinkedIn: Gisele Ramos

Sejam quais forem os desafios da maternidade que você imaginou, com certeza eles não foram tão desafiadores. Os desconhecidos, aqueles pelos quais você nunca imaginou passar, sim, devem ter sido surpreendentemente os mais desafiadores da sua maternidade.

Eu nunca havia ouvido falar da maternidade atípica, nem mesmo quando havia recebido o primeiro diagnóstico do meu filho mais velho. Foram anos apenas seguindo o que achava que devia seguir.

Foi no ano de 2020, em meio à pandemia de Covid-19, que pude ter um olhar panorâmico sobre a minha missão como mãe atípica. A pandemia foi catastrófica em diversos sentidos, não vejo como descrever aqueles primeiros dias e meses em que enfrentávamos algo invisível e desconhecido. Tentávamos nos alimentar de notícias boas, mas nos deparávamos com desafios inegavelmente obscuros, dentro e fora de casa.

Eu, particularmente, tive grandes frustrações, como não ir ao casamento de um irmão, não tive coragem de arredar o pé para fora de casa, e não consigo lembrar da sensação que me tomou na época. Criamos rotinas enlouquecidas, de trabalho, videoaulas, compras on-line. Uma reorganização jamais imaginável.

Não paramos, as empresas falando das dificuldades, horas, dias e segundos acumulando atividades, mais reuniões on-line que pareciam como os pardais voando no meu tempo de criança. Bastava olhar para o lado, que lá estava uma. Em meio a essa turbulência, Gabriel já tinha seus oito anos, e Matheus tinha apenas dois anos. Aliás, o aniversário de dois anos do Matheus foi comemorado com parabéns virtual. Típicos encontros que se tornariam comuns nos próximos dias e meses. Enfim, estávamos diante de uma infinita onda de incertezas que cercavam lares, mães, pais, avós e todos os seres vivos e racionais da face da Terra.

Foi então que comecei a ter uma visão do universo, que até então não era explorado por mim. Afinal, nossa vida era como a de qualquer outra família paulistana vivendo na grande metrópole. Nossa rotina começava antes das 6h da manhã e se encerrava às 20h, sem muita interação e pouco convívio. Éramos parte integrante de um trânsito caótico da capital, e repassava grande parte da responsabilidade para a escola e os terapeutas. É claro que tivemos diversos desafios ultrapassados nos anos anteriores. Porém, foram tratados como pequenos episódios de aprendizado, ou contratempos comuns, que não deixaram de ser, mas não consegui utilizar desses aprendizados como utilizo hoje.

Descobrindo um mundo novo

Quando o bebê está na barriga da mãe, são muitas certezas e incertezas. Por mais que no discurso digamos que os filhos serão criados para o mundo, e não desejamos mais do que crianças saudáveis, dentro do nosso, muitas vezes, inconsciente, há uma história de fábulas e famílias de margarina que prevemos para o futuro. O futuro a Deus pertence. E por mais que estejamos trabalhando para ele, nunca podemos definir da maneira exata que sonhamos.

Gabriel deu seus primeiros sinais do TEA já aos dois anos. Ele não falava, tinha um alto funcionamento que já juntava letras e peças de quebra-cabeça de forma ágil e jamais vista antes. "Opa!", pensamos. Foi então que a escola nos chamou e pediu uma audiometria, mas não conseguimos realizar o exame que era complexo para uma criança de apenas dois anos. Então, sentamos-nos na recepção do laboratório e meu marido colocou um celular com a música preferida do Gabriel, e o escondeu entre as mãos, atrás do seu corpo; e o menino procurou rapidamente pelo aparelho, mostrando que sua audição estava intacta.

Tomei a decisão de entender o que estava acontecendo. Como jornalista, aprendi que pesquisar é o melhor caminho. Comecei então a comprar várias revistas sobre maternidade, educação, cuidados etc. E, em uma delas, li um artigo de uma mãe descrevendo o meu filho. Coincidentemente, o menino se chamava Gabriel, e aquilo soou como um sinal. O diagnóstico da criança era Asperger. Dei início à minha primeira saga; afinal, convencer meu marido a investigar não foi fácil. Até que, finalmente, após um amigo da minha sogra sugerir que prestássemos mais atenção ao comportamento de Gabriel, buscamos ajuda profissional. O primeiro diagnóstico foi de transtorno de comunicação social. Em 2020, durante a pandemia, quando

Gabriel começou a ter seus primeiros sintomas de desorganização, refizemos os testes e recebemos o diagnóstico de TEA nível 1. Repare que eu falei desorganização e não surto ou crise.

A história de Matheus é um pouco diferente. Eu estava mais pesada, e dizia a mim mesma que talvez fosse a idade. Mas eu não tinha nem 40 anos, e uma atriz conhecida havia acabado de ter um filho aos 60 anos. Como poderia ser a minha idade?

Talvez fosse meu corpo dizendo para colocar a máscara. Sabe a máscara para colocar primeiro em você no avião em caso de despressurização? Então!

Matheus precisou nascer antes do tempo, com oito meses de gestação, o que não é preocupante, mas teve baixa oxigenação no cérebro e acabou passando 17 dias na UTI neonatal. Outra batalha, pois, nessa época, não conseguia pensar, chorar e olhar. E mesmo com a cesárea ainda fresca em um corte dolorido, me propus a passar intermináveis horas durante o dia entre ordenha e visita ao meu pequeno ainda na incubadora. Ouvia histórias bem mais desafiadoras que a minha, para me acalmar. Contudo, isso não ajudava.

Nesse tempo, meu rosto ficou visivelmente manchado e minha autoestima estava abaixo do nível do mar, talvez dentro de uma ostra para se tornar uma pérola única.

Nesses infindáveis 17 dias, Matheus passou por três transplantes de plaquetas e foi observado de perto por causa de uma hipoglicemia que não o deixava. Quando finalmente recebeu alta, nossos corações pareciam ter recebido um grande presente. Gabriel já tinha cinco anos, e estava verbalizado, dizia a todos que passavam: “É meu irmão”.

Que euforia nós vivemos naqueles dias. Matheus não teve saída da maternidade, nem vídeo emocionante dizendo ao irmão mais velho que seu presente estaria chegando. Apenas chegou e foi recebido com os nossos corações cheios de gratidão.

Era uma criança saudável e, até os quatro meses, aparentava ser absolutamente um milagre da perfeição. Seu desenvolvimento estava bem, seus olhos me perseguiam e, incrivelmente esperto, tentava balbuciar palavras mesmo antes de aprender a se sentar. Foi quando percebemos que, nas trocas de roupa, ele se demonstrava rígido, não tinha a mobilidade de um bebê. E, então, não deu tempo de pensar na máscara de oxigênio para mim, apenas de buscar ajuda. Por indicação do pediatra, fomos ao neuropediatra, que, por meio de ressonância, diagnosticou a hemiparesia, uma deficiência cerebral, talvez pela falta de oxigenação ou por uma pequena hemorragia no cérebro, que o corpo absorveu, mas não dava para saber. Essa condição, felizmente, não afetou seu cognitivo, mas comprometeu parte da sua mobilidade nas pernas. Era impossível eu não me perguntar sobre o que viria pela frente.

Maiores desafios e suporte

Para mim, o maior desafio é enfrentar a rejeição, a falta de compreensão e, principalmente, a rotulação.

A rejeição é extremamente dolorosa, mas é possível aprender que nem sempre é ruim. Afinal, ela nos dá base para construirmos seres inclusivos, protagonistas de suas próprias histórias e vitórias. Nem sempre, como mãe, consigo explorar esses momentos de aprendizado para mostrar o lado mais claro da escuridão. Mas estou sempre à frente para tentar trazer luz àqueles que querem conhecer o outro lado do preconceito.

É difícil descrever a falta de compreensão, pois muitas vezes vejo relatos de pais e mães atípicos que ouviram comentários preconceituosos, como se a atuação estivesse aquém da necessidade da criança ou do adolescente. Acredite, isso é muito comum, entre pessoas próximas daqueles que precisam apenas de um momento simples de conversa para esvaziar a mente sobre suas batalhas e não ouvir soluções absurdas, vindas de histórias de terceiros. Se você não é uma mãe atípica, acredite, não sabe o que ela está passando.

Por fim, a rotulação. Uma das discussões mais espinhosas que já tive foi sobre esse termo. "Ah, mas ele faz isso porque é autista." "Ah, mas ele não anda direito porque vive no apartamento, não é uma criança que brinca em terrenos irregulares." Enfim, haveria uma lista infindável de frases que rotulam a situação ou a condição que expomos para a sociedade.

Meu lugar de fala

Trabalho há mais de 15 anos com gestão de pessoas e recursos humanos. Passei parte do tempo mais aprendendo do que desenvolvendo algo. Nesse tempo, fiz um curso de letramento sobre diversidade e nele aprendi o meu lugar de fala como mãe atípica.

Posso expor para qualquer um os meus desafios e como fiz e faço para superá-los. Realmente não é fácil. Afinal, envolve muita empatia do outro lado, e autocompaixão, pois nem todas as minhas falas serão absorvidas, nem todas as minhas dores serão acolhidas. E tudo bem. Estamos aprendendo que todos somos diferentes, mesmo não tendo condições de deficiências ocultas ou não, ou outras qualidades que também sofrem o preconceito.

É inegável que para superar desafios é necessário trabalhar como uma rede de apoio. E não falo de mãe, avó ou qualquer outro familiar. Minha família, apesar de unida, não fica próxima de mim. Minha rede de apoio está nas terapias e na parceria do meu casamento e em grupos de mães desconhecidas, que possuem desafios semelhantes. Eu acabei tendo relações de amizades que me apoiaram nos primeiros passos de cada descoberta, e aprendi que nem por isso preciso me alimentar da necessidade do outro.

Ter autocompaixão é compreender que você é um ser humano imperfeito, que vai errar em determinadas situações e que precisa colocar a máscara primeiro em você. Nem por isso será um ser humano egoísta, e sim que quer dar o seu melhor para criar seres humanos melhores.

Gostaria que as pessoas soubessem que ser uma mãe atípica não nos torna heroínas. Estamos apenas tentando criar nossos filhos para um mundo onde eles possam ser protagonistas. Eles precisarão estar preparados para lidar com a incompreensão de outros e entender que o mundo é cheio de pessoas diferentes. O que eles têm não os define, os torna únicos. Todos somos especiais e diferentes à nossa maneira.

Ser mãe dessas duas criaturas maravilhosas me ensinou mais do que qualquer outra experiência na vida. Aprendi o que realmente é resiliência, gerir meu tempo e, principalmente, a encontrar alegria nas pequenas coisas, além de nunca subestimar a capacidade de superação.

Nossa história pode inspirar e mostrar que a vida é cheia de desafios, que nos levam às oportunidades de crescimento e conquistas. Posso falar por quase todas as mães atípicas que não somos super-heroínas nem queremos tal título. Estamos focadas na evolução de uma sociedade digna para todos por meio do reconhecimento de que o mundo pode ser imperfeito e perfeito, desde que haja respeito.

14

A SOLIDÃO DE QUEM DESCONFIA DE UM DIAGNÓSTICO

Neste capítulo, vamos refletir juntos sobre os motivos pelos quais algumas mães e pais demoram a trilhar um caminho em busca de ajuda profissional para compreender os comportamentos atípicos de seus filhos e debater sobre o que a família perde com essa demora.

GIZELE ANJOS

Gizele Anjos

Mãe apaixonada, professora, psicopedagoga, especialista em orientação educacional, orientação parental e empreendedora. Coleciona mais de 15 anos dedicados ao desenvolvimento humano com empatia, criatividade, iniciativa e bom humor. É amante de conversas filosóficas e trabalho com propósito. Por meio de uma escuta ativa e sensível, já ajudou a amplificar as habilidades socioemocionais de muitas pessoas que cruzaram seu caminho. Ama como se não houvesse amanhã, mas gosta de aprender como se fosse viver eternamente. Sua maior especialidade é ser incentivadora de pessoas!

Contatos
athenaconsultorios.com.br
E-mail corporativo: gizeleanjos@athenaconsultorios.com.br
E-mail pessoal: gizele.b.anjos@gmail.com
Instagram: @athena_bemestarintegral
@aprendersempre.psicopedagogia
21 98128 3910

Imagine que você está passando por uma entrevista, e o entrevistador passa uma série de palavras e pede que você defina cada uma delas. Então, lhe apresentam a palavra maternidade. Como você definiria essa palavra? Qual é a primeira coisa que vem à sua mente?

Há um tempo, em uma sessão terapêutica, me fizeram essa pergunta, e a primeira coisa que veio à minha mente foi "solidão". Não pensei em solidão física, abandono pelo pai de seu filho ou falta de rede de apoio. Infelizmente essa é uma realidade para muitas mães. Quando pensei em solidão materna, avaliei que a maternidade por si só é constituída de atos solitários.

Somente uma mãe carrega seus filhos no ventre ou no desejo do coração, quando se trata de mães adotivas. Comumente é a mãe que define os melhores momentos para introdução alimentar, para começar a ir para a escolinha, quando é necessário levar ao médico ou tomar vacina. Quando penso isso não desconsidero que alguns de nós tenhamos companheiros que exercem uma paternidade de maneira ativa ou familiares e amigos que nos aconselham e apoiam. A solidão a que me refiro é aquela que algumas vezes a gente mesmo abraça sem querer.

Apesar de sabermos que o exercício de ser mãe pode e deve ser compartilhado, lá no nosso interior trazemos para nós toda a responsabilidade e até a culpa, mesmo quando estamos cercadas por pessoas que nos amparam.

Hoje o conteúdo de algumas redes sociais nos chama a atenção para o fato de que quando nasce uma criança, nasce também uma mãe. A primeira vez que li essa frase senti um alívio muito grande, como se alguém tivesse conseguido externar o meu maior medo de me tornar mãe.

Cresci vendo a minha própria mãe tendo que lidar com as cobranças do mundo ao mesmo tempo em que tentava exercer, da melhor forma, a maternidade com seus filhos. Vi minha mãe ser cobrada pelo fato de não trabalhar fora para cuidar de mim e ter que depender financeiramente do meu pai. Vi minha mãe ter muita ansiedade quando meu irmão e eu começamos a dar os primeiros passos em direção à nossa autonomia e independência fora de casa. Hoje, a vejo lidar sozinha com a falta que fazemos em sua vida. Ao mesmo tempo em que ela se orgulha muito do trabalho bem-feito na criação dos filhos, ainda existe, no fundo, o vazio de uma vida inteira de alguém que se dedicou de corpo e alma a cuidar de suas crianças e não sabe bem como lidar com o buraco que restou depois que estes cresceram e foram ser protagonistas de suas próprias histórias.

Essa é uma dor solitária que não é sentida da mesma forma pelos pais. Por questões culturais os homens sentem de modo diferente essa falta. Não é comum, mesmo hoje, ver homens que se dedicam integralmente à criação dos filhos sem sequer trabalhar fora.

Quando penso na solidão relacionada à maternidade reflito sobre a herança deixada pela geração anterior à nossa, em que a mulher se dedicava exclusivamente à maternidade. Hoje muitas de nós carregamos a culpa por trabalhar fora e perder algum dos marcos do desenvolvimento de nossos filhos. Sentimos culpa por não poder buscar nosso filho na escola todos os dias, por não ter estado presente quando caiu o primeiro dentinho.

Essa solidão e culpa, que de modo geral ainda levamos, é potencializada quando nossos filhos não se encaixam em um padrão comum de desenvolvimento. Apesar de hoje em dia ouvirmos muito os médicos dizerem que não devemos comparar o desenvolvimento das crianças umas com as outras, compreendo que a comparação pode ser muito eficaz e até saudável para que nós, que não fomos treinadas ou fizemos algum curso para ser mães, possamos notar se há algo errado com nossos filhos. Os professores, de certa maneira, são formados para perceber quando há algo anormal com o aprendizado de nossas crianças, mas em turmas cheias e diante da agitação habitual de uma escola os sinais mais sutis podem ser ignorados. Assim, cabe a nós, mães ou cuidadores primários, talvez por meio de uma comparação, sim, refletir sobre a necessidade de buscar ajuda especializada para nossos filhos.

Em algum momento, as mães de crianças atípicas percebem que há algo de “errado” no desenvolvimento de seus filhos e, conversando com outras mães sobre a forma como seus filhos se desenvolvem, talvez percebam que há algo de incomum no comportamento de sua criança. O caminho naturalmente trilhado é o de comentar sobre a situação com alguém de confiança, seu cônjuge, um amigo, um parente próximo ou talvez até com a professora da escolinha. Nesse momento de desconfiança é que, algumas vezes, entramos em outro nível de solidão materna, principalmente quando se trata de alguma deficiência invisível ou em um nível leve que fique bem próximo à linha tênue do que seria considerado "normal". É aqui, caro(a) leitor(a), que gostaria de ter sua licença para compartilhar um pouco da minha história com o diagnóstico de transtorno de déficit de atenção com hiperatividade (TDAH) e o transtorno do espectro autista (TEA) de minha filha.

Sou uma mãe apaixonada pela maternidade e pela minha filha. Sempre amei estar com ela e experienciar cada momento que pude de seu desenvolvimento. Desisti do meu sofá da sala para encher o chão de tatames e colocar uma piscina de bolinhas para brincarmos juntas. Comecei a ir só com ela, ainda bem bebezinha, ao cinema para fugir da rotina extenuante de uma casa bagunçada. Dedico a ela árvores floridas inteiras pelos caminhos que a gente passa. Gosto de conversar com ela sobre tudo. Enfim, a maternidade para mim é uma coisa gostosa e leve. Amo estar com minha filha e apenas admirá-la.

Foram nesses momentos gostosos de nossa rotina cheia de afazeres que notei que ela tinha dificuldades que eu não via em outras crianças. Como educadora, sei que uma rotina bem estabelecida dá segurança para que a criança se desenvolva, mas quando notei que as mínimas mudanças na rotina de minha pequena geravam um enorme desconforto e sofrimento para ela, comecei a desconfiar que havia algo de errado. O ser humano em geral gosta de novidades, de sair um pouco da rotina, mas quando isso de maneira alguma é prazeroso para uma criança deve ser um ponto de alerta.

Na época da pandemia de Covid-19, quando obrigatoriamente todas as crianças, independentemente da idade, ficaram reféns das telas para aprenderem as coisas mínimas que a escola poderia ensinar à distância, eu observava que as demais crianças conseguiam deter atenção na professora por um tempo bem maior do que a minha filha. A minha menina não sustentava a atenção nem por um minuto inteiro sequer para a docente, que se esforçava em malabarismos pedagógicos para apresentar os conteúdos na tela. Ela olhava para a janela, para as teclas do computador, para tudo o que estava à sua volta, menos para a professora. Quando chegava ao final da aula e, eu ia conferir se ela havia aprendido algo, fazendo perguntas simples sobre o que tinha acontecido ali naquela aula on-line, e ela não sabia de absolutamente nada ou apenas trazia informações bem desconexas.

Outra situação que me chamou muito a atenção foi o fato de que algumas vezes eu dava uma ordem ou instrução simples para ela e, mesmo olhando para mim, ela não fazia ideia do que eu havia dito. Quando eu questionava se ela não tinha me ouvido falar, ela chorava, pedia desculpas externando uma dor muito grande e dizia que não tinha ouvido nada e se depreciava por isso, como se fosse burra ou uma péssima filha.

Diante desse contexto, fiz o que toda mãe faz: conversei com amigos, parentes, médicos, professores sobre as atitudes e o sofrimento que eu estava vendo e que para mim não fazia sentido. Como podia minha filha olhar para mim, ouvir minha voz e não saber nada sobre o que eu falei? Como pode uma criança chorar copiosamente pelo simples fato de eu ter mudado a gaveta de meias para outro lugar ou pelo fato de a gente ter ido por outro caminho para a escola? Por que minha menina não conseguia sustentar o olhar em uma única coisa e ficava olhando para tudo, mas ao mesmo tempo não via nada?

Experienciei, como toda mãe, algumas birras de minha filha. Normal. Mas o sofrimento dela diante de algumas situações não me parecia comum, não se assemelhava com a oposição normal de uma criança contrariada em sua vontade. Eu acreditava que existia algo a mais.

Busquei amparo com a professora de minha filha à época, e a resposta que tive foi que minha filha era voluntariosa e, grosso modo, não fazia as atividades porque não queria mesmo. Comentei com amigos e parentes e recebi a sentença de que "tem gente que não nasce para estudar mesmo" e por isso não presta atenção em nada. Conversei com uma diretora da escola que minha menina frequentava e ela me disse que eu estava muito desocupada por só ter uma filha para me preocupar e estava procurando coisa onde não havia nada, pois ela era uma menina muito inteligente. Procurei um médico e ele me disse que, apesar dos sinais sutis, eu poderia, sim, encontrar algo caso começássemos a investigar, me perguntou se eu tinha medo de um possível diagnóstico e respondi que não tinha medo, mas tinha pressa. Esclareci a ele que aquela criança era o amor da minha vida e que eu a amaria de qualquer forma e de qualquer jeito, mas que, se ela tivesse alguma condição, eu queria saber o quanto antes para ajudar a amenizar seu sofrimento. Expliquei ainda que, mesmo se ao fim da jornada não encontrássemos nada, ainda assim valeria a pena ter feito tudo o que estava ao meu alcance enquanto mãe para ajudá-la.

Foi assim que, apesar de todo o desencorajamento que encontrei pelo meu caminho, iniciamos os processos terapêuticos e uma longa investigação para entender o que havia de diferente com a minha menina. Foi assim que na minha solidão materna decidi que apesar da professora, apesar dos amigos e parentes, apesar de todas as forças contrárias, eu ia buscar formas de diminuir o sofrimento de minha pequena.

Dessa maneira, caro leitor, é que acredito que não se deva invalidar de forma alguma as impressões, sensações e talvez a intuição de uma mãe ou de um cuidador primário. Imagino que, talvez você, que está detido nas linhas deste livro, esteja ainda tomando coragem para iniciar uma busca que pode acabar com mais perguntas do que com respostas.

Lamentavelmente, apesar de vivermos em um tempo que é chamado de a "era da informação", muita gente ainda não sabe o que fazer com tanta informação. Ainda temos muitas pessoas que, de maneira geral, deixam de tomar decisões importantes para suas vidas e para a vida de seus filhos, pois se sentem confusas com tanta informação despejada, às vezes sem responsabilidade, nas redes sociais. É impressionante demais que, mesmo com tanto conhecimento disseminado por meio da internet sobre o quanto avançamos na ciência a respeito de algumas deficiências invisíveis e transtornos de aprendizagem, ainda tenhamos tantos influenciadores negando o que se vê ou deslegitimando o sofrimento e emoções de nossas crianças. Não podemos excluir desse debate as questões que envolvem o comportamento de alguns adultos que não desenvolveram estratégias eficazes para lidar com suas próprias frustrações e repassam essas para suas crianças; não podemos eliminar totalmente que, muitas vezes, os cuidadores estão envolvidos demais em outras demandas do cotidiano e acabam não conseguindo tempo de qualidade para estar física e mentalmente junto de suas crianças para observar os sinais sutis que se apresentam, ou apenas vivenciar o seu desenvolvimento.

Algumas crianças realmente não carregam em si algum diagnóstico, mas são afetadas de maneira ímpar pelo uso prolongado que seus cuidadores fazem do celular, são atingidas pelo descontrole emocional de seus responsáveis diante de algumas situações, são tangenciadas pela rotina estressante, e algumas vezes até degradante, a que seus pais são submetidos em suas profissões ou em relacionamentos. É claro que o que se vê algumas vezes não é uma situação de um diagnóstico perene, mas pode se tratar de algo menos crônico, mas ainda assim sofrível, como ansiedade ou depressão.

O fato é: se você é responsável por uma criança que não se encaixa nos "padrões normais", talvez precise decidir sozinho avançar em busca de respostas. Entretanto, a boa notícia é que, ao decidir progredir, vai encontrar pessoas que vão se tornar inspiração para que você, sua criança e sua família se conectem de uma forma nova e diferente. Esse movimento vai revelar nuances muito positivas e de autoconhecimento para todos. Buscar diagnóstico adequado para seu filho não é procurar uma desculpa para a "falta de educação" dele ou para sua "falta de pulso" no exercício da maternidade/paternidade. Diagnóstico é apenas o início de um caminho de cura. Não para sarar a deficiência ou transtorno que porventura se descubra, mas uma grande oportunidade de encontrar cura na relação consigo mesmo, com os que a(o) cercam e com seu ambiente.

15

O IMPACTO DO AMOR MATERNO PARA O DESENVOLVIMENTO INFANTIL

Este capítulo é um lembrete sobre a importância do amor materno para a aprendizagem e desenvolvimento das crianças, típicas ou atípicas. Ainda, uma relação afetuosa pode conduzir as mães a um caminho de consciência e autoconhecimento. A família inteira é beneficiada por esse sentimento único e sobrenatural.

JÉSSICA ANDRADE

Jéssica Andrade

É jornalista graduada em Comunicação Social pela Faculdade Anhanguera de Brasília, com pós-graduação em Neurociência, Educação e Desenvolvimento Infantil pela Pontifícia Universidade Católica do Rio Grande do Sul. É pós-graduanda em Educação Parental pela Escola de Educação Positiva e possui diversas formações adicionais e cursos livres nas áreas do desenvolvimento infantil e inteligência emocional. Atuou como assessora de comunicação nas sedes dos poderes executivo e legislativo e como repórter nos principais jornais da capital federal. É escritora, palestrante e editora do Correio Maternoinfantil.

Contato
Instagram: @jessicaalvesdeandrade

E ainda que tivesse o dom de profecia, e conhecesse todos os mistérios e toda a ciência, e ainda que tivesse toda a fé, de maneira tal que transportasse os montes, e não tivesse amor, nada seria.
(1 Coríntios, 13:2)

É da natureza humana amar e ser amado. E, para além desse sentimento único e sobrenatural, o amor entre mães e filhos influencia direta e positivamente a pessoa que somos e a sociedade que construímos. Da mesma maneira, a falta de conexão com a figura materna pode trazer consequências negativas ao longo das nossas vidas.

Sabemos que a realidade pode ser bem exaustiva, especialmente na maternidade atípica, e que a mãe perfeita é praticamente um mito folclórico. No entanto, podemos encontrar no amor o renovo das nossas forças, um refrigério para a alma, uma fonte inesgotável de coragem e o aperfeiçoamento da nossa resiliência para lidar com todas as questões que precisamos enfrentar.

A ciência já comprovou que a relação amorosa entre mães e filhos impacta a pessoa que somos, a pessoa que ajudamos a educar e, consequentemente, a sociedade em que vivemos. Sejam nossos filhos típicos ou atípicos, o modo como ele se sente amado faz toda a diferença no desenvolvimento e no processo terapêutico.

Mesmo sem saber na época, foi o amor e a forte ligação que tenho com o meu filho, Ricco, de quatro anos, que me fez enxergar o autismo precocemente, quando ele tinha apenas alguns meses de vida. Na época, ele já fazia terapia ocupacional, pois tinha um "pequeno atraso no desenvolvimento". Com o tempo e a regressão de habilidades, não restavam dúvidas de que ele estava dentro do espectro.

Passamos por um longo processo de investigação, consultas e avaliações. Uma delas com o psicólogo. Ao nos chamar para entregar o laudo, ele me deu a maior de todas as lições que aprendi até hoje nesses dois anos de maternidade atípica e cinco anos de estudo sobre o desenvolvimento infantil: "O amor é o que fará a diferença. Continue amando seu filho com todas as suas forças".

Eu me lembro de olhar para ele com dúvida. Como assim? Ele é meu filho, como eu não o amaria? Não é esse o meu papel como mãe, amar incondicionalmente? Eu não entendi, naquele momento, o quanto o meu amor podia oferecer a segurança de que meu filho precisava – e ainda precisa – para confiar em si mesmo, evoluir e desenvolver ao máximo o potencial que ele tem.

Recebi o mesmo conselho logo depois, de um ex-colega de trabalho. Ao saber que eu havia decidido deixar o emprego dos meus sonhos para me dedicar ao Ricco, esse colega me encorajou. Ele confessou que também estava dentro do espectro, mas nunca teve coragem de contar para ninguém no trabalho. "Se minha mãe nunca me aceitou como sou, por que as outras pessoas me aceitariam?", indagou o rapaz.

A história do meu amigo foi triste, marcada por rejeição e abandono, que resultaram em um diagnóstico tardio, já na vida adulta, depressão e por pouco não resultou em tragédia. Por fim, ele me disse: "Se eu puder dar um conselho, ame seu filho do jeitinho que ele é. O amor é a melhor terapia".

Essas palavras ecoam no meu coração todos os dias. Quando eu não vejo o resultado das terapias e parece que ele não está evoluindo (embora seja impressão minha); a cada fralda trocada enquanto outras crianças já desfraldaram; quando outras mães do parquinho ganham flores acompanhadas de um "te amo", enquanto tudo o que eu ouço é o silêncio; a cada noite em claro; e sempre que a exaustão toma conta do meu corpo.

Amar meu filho mesmo quando ele não age como eu espero, quando o comportamento dele me frustra, quando todos desistem, quando estou cansada e analisar os sentimentos que essas situações provocam em mim é um convite para revisitar minhas próprias feridas da infância. Percebo que muito do que ele exterioriza reflete quem eu mesma sou. Meu amor por ele também me cura.

Que mãe?

É preciso esclarecer que quando destaco a figura materna, refiro-me àquela que desempenha o papel de mãe. Que oferece os cuidados essenciais, que percebe, que se entrega, constante e calorosamente, estabelecendo uma relação complexa, rica e segura. Também costumamos chamar essa pessoa de cuidador principal. Essa função é comumente executada pela genitora. Mas, na falta desta, pode ser desempenhada por uma avó, pelo pai ou mãe adotiva.

O amor é a melhor terapia

Amor é uma palavra difícil de explicar, mas fácil de compreender. Afinal, nascemos para amar. Esse sentimento tem várias facetas. Um exemplo disso é a diferença do amor que sentimos pelos nossos pais ou pelos nossos filhos. Por nossos amigos ou nossos companheiros. A habilidade mais linda que o ser humano possui é a de amar de diferentes formas.

No entanto, há algo especial no amor de mãe. Crescer em uma relação de apego seguro com a figura materna influencia a vida de uma pessoa para sempre. A ciência avança cada vez mais em revelar o quanto isso contribui para o desenvolvimento e aprendizagem das crianças.

Um estudo realizado pela Faculdade de Medicina da Universidade de Washington descobriu que o hipocampo – uma importante região do cérebro responsável pela memorização e aprendizagem – cresce duas vezes mais rápido em crianças cujas mães demonstram afeto e apoio emocional em comparação com as que possuem uma relação mais fria e distante das genitoras, especialmente nos primeiros anos de vida.

A pesquisa, conduzida pela médica psiquiatra Joan Luby, foi publicada em 2016 e contou com a participação de 120 famílias que se submeteram a testes e exames ao longo de anos. O estudo concluiu que filhos de mães mais amorosas apresentaram um cérebro mais desenvolvido.

De acordo com o estudo, os benefícios de receber mais apoio e afeto, especialmente durante a primeira infância (primeiros seis anos de vida), influenciam o indivíduo durante e após a adolescência, resultando em adultos mais seguros, mais bem-sucedidos nas relações sociais e no trabalho e maior inteligência, emocional e cognitiva.

Outro estudo também avaliou o impacto do amor materno no desenvolvimento infantil. Em 1990, uma equipe da Universidade de McGill, em Montreal, liderada pelo neurocientista Michael Meaney, avaliou diferentes padrões de comportamentos em ratos cujas mães foram submetidas a situações de estresse provocado e, consequentemente, se afastaram das crias. As mães que não receberam esses estímulos negativos, por sua vez, eram mais afetuosas.

Por meio de exames, eles descobriram que os filhotes que recebiam lambidas e mais contato físico tinham menores níveis de cortisol – o hormônio do estresse –, enquanto os filhotes tratados com indiferença pelas genitoras apresentavam comportamentos mais ansiosos.

Na vida adulta, os ratos apresentaram ainda diferenças em estruturas do cérebro responsáveis por regular o medo, a memória e a aprendizagem. Além disso – e o mais incrível, na minha opinião – é que os filhotes que receberam mais afeto também se tornaram mães amorosas, enquanto os negligenciados trataram a próxima geração com a mesma indiferença.

Segundo a teoria da vinculação, de Jhon Bowlby, quando a criança cresce com o sentimento de desamparo por parte do cuidador principal, pode:

- Tornar-se um adulto desmotivado.
- Com baixa autoestima.
- Ter baixa expectativa sobre si e sua capacidade de alcançar sucesso.
- Ter dificuldade em pedir ajuda.
- Nutrir o sentimento de que as coisas só dão errado para ele.
- Ter dificuldade de persistir e pouca inteligência emocional.

A boa notícia é que o amor também pode mudar esse cenário. A pesquisa realizada por Meaney também mostrou que os filhotes negligenciados e desamparados mudaram de comportamento quando eram inseridos nos ambientes das mães mais carinhosas e acolhidos por elas.

Isso significa que nós, mães, podemos quebrar o ciclo do desamor mesmo que tenhamos recebido uma educação tradicional violenta, baseada no autoritarismo e no apego inseguro. Além disso, podemos começar agora uma relação mais amorosa com nossos filhos, mesmo que tenhamos feito diferente antes. Como vimos, o amor impacta o comportamento e desenvolvimento do cérebro, mas também contribui para que sejamos mães melhores.

E quando falamos do impacto do afeto no desenvolvimento do cérebro infantil, não há diferenciação entre crianças típicas ou atípicas. Os benefícios do amor materno não dependem de diagnóstico. Mas pode ser afetado por ele, especialmente em situações de estresse constante, como vimos no estudo com os ratinhos.

Crianças se sentem amadas quando se sentem seguras. Atender às necessidades básicas das crianças, dedicar tempo de qualidade, praticar a escuta ativa e investir na comunicação com elas são formas de criar essa sensação de segurança. Além disso, precisamos deixar claro para elas que os erros, as imperfeições e aquilo que as tornam diferentes de outras pessoas não diminuem nosso amor por elas.

Diga, todos os dias, por meio de palavras e atitudes, que o amor que você sente por ele não está condicionado às atitudes, como ir bem nas provas e fazer as escolhas mais eficientes, ou nas características que as tornam únicas. E que vocês vão aprender e buscar juntos os melhores caminhos para superar qualquer obstáculo. Isso se chama educação emocional.

Como vimos, o estresse e os desafios da maternidade atípica, assim como a falta de educação emocional que recebemos dos nossos pais, pode ser um desafio. Quando sentimos que estamos distantes emocionalmente dos nossos filhos ou temos dificuldade em demonstrar o amor que sentimos, devemos aprender sobre as nossas próprias emoções, olhar para dentro de nós mesmas.

Assim como eu fiz e continuo fazendo constantemente, convido você a revisitar suas próprias feridas da infância, seja por meio de terapias, meditação, informação de qualidade, como bons livros. Reflita se você consegue identificar claramente suas emoções e os gatilhos que os comportamentos ou as características do seu filho provocam na sua criança interior.

O amor da mãe faz o cérebro da criança se desenvolver mais. E isso pode potencializar as habilidades dos nossos filhos, independentemente de qualquer diagnóstico. Mas o amor também nos cura, como mães e como sociedade. Sem amor, nós nada seríamos.

Referências

ABREU, C. N. *Teoria do apego*: fundamentos, pesquisas e aplicações clínicas. Belo Horizonte: Artesã, 2019.

BÍBLIA SAGRADA. 1 Coríntios 13:2. *In*: *BÍBLIA*. Edição Revisada. Trad. João Ferreira de Almeida. São Paulo: Imprensa Bíblica Brasileira, 1898.

GERHARDT, S. *Por que o amor é importante*: como o afeto molda o cérebro do bebê. 2. ed. Porto Alegre: Artmed, 2017.

LENT, A. *O cérebro aprendiz*: neuroplasticidade e educação. Rio de Janeiro: Atheneu, 2018.

LUBY, J. L. Preschool is a sensitive period for the influence of maternal support on the trajectory of hippocampal development. *PNEAS*, v. 113, n. 20, p. 5742–5747, 17 maio 2016. Disponível em: https://www.pnas.org/doi/10.1073/pnas.1601443113. Acesso em: 25 maio 2024.

[illegible]

[illegible] por meio de [illegible] [illegible], como [illegible] [illegible] [illegible] [illegible] [illegible] [illegible] [illegible] que [illegible] [illegible] [illegible] [illegible]

[illegible]

[illegible] Quando [illegible] que estamos [illegible] [illegible] [illegible] [illegible] [illegible] [illegible]

[illegible]

Referências

[illegible]

16

DESCONSTRUINDO CONCEITOS TRADICIONAIS DA MATERNIDADE

Este capítulo aborda a maternidade nuclear, em que a mãe assume o papel central na criação dos filhos. Essa divisão por gênero, enraizada em estereótipos e normas sociais, gera sobrecarga para as mães. Com as mudanças culturais, surge uma visão mais flexível e inclusiva da parentalidade, reconhecendo a diversidade de experiências maternas e a necessidade de cada família encontrar seu próprio equilíbrio.

JULIANA CAVA TANAKA

Juliana Cava Tanaka

Mestra em Educação e pós-graduanda em Psicologia do Desenvolvimento e da Aprendizagem. Possui MBA em *Book Publishing*, bacharelado em Psicopedagogia, bacharelado e licenciatura em Geografia. Editora e elaboradora de conteúdos didáticos há quase 20 anos. Autora de livros infantis e conteúdos sobre a maternidade e a força da mulher. Mãe de quase trigêmeas! Apaixonada pelas filhas, pela família, por viagens, pela natureza, pelos livros, pela maternidade, pela infância e pela vida.

Contatos
julianacavatanaka@gmail.com
acolhaoseumaternar@gmail.com
Instagram: @julianacavatanaka
@acolhaoseumaternar

A maternidade tradicional, também conhecida como maternidade nuclear, refere-se ao conjunto de práticas, crenças e valores relacionados ao papel da mãe dentro de contextos sociais e culturais específicos com raízes históricas profundas. Esse modelo familiar destaca a centralidade e as responsabilidades atribuídas à figura materna e pode variar conforme a cultura.

Na maternidade tradicional, a mãe é vista como a figura central no cuidado e na educação dos filhos. Sua função principal é garantir o bem-estar físico e emocional das crianças, sendo a principal responsável pelo lar e pelas tarefas domésticas. Esse papel centraliza a mãe como a cuidadora principal, com um foco forte na criação e na nutrição das crianças.

Há uma clara divisão de papéis dentro desse modelo. A mãe é responsável pelos cuidados primários com os filhos, como alimentação, higiene, educação e desenvolvimento emocional. Por outro lado, o pai é visto como o principal responsável pela provisão financeira do lar e pela proteção da família. Essa divisão de tarefas reforça estereótipos de gênero tradicionais, em que as funções são distribuídas com base em normas culturais e históricas.

A estrutura familiar na maternidade tradicional é geralmente composta por um núcleo familiar que inclui pai, mãe e filhos. Avós e outros familiares podem ter um papel de apoio, mas não residem na mesma casa, mantendo-se a independência do núcleo central. Esse formato de família é frequentemente idealizado como a configuração padrão.

As expectativas sociais associadas à maternidade tradicional são bastante específicas. Da mãe, é esperado que seja abnegada, dedicada e sempre presente para seus filhos, enquanto o pai deve ser forte, provedor e protetor da família. Essas expectativas criam pressões significativas sobre ambos os pais, especialmente sobre as mães, que precisam equilibrar múltiplas responsabilidades.

Entre os desafios enfrentados pelas mães dentro desse modelo está a sobrecarga mental e física. Conciliar as tarefas domésticas, o cuidado com os filhos e, em alguns casos, o trabalho fora de casa pode ser extremamente desafiador. Além disso, a falta de apoio social pode levar as mães a se sentirem isoladas e sobrecarregadas, especialmente em momentos difíceis. A divisão tradicional de papéis também pode gerar dificuldades na comunicação e na divisão de tarefas entre o casal, resultando em conflitos e tensões.

Contudo, as mudanças sociais têm influenciado significativamente a dinâmica da maternidade tradicional. O aumento da participação das mulheres no mercado de trabalho tem impactado a dinâmica familiar tradicional, exigindo uma redistribuição das responsabilidades domésticas e parentais. Além disso, novas configurações familiares estão emergindo, incluindo famílias monoparentais, famílias com casais do mesmo sexo e famílias com pais adotivos, desafiando o modelo tradicional.

A redefinição dos papéis de gênero também é uma tendência crescente. Homens estão assumindo maior participação na criação dos filhos, enquanto mulheres buscam mais autonomia e equilíbrio entre suas responsabilidades familiares e profissionais. Essa transformação está criando uma visão mais flexível e inclusiva da maternidade e da paternidade.

É importante ressaltar que a maternidade tradicional não é um modelo único e idealizado. Cada família possui suas próprias características, desafios e alegrias. As mulheres devem ter a autonomia para escolher como desejam maternar, sem se sentirem pressionadas a seguir um modelo predefinido. Reconhecer a diversidade das experiências maternas é fundamental, valorizando tanto as que se encaixam no modelo tradicional quanto as que se afastam dele.

A maternidade é uma construção social que se transforma ao longo do tempo. A ideia da maternidade tradicional como um modelo idealizado é relativamente recente na história. Os papéis de mãe e pai são construções sociais que evoluem conforme as mudanças culturais e sociais ocorrem.

A maternidade tradicional é apenas um modelo entre muitos. O mais importante é que cada mulher encontre a forma de maternar que seja melhor para si e para sua família.

Não existe um jeito certo ou errado de ser mãe. O amor, o cuidado e o respeito são os pilares fundamentais de qualquer experiência materna.

Aspectos históricos e culturais da maternidade

Historicamente, a maternidade tradicional está associada a uma divisão clara de papéis entre homens e mulheres. As mulheres são frequentemente responsáveis pelo cuidado dos filhos e pelas tarefas domésticas, enquanto os homens atuam como provedores financeiros e protetores da família. Essa divisão reflete normas e valores de muitas sociedades ao longo dos séculos.

Religiões ao redor do mundo têm influenciado fortemente a visão da maternidade. No cristianismo, por exemplo, a figura da Virgem Maria simboliza pureza, sacrifício e amor incondicional, valores que moldaram expectativas sobre o papel da mãe. Outras religiões também possuem figuras maternas reverenciadas que impactam as normas culturais de maternidade.

Antes da era moderna, o parto era geralmente realizado em casa, com a ajuda de parteiras e outras mulheres da comunidade. O conhecimento sobre cuidados pós-parto era passado de geração em geração, com um forte apoio da comunidade feminina.

Historicamente, as mães eram vistas como as principais educadoras dos filhos, transmitindo conhecimentos, valores morais e culturais. Esse papel crucial na socialização e educação das crianças consolidou a importância da figura materna na família.

As mães desempenham um papel vital na transmissão de tradições culturais, práticas religiosas e costumes familiares. Elas são responsáveis por ensinar aos filhos as histórias, lendas, rituais e celebrações que definem a identidade cultural da família e da comunidade.

Culturalmente, a maternidade tradicional muitas vezes envolve a idealização da figura materna como um símbolo de pureza, sacrifício e amor incondicional. Essa visão idealizada coloca uma pressão significativa sobre as mães para que atendam a essas expectativas elevadas.

Normas culturais e religiosas moldam as expectativas em torno da maternidade, valorizando o sacrifício pessoal da mãe pelo bem da família. A abnegação e a priorização das necessidades dos filhos acima das próprias necessidades são características frequentemente esperadas das mães tradicionais.

Culturalmente, a mãe é vista como a principal responsável pelo bem-estar físico e emocional dos filhos. Esse papel inclui cuidados com a alimentação, higiene, educação e desenvolvimento emocional das crianças, centralizando a figura materna na dinâmica familiar.

Em muitas culturas, as mães são profundamente respeitadas e reverenciadas. Isso é particularmente visível em sociedades em que a experiência e sabedoria das mães mais velhas são valorizadas e elas desempenham papéis importantes como conselheiras e mentoras dentro da família e da comunidade.

Com o avanço dos direitos das mulheres e mudanças sociais, a maternidade tradicional tem sido objeto de reavaliação. As críticas incluem a visão limitadora do papel da mulher, a pressão excessiva sobre as mães para cumprir ideais elevados e a falta de reconhecimento da diversidade de arranjos familiares contemporâneos. Hoje, há um movimento crescente em direção a uma visão mais inclusiva e flexível da maternidade, em que os papéis e responsabilidades podem ser compartilhados de maneira mais igualitária entre homens e mulheres.

Conceitos tradicionais da maternidade

Os conceitos tradicionais da maternidade podem variar culturalmente, mas costumam envolver valores, papéis e práticas transmitidos ao longo de gerações.

Muitas culturas tradicionais valorizam a ideia de que as mães devem sacrificar seus próprios interesses e necessidades para garantir o bem-estar de seus filhos. Isso pode incluir dedicar tempo, energia e recursos para cuidar da família. A imagem da mãe abnegada, que coloca os filhos em primeiro lugar, é uma característica central em muitas sociedades.

A mãe é muitas vezes vista como a "cola" que mantém a família unida, sendo a principal figura de apoio emocional e estabilidade dentro do lar.

As mães desempenham um papel crucial na transmissão de valores culturais, tradições familiares e normas sociais para as gerações futuras. Elas têm a responsabilidade de ensinar aos filhos sobre a história da família, costumes e ética, garantindo a continuidade das práticas culturais e sociais.

Em muitas culturas, as mães são vistas como as principais cuidadoras da saúde e nutrição da família. Elas são responsáveis por preparar refeições equilibradas, garantir que as crianças recebam os cuidados médicos necessários e promover práticas saudáveis dentro do lar. A manutenção da saúde familiar é uma responsabilidade que recai predominantemente sobre a mãe.

As mães são frequentemente consideradas as principais protetoras de seus filhos. Isso pode envolver a criação de um ambiente seguro em casa, a defesa dos interesses dos filhos perante a sociedade e a garantia de que as crianças estejam seguras e felizes. O papel de protetora é uma extensão natural do cuidado e da supervisão diária.

A ideia do amor incondicional é um conceito comum associado à maternidade. Independentemente das circunstâncias, muitas culturas tradicionais acreditam que as mães devem amar e apoiar seus filhos de maneira incondicional. Esse amor incondicional é visto como a base do vínculo entre mãe e filho.

Muitas culturas têm rituais e celebrações associados à maternidade, desde cerimônias de gravidez até ritos de passagem para mães e bebês. Esses eventos frequentemente têm significados simbólicos e comunitários, reforçando o papel central da mãe dentro da sociedade e da família.

Em algumas culturas, as mães mais velhas são particularmente reverenciadas e respeitadas. Sua sabedoria e experiência são valorizadas, e elas desempenham papéis importantes como mentoras e conselheiras na comunidade. O respeito pelas mães idosas reflete a importância da continuidade e da transmissão de conhecimento entre gerações.

É importante observar que esses conceitos tradicionais podem variar amplamente e nem todas as culturas aderem a todos esses princípios. Além disso, as concepções modernas da maternidade também evoluíram, incorporando uma variedade de perspectivas e abordagens. Hoje, há um reconhecimento crescente da diversidade de experiências maternas e uma valorização de arranjos familiares mais inclusivos e flexíveis.

Conceitos contemporâneos da maternidade

Os conceitos contemporâneos da maternidade têm evoluído devido a uma combinação de fatores, resultando em mudanças significativas nas expectativas e práticas relacionadas à criação de filhos.

Atualmente, os papéis parentais são vistos de maneira mais flexível e inclusiva. A responsabilidade de cuidar dos filhos não é mais exclusivamente da mãe; pais e outros cuidadores são incentivados a participar ativamente. Esta mudança reflete um reconhecimento maior de que a criação de filhos é uma tarefa compartilhada e que ambos os pais têm capacidades e responsabilidades iguais.

Com mais mulheres ingressando no mercado de trabalho, equilibrar carreira e maternidade tornou-se um desafio central. Políticas como licença-maternidade estendida, horários de trabalho flexíveis e a busca por igualdade de oportunidades são essenciais para apoiar as mães trabalhadoras. Essas medidas ajudam a criar um ambiente em que as mulheres não precisam escolher entre suas aspirações profissionais e familiares.

Os avanços tecnológicos na medicina transformaram a experiência da gravidez. Ferramentas como ultrassonografias avançadas e testes genéticos proporcionam uma visão detalhada do desenvolvimento fetal, permitindo intervenções precoces e melhor preparação para o parto. Essas tecnologias também facilitam uma experiência mais conectada e informada para as futuras mães.

Embora a medicalização do parto tenha proporcionado segurança e avanços em cuidados neonatais, há um movimento crescente em direção a práticas de parto humanizado e opções como o parto domiciliar. Isso reflete um desejo de experiências de parto mais naturais e centradas na mãe, promovendo a autonomia e o conforto da mulher.

A aceitação de diversas escolhas reprodutivas, como fertilização *in vitro*, barrigas de aluguel e adoção, ampliou o conceito de família. Famílias monoparentais, casais do mesmo sexo e outras configurações não tradicionais estão ganhando maior reconhecimento e respeito, refletindo a atual diversidade da sociedade.

A internet e as redes sociais têm sido ferramentas poderosas para o empoderamento materno. Elas oferecem plataformas em que as mães podem compartilhar experiências, buscar apoio e acessar informações, permitindo uma tomada de decisão mais informada e ativa sobre a gravidez, parto e criação dos filhos.

Reconhecer a diversidade das experiências maternas é crucial para desconstruir estereótipos. A aceitação da escolha de não ter filhos, da maternidade tardia e das dificuldades de fertilidade são passos importantes para uma visão mais inclusiva e respeitosa da maternidade.

Hoje, muitas mulheres buscam equilibrar suas identidades como mães com suas ambições pessoais e profissionais. A ideia de que a realização pessoal é uma parte essencial da experiência materna está se tornando mais amplamente aceita.

Como desconstruir os conceitos tradicionais da maternidade

Para desconstruir conceitos tradicionais da maternidade é fundamental:

- Refletir sobre suas crenças e questionar suas origens.
- Informar-se sobre a diversidade de experiências maternas.
- Participar de diálogos respeitosos e sem julgamentos.

- Desenvolver empatia e evitar julgamentos precipitados.
- Questionar normas culturais e estar aberto a práticas diferentes.
- Trabalhar pela igualdade de gênero e compartilhar responsabilidades parentais.
- Aceitar e defender diversas configurações familiares.
- Promover e respeitar a autonomia das mulheres em suas escolhas reprodutivas.

Para identificar se você está presa em conceitos tradicionais maternos, considere refletir sobre:

- Suas próprias crenças e de onde elas vêm.
- Como você reage a diferentes abordagens de maternidade.
- A presença de estereótipos de gênero em suas ideias sobre maternidade.
- Seu nível de julgamento e empatia em relação a outras mães.
- Sua flexibilidade em aceitar diversas formas de maternidade.
- Seu comprometimento com a desconstrução de normas tradicionais e a promoção da igualdade de gênero.
- Sua aceitação da diversidade familiar e respeito pela autonomia das mulheres.

Refletir honestamente sobre essas questões pode ajudar a identificar áreas em que você pode estar presa em conceitos tradicionais e abrir caminho para uma visão mais inclusiva e respeitosa da maternidade.

Reconheça que sua jornada como mãe é única e importante. Seus desafios e emoções são válidos e merecem ser respeitados. Sua experiência não precisa se conformar com os modelos tradicionais de maternidade.

Entenda que não existe uma única maneira correta de ser mãe. A diversidade das experiências maternas é valiosa, e o seu caminho é tão legítimo quanto qualquer outro. Celebre as diferentes formas de maternidade.

Reflita sobre as normas sociais tradicionais e como elas podem ser limitantes. Questione essas normas e permita-se redefinir a maternidade de uma forma que faça sentido para você e sua família.

Busque igualdade na divisão das responsabilidades parentais. Promover uma parceria mais equilibrada pode aliviar a carga e beneficiar toda a família, criando um ambiente mais justo e inclusivo.

Respeite suas próprias escolhas e decisões reprodutivas. A autonomia em suas decisões sobre a maternidade é essencial, e você deve se sentir empoderada para fazer as escolhas que melhor atendem às suas necessidades e às de seus filhos.

Priorize seu autocuidado e busque um equilíbrio entre a maternidade e suas próprias aspirações. Cuidar de si mesma é crucial para o seu bem-estar e para que você possa ser a melhor versão de si mesma para seus filhos.

Conecte-se com outras mães que compartilham experiências semelhantes. Grupos de apoio e comunidades podem oferecer valiosas conexões e ajudar a sentir-se menos isolada em sua jornada.

Mantenha-se aberta ao diálogo e à troca de experiências. Compartilhar suas histórias e ouvir as de outras mães pode ser uma fonte de apoio e aprendizado contínuo, ajudando a construir uma visão mais inclusiva da maternidade.

Exercícios práticos para desconstruir conceitos tradicionais

Desconstruir conceitos tradicionais na maternidade atípica pode ser um processo enriquecedor tanto para mães quanto para a sociedade em geral. Aqui estão alguns exercícios práticos que podem ajudar nesse processo:

Exercícios de reflexão e autoconhecimento

Diário de reflexão

Objetivo: refletir sobre as próprias expectativas em relação à maternidade.

Atividade: sempre que puder, escreva sobre suas experiências, desafios e sentimentos. Pergunte a si mesma:

- Quais são as minhas expectativas sobre a maternidade?
- De onde vêm essas expectativas?
- Como as necessidades específicas do meu filho desafiam essas expectativas?
- Como posso adaptar minhas expectativas para apoiar melhor meu filho e a mim mesma?

Conversa com outras mães

Objetivo: compartilhar experiências e ouvir outras perspectivas.

Atividade: forme um grupo (presencial ou virtual mesmo) de mães de crianças atípicas. Conversem regularmente e, quando possível, encontrem-se para conversar sobre desafios, conquistas e estratégias de apoio mútuo. Foquem em:

- Desconstruir mitos sobre a maternidade.
- Trocar dicas práticas.
- Oferecer apoio emocional.

Exercícios de educação e informação

Leitura e reflexão de livros e artigos

Objetivo: ampliar o conhecimento sobre a maternidade atípica.

Atividade: sempre que possível, leia livros e artigos sobre temas como neurodiversidade, deficiências e parentalidade inclusiva. Sugestão: *O cérebro autista: pensando através do espectro* (2015), de Temple Grandin.

Discuta suas leituras e reflexões com um grupo de mães ou parceiro de leitura, focando em como as informações podem mudar sua visão sobre a maternidade.

Participação em workshops, lives e palestras

Objetivo: aprender com especialistas e outras famílias.

Atividade: participe de eventos voltados para a parentalidade atípica. Esses eventos frequentemente oferecem novas perspectivas e ferramentas práticas.

Exercícios de prática e implementação

Adaptação de rotinas e estruturas

Objetivo: desenvolver estratégias práticas que funcionem para sua família.

Atividade: observe as necessidades específicas do seu filho e adapte as rotinas diárias para atendê-las. Isso pode incluir:

- Criar um ambiente sensorialmente amigável.
- Desenvolver uma comunicação eficaz e personalizada.
- Implementar rotinas visuais ou táteis, se necessário.

Prática da empatia e paciência

Objetivo: fortalecer a conexão emocional com seu filho.

Atividade: pratique a escuta ativa e a empatia em interações diárias. Quando possível, reserve tempo para:

- Brincar e interagir de acordo com os interesses do seu filho.
- Validar seus sentimentos e experiências, mesmo quando são difíceis de entender.

Exercícios de defesa de direitos e inclusão

Engajamento em comunidades e redes de apoio

Objetivo: fortalecer o apoio social e a defesa por direitos.

Atividade: envolva-se em grupos de apoio e redes de mães de crianças atípicas. Participe de campanhas de conscientização e advogue por políticas inclusivas na escola de seu filho, em sua vizinhança e nas demais comunidades de que fazem parte.

Voluntariado em organizações de apoio

Objetivo: contribuir para a conscientização e a inclusão.

Atividade: se puder, dedique algum tempo às organizações que apoiam crianças atípicas e suas famílias. Isso pode ajudar a compreender melhor os desafios e as necessidades dessas famílias e a promover uma mudança positiva na sociedade.

Exercícios de autocuidado

Práticas de autocuidado regular

Objetivo: manter o bem-estar físico e emocional.

Atividade: desenvolva uma rotina de autocuidado que inclua atividades relaxantes e agradáveis, como ioga, meditação, momentos de lazer e hobbies que lhe tragam felicidade e bem-estar.

Reconheça que cuidar de si mesma é essencial para cuidar do seu filho. Peça ajuda. Se possível, estabeleça pequenos horários para você e seus hobbies. Só pode dez minutos? Use esses dez minutos para você.

Esses exercícios podem ajudar a desconstruir conceitos tradicionais e a desenvolver uma abordagem mais inclusiva, empática e prática na maternidade atípica. Caso sinta necessidade, procure ajuda profissional para ajudar nesse processo de desconstrução dos conceitos tradicionais de maternidade.

Desconstruir conceitos tradicionais na maternidade atípica é uma jornada contínua de aprendizado e adaptação, que enriquece não apenas as mães, mas também a sociedade como um todo. Ao incorporar práticas de reflexão, educação, implementação, defesa de direitos e autocuidado, as mães podem transformar desafios em oportunidades de crescimento pessoal e familiar.

Essa abordagem holística fortalece as conexões emocionais, promove a inclusão e garante que as necessidades específicas das crianças sejam atendidas de maneira eficaz e compassiva. Assim, o processo de desconstrução não só redefine expectativas pessoais, mas também contribui para uma sociedade mais compreensiva e inclusiva, em que cada família pode prosperar em sua singularidade.

Referências

BIEL, L.; PESKE, N. *Raising a sensory smart child*: the definitive handbook for helping your child with sensory processing issues. Nova Iorque: Penguin Random House, 2009.

GRANDIN, T.; PANEK, R. *O cérebro autista*: pensando através do espectro. Trad. Cristina Cavalcanti. Rio de Janeiro: Record, 2015.

GUTMAN, L. *Maternidade e o encontro com a própria sombra*. Rio de Janeiro: BestSeller, 2016.

KRANOWITZ, C. S. *The out-of-sync child*: recognizing and coping with sensory processing disorder. Nova Iorque: Penguin Random House, 2006.

PRIZANT, B. M. *Uniquely human*: a different way of seeing autism. Nova Iorque: Simon & Schuster, 2015.

SASSAKI, R. K. *Inclusão*: construindo uma sociedade para todos. Rio de Janeiro: WVA, 1997.

SILBERMAN, S. *NeuroTribes*: the legacy of autism and the future of neurodiversity. Nova Iorque: Penguin Random House, 2015.

SOLOMON, A. *Far from the tree*: parents, children and the search for identity. Nova Iorque: Scribner, 2013.

17

DO CAOS À CALMARIA

O PAPEL DA AROMATERAPIA NA MINHA JORNADA COMO MÃE ATÍPICA

Descubra como a aromaterapia pode transformar sua rotina como mãe atípica. Neste capítulo, compartilho minha jornada e como os óleos essenciais trouxeram equilíbrio para minha família. Com dicas práticas e seguras, vou mostrar como criar um ambiente harmonioso, respeitando as necessidades únicas de cada membro da família. Venha comigo e experimente a diferença que a aromaterapia pode fazer no seu dia a dia.

KARINA PIMENTA

Karina Pimenta

Assistente social graduada pela Unidade de Ensino Superior do Sul do Maranhão – Unisulma (2009), com pós-graduação em Trabalho Social com Famílias e Comunidades (Universidade Veiga de Almeida); especialização em Educação Social para a Juventude pela Universidade Estadual do Pará (Uepa). Aromaterapeuta clínica (Abrath), filiada da Abraroma. Cursos em Psicoaromaterapia e a Linguagem do Corpo (Ibra – Instituto Brasileiro de Aromatologia), Psicoaromaterapia e o Sistema dos 12 aromas (IBRA); Aromaterapia e Autismo (Harmonie); Aromaterapia e Cosmetologia Natural (Harmonie Aromaterapia); Aromaterapia Pediátrica (Instituto Raquel Gavazzi). Fundadora da Loja Epuá Aromaterapia e do Programa CO-CRIAR para mães atípicas.

Contatos
epua.com.br/karinapimenta
contato.karinapimenta.com.br
Instagram: @karinapimenta_br
Facebook: karinapimenta_br
94 99259 7061

Há um tempo para cada coisa debaixo do sol, tempo de plantar, de colher, de nascer e de viver.
(Eclesiastes 13)

Minha jornada aromática começa aqui

Imagine um mundo em que o aroma das flores, folhas e raízes não só traz conforto, mas também transforma vidas. É exatamente esse universo que a(o) convido a explorar. Como mãe de uma criança autista, descobri na aromaterapia um caminho natural e eficaz para lidar com os desafios diários. Nesta jornada, vou compartilhar como a minha experiência com os óleos essenciais não só melhorou a rotina do meu filho, Pedro, mas também trouxe equilíbrio e tranquilidade para toda a nossa família.

Antes de conhecer os óleos essenciais, minha rotina era intensa e, muitas vezes, exaustiva. Em 2017, atuando como assistente social, eu conciliava as demandas do trabalho com a busca incessante por soluções que ajudassem Pedro, diagnosticado com autismo, a ficar mais calmo e tranquilo. A ansiedade e o cansaço eram meus companheiros diários, e eu me sentia sobrecarregada, tentando equilibrar as necessidades da minha família com as minhas próprias.

Os primeiros sinais do autismo no Pedro foram percebidos por volta dos três anos. Ele apresentava atraso na fala, irritação constante e hiperatividade. Como mãe de primeira viagem em um oceano desconhecido, tais comportamentos me deixavam preocupada e sem saber como agir. Iniciei, junto com meu esposo, uma maratona de consultas médicas e exames.

A escassez de profissionais em Dom Eliseu, no interior do Pará, dificultou a obtenção de um diagnóstico claro, aumentando minha ansiedade e desespero. Eu sentia que algo não estava certo, mas parecia impossível encontrar alguém que realmente pudesse nos ajudar. Os dias desgastantes, a irritação, as preocupações constantes e a falta de tempo para mim mesma tornavam minha rotina quase insustentável.

E foi nesse cenário que minha jornada com os óleos essenciais começou em 2018, pesquisando na internet em busca de algo que pudesse ajudar meu filho. Não tenho dúvidas que foi um caminho de Deus nas nossas vidas. No início, confesso que estava cética. "Um cheiro? Será que realmente funciona?" – eu pensava. No entanto, a necessidade de encontrar uma solução eficaz levou-me a dar uma chance à aromaterapia. E essa foi uma das melhores decisões que já tomei.

Foi nesse cenário de caos que descobri a aromaterapia. Não como uma solução mágica, mas como uma poderosa aliada que me trouxe tranquilidade e ferramentas para lidar com as emergências do dia a dia. A ciência por trás dos óleos essenciais, com seu respaldo em inúmeras pesquisas, me deu a confiança necessária para começar a utilizá-los. A partir do momento em que adquiri os primeiros óleos essenciais, percebi que precisava de uma metodologia que atendesse às necessidades da minha criança, como sensibilidade a texturas, creme no corpo, colares difusores.

Comecei a desenvolver minha própria metodologia mediante as demandas apresentadas no dia a dia e logo veio o alívio que há muito tempo não experimentava diante das melhorias vistas na nossa família. A farmácia de antialérgicos e outros medicamentos foi diminuindo, e eu introduzi uma verdadeira farmácia natural em casa, tratando diversas situações corriqueiras como gripe, febre e outras queixas de saúde.

Durante as vivências e atendimentos pude comprovar que são demandas únicas que precisam ser olhadas dentro da sua singularidade. Por isso, querido(a) leitor(a), você não verá indicações "engessadas" em meus programas terapêuticos. Acredito que somos parte de um todo, e a abordagem deve ser personalizada, considerando as necessidades individuais de cada um.

É através dessa visão integrativa e cuidadosa que conseguimos alcançar resultados mais efetivos, proporcionando um cuidado mais humano e acolhedor. O objetivo é sempre oferecer soluções práticas e naturais que se integrem de maneira harmoniosa à nossa rotina, garantindo mais leveza e tranquilidade no dia a dia.

E, aqui, faço questão de ressaltar que não existe óleo essencial para curar autismo. Infelizmente, nas redes sociais, vemos pessoas vendendo promessas milagrosas, o que pode ser prejudicial e perigoso. A aromaterapia mudou a minha vida, mas é preciso usá-la corretamente e com responsabilidade. A aromaterapia, quando usada corretamente, é uma aliada poderosa na redução de sintomas como ansiedade, insônia, irritabilidade e agitação, comuns em crianças com autismo e transtorno do déficit de atenção com hiperatividade (TDAH).

É essencial seguir orientações de profissionais qualificados e utilizar óleos essenciais de alta qualidade, respeitando as dosagens e métodos de aplicação indicados. Além disso, a aromaterapia deve ser vista como parte de um tratamento integrativo, complementando outras terapias e intervenções necessárias para o bem-estar da criança. Usar os óleos essenciais de modo consciente pode trazer benefícios significativos, promovendo uma melhor qualidade de vida para toda a família.

O despertar do protagonismo na maternidade atípica

Quando o diagnóstico de Pedro finalmente foi confirmado, eu já estava exausta da longa jornada de consultas e incertezas. Foi um alívio saber com o que estávamos lidando, mas também trouxe novos desafios e emoções. Como mãe, minha prioridade sempre foi garantir que meus filhos tivessem tudo de que precisavam, e com Pedro, isso significava aprender tudo sobre o autismo e encontrar maneiras de ajudá-lo a se desenvolver da melhor forma possível.

Eu pesquisava incessantemente sobre terapias e métodos de ensino. Mas, enquanto fazia isso, percebi que estava negligenciando uma parte essencial do processo: eu mesma. Foi nesse momento que comecei a refletir sobre o protagonismo materno. Ser a mãe de uma criança atípica exige muita força e resiliência, mas é fácil esquecer que, para desempenhar esse papel, precisamos estar bem. Eu me dei conta de que, se não cuidasse de mim mesma, não conseguiria cuidar de Pedro e Alice da maneira que eles precisavam.

Foi uma virada de chave que mudou a forma como eu encarava a maternidade. Reconhecer e validar minhas próprias emoções foi o primeiro passo. Aceitei que estava tudo bem sentir cansaço, frustração, raiva e, às vezes, tristeza. Esses sentimentos não me faziam uma mãe ruim; eles eram parte da minha jornada. Comecei a buscar formas de cuidar do meu bem-estar físico e emocional, e foi aqui que mergulhei fundo no mundo dos aromas em uma jornada pessoal de autoconhecimento.

Os óleos essenciais se tornaram mais do que uma ferramenta para ajudar Pedro; eles se tornaram uma fonte de conforto e equilíbrio para toda a família. Aromas, como lavanda francesa, bergamota e cedro atlas, passaram a fazer parte da minha rotina, ajudando-me a encontrar momentos de paz em meio ao caos. Esses pequenos hábitos diários de autocuidado começaram a transformar minha visão sobre a maternidade atípica. Eu não era apenas uma cuidadora; **eu era uma mulher que precisava se cuidar para poder cuidar bem dos outros**.

Para aprofundar meu conhecimento e ajudar outras mães, investi em cursos e estudos sobre autismo e terapias integrativas. Deixei meu trabalho como assistente social e comecei a trabalhar em casa, atendendo outras mães que, assim como eu, buscavam maneiras naturais e eficazes de melhorar a qualidade de vida de suas famílias.

Com o tempo, minha paixão pela aromaterapia se transformou em um negócio. Fundei a loja Epuá Aromaterapia no jardim da minha casa, um espaço dedicado a oferecer produtos e consultoria para mães que desejam incorporar os óleos essenciais em suas rotinas. Esse ambiente acolhedor não só se tornou uma fonte de renda, mas também um lugar onde posso orientar outras mães e ainda cuidar dos meus filhos em casa, estando mais presente, e mais confiante em lidar com os desafios diários.

Foi a minha vivência que me levou a compartilhar essa abordagem terapêutica com outras mães atípicas, pois entender e abraçar o protagonismo materno foi libertador e levar o meu servir para outras famílias é o meu propósito. Descobri que, para ser a mãe de que meus filhos precisam, eu preciso ser a mulher que eu mereço ser. E essa é uma lição que levo comigo todos os dias.

Cocriando as emoções e transformando vidas

A maternidade atípica é um caminho repleto de emoções intensas e complexas. Cada mãe carrega consigo um mix único de emoções. Muitas vezes, essas emoções se manifestam como culpa, um sentimento persistente de que poderíamos estar fazendo mais ou melhor pelos nossos filhos. Eu mesma lutei com essa culpa no início, questionando cada decisão que tomava em relação ao Pedro.

O medo e a preocupação também se tornam companheiros constantes. A incerteza sobre o futuro dos nossos filhos, as preocupações com seu desenvolvimento e a constante vigilância sobre seu bem-estar, muitas vezes, nos mantêm acordadas à noite. O estresse e a sobrecarga emocional se tornaram parte integrante da nossa rotina como mães atípicas. Lidar com as demandas especiais das crianças, as consultas médicas, terapias (ou a falta delas) e o constante malabarismo entre trabalho e vida pessoal nos deixam fisicamente exaustas e emocionalmente esgotadas. Os óleos essenciais não apenas nos proporcionam alívio ao estresse e às tensões diárias, mas também incorporam técnicas de autocuidado que se tornam essenciais para nossa própria saúde mental.

Um dos sentimentos mais difíceis de lidar foi o isolamento e a solidão. Muitas vezes nos sentimos incompreendidas pelas pessoas ao nosso redor, que não conseguem entender as nuances da maternidade atípica. Foi quando percebi a importância de criar uma rede de apoio sólida, não apenas para receber suporte, mas também para oferecer um espaço seguro para outras mães compartilharem suas histórias. Ao integrar a aromaterapia ao meu trabalho, descobri uma maneira única de abordar essas emoções profundas e multifacetadas.

Cocriar significa criar algo em colaboração mútua com outras pessoas ou partes interessadas. Trazendo para o nosso universo atípico, cada protocolo aromático não é apenas sobre aplicar óleos essenciais, é sobre nos aprofundarmos nas nossas emoções de forma empática e acolhedora, cercando-nos de ferramentas e técnicas (como meditação guiada, respiração consciente, escrita terapêutica, entre outros) em um exercício diário a fim de acolher e ressignificar nossas emoções como protagonistas da nossa própria história.

A chave é personalizar esses momentos de acordo com as suas necessidades e da sua família. Aromaterapia é uma ferramenta incrível para complementar o cuidado que você já oferece, trazendo um toque natural e suave para o dia a dia. A aromaterapia me ensinou que é possível cuidar dos outros sem se esquecer de si mesma.

Aqui vão algumas formas práticas de como ela pode fazer parte do seu dia a dia:

1. **Gestão do estresse**: óleos essenciais como lavanda francesa, mandarina e bergamota podem ajudar a reduzir o estresse diário. Um pouco de óleo essencial diluído em um difusor durante alguns minutos pode fazer maravilhas para acalmar tanto você quanto seus filhos.
2. **Promoção do sono**: sabemos o quão crucial é o sono para você e seus pequenos. Óleos como a lavanda francesa e a manjerona, conhecidos por suas propriedades relaxantes, podem ajudar a induzir um sono mais tranquilo. Você pode usar um spray de travesseiro ou colocar algumas gotas no difusor antes da hora de dormir.

3. **Energia e foco**: para os momentos em que você precisa de um impulso extra, óleos, como hortelã-pimenta ou *Eucalyptus globulus,* podem ajudar a aumentar a energia e melhorar a concentração. Ideal para aqueles dias em que a energia parece estar em falta!
4. **Bem-estar geral**: aromaterapia não é só sobre cheiros agradáveis, mas também sobre benefícios físicos e emocionais. Óleos como o *tea tree* (melaleuca) são ótimos para cuidados com a pele, enquanto o óleo de eucalipto pode ajudar na respiração.
5. **Momentos de conexão**: integrar a aromaterapia em rituais familiares pode ser reconfortante. Por exemplo, fazer uma massagem suave com uma mistura de óleos diluídos pode ser uma maneira especial de se conectar com seus filhos; aqui em casa todos amam.

Assim, a aromaterapia me mostrou o poder da resiliência e do protagonismo materno. Ser mãe atípica é um desafio constante, mas também uma oportunidade de crescimento e superação. Aceitar minhas emoções, cuidar da minha saúde física e emocional, e buscar conhecimento para ajudar meu filho foram passos fundamentais nessa trajetória.

Ao fundar a Epuá Aromaterapia, eu não só encontrei uma maneira de estar mais presente para os meus filhos, mas também um propósito maior: apoiar outras mães a encontrarem alívio e bem-estar em suas rotinas.

A jornada está longe de terminar, mas cada passo dado, cada conquista alcançada, reforça a certeza de que estamos no caminho certo. A aromaterapia não é uma solução mágica, mas uma aliada poderosa que, usada com responsabilidade e conhecimento, pode transformar vidas. E essa transformação começa dentro de cada uma de nós, mães, que lutamos diariamente por um futuro melhor para nossos filhos.

Referências

FESTY, D. *A Bíblia dos óleos essenciais*. Belo Horizonte: Editora Laszlo, 2023.

FESTY, D. *Cuidando dos filhos com óleos essenciais*. Belo Horizonte: Editora Laszlo, 2017.

PRICE, S. *Aromaterapia e as emoções*: como utilizar óleos essenciais para equilibrar o corpo e a mente. São Paulo, Bertrand Brasil, 2002.

PETRY, D. *Psicoaromaterapia*: um caminho para o autoconhecimento. Florianópolis: Instituto de Aromaterapia Daiana Petry, 2024.

18

AS DIVERSIDADES DE UMA MÃE EM BUSCA DO BEM-ESTAR DE SUA FILHA

Este capítulo aborda os desafios de uma mãe atípica em busca de um tratamento eficaz e legítimo pouquíssimo discutido em nosso país. Abordaremos, aqui, a questão do uso da *Cannabis* para fins medicinais, seus benefícios e as implicações sobre o uso correto e adequado; assim como os motivos que nos levam a optar por essa medicina, apesar das controvérsias e mentiras que ainda nos impõem. Por isso, faz-se necessário abrirmos nossos corações e mentes para essa nova realidade de um novo cenário que se impõe a todas nós, mães atípicas ou não. Essa é uma questão de saúde pública e atinge a todos nós como cidadãos de direito em um Estado Democrático.

LILIAN SILVA DE MAGALHÃES

Lilian Silva de Magalhães

Professora de Inglês da rede pública do Rio de Janeiro, escritora e tradutora. Licenciada em bacharelado e Licenciatura Bilíngue pela PUC-Rio em 1999. Pós-graduada pela Gama Filho em Licenciatura. Autora do livro *O milagre de Rafa*, publicado em 2000.

Contatos
lilikmagal@gmail.com
Facebook: Lilikmagal
Instagram: @lilikmagal
21 99440 2231

Sou professora de inglês da rede pública municipal do Rio de Janeiro por 13 anos e, nos meus últimos três meses de gestação, meu médico não me permitiu trabalhar, dando-me todos os laudos possíveis. Deixei também de comer e fazer coisas das quais me diziam que não fariam bem ao meu bebê. Não pintava mais as unhas ou os cabelos, nem comia mais sushi. Fiz o álbum da gestação. Eu era a mãezinha mais feliz do universo.

Assim, havia chegado meu momento, o grande dia. Meu marido me leva para a maternidade e depois volta para casa a fim de buscar minhas coisas.

A cesariana foi dentro do esperado, com o esposo acompanhando e meu médico presente, auxiliando. Rafa nasceu forte, chorou; eu vi e ouvi, Apgar 10. Parecia tudo bem. Família e amigos na expectativa.

Na minha cabeça foram uns 40 minutos em um corredor, aguardando, talvez uma vaga no quarto, mas eu fiquei lá sem entender o porquê de estar ali. Confesso que nunca perguntei. Eu só pensava em ver, sentir e tocar minha bebê, que eu vim saber depois que estava no andar de cima, na UTI.

Foram três meses de internação, com o direito a transferência para um hospital mais longe, porém com mais recurso. Era tudo muito difícil, chorávamos muito e estar em casa era muito complicado. Olhar seu quartinho pronto, voltar para casa sem ela... Sim, íamos todos os dias, pois não havia condições de eu ficar internada com ela.

Tudo era muito custoso e sofrido, mas nunca deixamos de visitá-la. Estar naquele lugar, por mais difícil que fosse, era uma obrigação. Éramos os pais mais presentes durante toda a internação. Não havia outro lugar no qual gostaríamos de estar.

Meu marido foi informado de que nossa filha teve uma infecção que provavelmente teria atingido o cérebro. Portanto, precisariam fazer alguns exames. Tive alta e a Rafa continuou internada.

Seguimos nessa rotina árdua e necessária. Saímos do hospital com vários encaminhamentos para um acompanhamento neurológico. A verdade é que, após uma série de exames, descobriu-se que uma bactéria chamada *Staphylococcus* saiu de mim e, pelo cordão umbilical, e atingiu o cérebro de minha menina através da corrente sanguínea, ocasionando assim uma isquemia cerebral.

De repente, nós éramos os pais que viam nossa filha tendo várias crises convulsivas ao longo do dia sem sabermos o que fazer. Infelizmente, a medicina convencional não resolvia nossos problemas. O cartão de crédito já estava estourado de tanto medicamento ineficaz. As noites eram muito longas e dormíamos pouco, uma vez que as crises da Rafa aconteciam principalmente de madrugada, enquanto ela dormia. Ela acordava de madrugada e não dormia mais. E toda essa privação de sono afetava a todos nós.

Minhas madrugadas então passaram a ser de chorar pouco e pesquisar muito. Foi assim que cheguei à conclusão de que deveríamos experimentar maconha para fins medicinais. Em 2016, esse assunto ainda era tabu e um pouco mais complicado de entender e de explicar. Mas era uma certeza, eu ia tentar.

Quanto mais eu lia, quanto mais eu descobria os relatos de quem fazia esse uso, mais eu tinha esperança de que essa era uma experiência que valeria a pena tentar. Após alguns meses de busca de informações sobre como conseguir esse tratamento, chegava em minha casa, pelo correio, um frasco de extrato de *Cannabis* vindo do Sul, produzido por um anjo que tem como missão de vida proporcionar essa medicina para aliviar, ou até mesmo curar, pacientes que recorrem a essa medicina milenar.

Fato é que, após essa ousadia, tudo mudou. Rafaela tem hoje nove anos e eu percebi o autismo desde quando ela tinha três anos. Na verdade, as pessoas percebiam e eu mesma não aceitava. Eu acreditava que aquele comportamento atípico se devia ao fato das crises de convulsão, porém houve momentos em que, mais uma vez pesquisando, descobri o autismo. Outro diagnóstico para entender, assimilar e buscar tratamento.

Após muita pesquisa e ter tido gastos exorbitantes com fármacos e não vermos nem percebermos os benefícios esperados; enfim, depois de confiarmos nos médicos tradicionais e nessa medicina tradicional, eu, sozinha, busquei essa opção porque não queria falar sobre essas pesquisas com ninguém: era coisa minha, tipo intuição fortíssima de uma mãe em apuros.

Eu estava doente. Era muito difícil olhar para minha filha tão pequena tendo crises de espasmos e de ausência simultaneamente. Uma doutora deu diagnóstico errado, mesmo sem fazer exames. Graças a Deus, não era tão sério. Mas ainda assim era a malvada da epilepsia.

De repente, eu descobria os benefícios que o uso medicinal dessa erva poderia proporcionar à minha filha. Eu descobria também, para minha grande surpresa, outras mães que adotaram esse tratamento em seus filhos há algum tempo.

Assim, nascia, dia após dia, uma enorme alegria e, ao mesmo tempo, uma angústia dentro de mim por compreender que eu precisava descobrir um caminho seguro ou não para aquisição de uma planta que, do ponto de vista da lógica do meu coração, amenizaria muito o sofrimento da minha pequena.

Atualmente, Rafaela, minha filha, autista não verbal, tem epilepsia moderada e controlada. Isso significa que ela não chega a cair, salivar e se contorcer. Ela pode ter crise de ausência e age como se tivesse tomado um choque ou um susto. Às vezes fica chorosa, triste, insegura e desanimada. Pode ser rápido, pode ser prolongado. Mas, graças ao uso medicinal da *Cannabis*, Rafa não é agressiva, não tem seletividade alimentar, não é antissocial, raramente fica doente, é calma e costuma nos obedecer e compreender absolutamente tudo o que falamos.

Fazemos o uso medicinal da *Cannabis* desde quando ela tinha dois anos. Se minha filha tiver uma crise de epilepsia ou de autismo agora, tenho na prateleira o spray de resgate de extrato de *Cannabis* para uso emergencial, ou seja, para o momento em que a crise acontece. Basta uma borrifada desse spray em cada narina. Dentro de cinco ou dez minutos ela estará brincando novamente como se nada tivesse acontecido. Obviamente que no início ficávamos apreensivos, porque não nos acostumamos nunca com essa realidade; porém, à medida que a Rafa ia se acalmando, acalmávamos-nos também.

Apesar da tensão do dia a dia, a manutenção do tratamento com o extrato de *Cannabis* traz a segurança para uma mãe de que tudo vai sempre terminar bem.

Nesses momentos de altos e baixos, penso na importância da liberação e regulamentação dessa droga que significa remédio para mim e para tantas outras famílias. Penso em todas as mães que poderiam viver menos sofridas e desesperançosas; penso naqueles que fazem as leis e que insistem em atrapalhar as nossas vidas. Precisamos entender de uma vez por todas que o uso medicinal da *Cannabis* no Brasil é possível, urgente e necessário. E que muitos pacientes dependem dessa plantinha simplesmente para terem qualidade de vida.

Ficamos por cinco anos sem viver esse pesadelo, sem ter crise, sem usar spray, sem ter medo de uma crise que pode vir a qualquer momento. Infelizmente, despertamos do sonho e as crises voltaram há dois anos. E seguimos assim: quando menos se espera, ela volta. O coração aperta, e ela volta a brincar como se nada tivesse acontecido ou fica um pouco chorosa, mas depois passa. O importante é que sempre passa.

Hoje se faz urgente e necessário debatermos, esclarecermos, informarmos os benefícios reais do uso medicinal da *Cannabis*. Nossa pretensão aqui é desmistificar preconceitos, mitos e inverdades sobre o uso medicinal de uma planta, simplesmente uma planta.

É muito importante dizer que esse uso é milenar; que povos antigos já faziam uso religioso e terapêutico dessa erva; que já se considerou uma pessoa com status social elevado apenas por usá-la.

Mas essa é quase uma pré-história. No Brasil-Colônia, a história se confunde com a história dos negros e da escravidão; pois foram nossos ascendentes africanos quem trouxeram o hábito nas fazendas dos seus senhores, como parte de sua cultura de lazer, de fé ou até mesmo de recreação. Obviamente, que houve uma proibição, bem nos moldes do que temos hoje: quem fosse pego fumando o pito do pango (assim era chamada entre os escravizados), iria para a cadeia, superlotando os cárceres e estigmatizando o negro, criando, assim, estereótipos, pois era o cigarro do preto.

Nos últimos anos, tivemos a guerra contra as drogas. E nada poderia vir de bom delas. Nem as pesquisas eram permitidas. E que fique claro que nas drogarias se vende drogas, pois o princípio ativo de todos os remédios está na produção de pesquisas. Assim, precisamos abrir nossa mente para a possibilidade de termos o direito de escolher nossos medicamentos a partir de informações com bases na pesquisa e informação de qualidade; como já acontece em alguns países.

Apesar da polêmica que esse assunto traz, o que interessa a mim e a minha família é conseguir obter o único medicamento eficaz e que nos traz paz. Sim, porque as famílias também adoecem e sofrem junto com seus entes queridos. Por isso, essa também é uma questão social e crucial. É um desafio para toda a sociedade; não é um problema local, é global e urgente.

Precisamos de políticas práticas e reais que nos escutem e nos enxerguem. E quanto ao remédio que tem curado e se mostrado o melhor entre todos os outros, precisamos de garantias jurídicas de que não estamos cometendo crime, de que não somos criminosas. Porque, infelizmente, apesar do que o ECA (Estatuto da Criança e Adolescente) diz sobre a dignidade da pessoa humana, ainda temos mães perseguidas por policiais que as confundem com traficantes, causando muito sofrimento e transtornos absolutamente desnecessários por causa de uma questão mal resolvida perante a lei e a sociedade conservadora, careta e desinformada.

Em um passado não muito distante, algumas mães correram o risco de perderem a guarda de seus filhos simplesmente por cogitarem, com seus maridos, a possibilidade de administrar a *Cannabis*. Outras(os) omitiam de seus cônjuges por medo da reação, deixando para contar apenas quando as melhoras são significativas; o que sempre acontece em algum momento do tratamento.

Cientificamente, não há dúvidas sobre os benefícios reais que o uso medicinal da *Cannabis* traz. Quando falamos do uso medicinal da *Cannabis*, estamos falando da falta de pesquisa que essa proibição traz em nosso país, o que gera muita falta de informação, de testagem e de comprovação científica.

Basta lermos os efeitos colaterais das tais tarjas pretas para percebermos o perigo que essas medicações trazem e que nada é dito sobre isso. O que nos interessa de verdade são os relatos de outros pacientes ou de mães de pacientes que nos acalentam, reforçando uma intuição materna de que existe outro caminho melhor e mais eficaz.

Temos registros do uso medicinal da *Cannabis* de 5.000 a. C., pelo menos. Hoje já temos algumas literaturas sobre o assunto, incluindo meu livro. Recomendo, pois aqui não cabe todo o relato de uma história feita com tanto amor que seria impossível não contar.

A verdade é que a santa erva reconstrói neurônios, refaz sinapses, organiza os receptores, desperta o cognitivo e melhora a coordenação motora, dentre outras coisas. Segundo pesquisas sobre essa medicina milenar, já é possível tratar várias comorbidades.

Raramente explica-se para uma mãe atípica os males que a maioria dos fármacos fazem aos nossos bebês ou seus efeitos colaterais. Tampouco se pede a uma mãe atípica que esteja atenta aos danos causados pela maioria do que é produzido em laboratórios como solução para comorbidades, síndromes e doenças em nossos pacientes.

São poucos os profissionais que têm competência para entender os benefícios do uso medicinal da *Cannabis* em todo e qualquer paciente neuroatípico sem qualquer efeito colateral quando bem acompanhado por profissionais capacitados.

Em um país tão anticiência como o nosso, não é de se estranhar que o acesso de nossa santa erva ainda percorra rumos burocráticos, tornando-se difícil, porém não impossível.

É possível obter *Cannabis* para fins medicinais de várias maneiras.

Uma delas se consultar com um profissional capacitado, pegar a receita, ir à farmácia e comprar um remédio que varia de R$ 300 a R$ 2.000. Essa diferença se deve ao fato de uns serem sintéticos, produzidos em laboratório ou naturais da planta, além do tipo de laboratório. Também é possível pedir ao plano de saúde, se tiver um, para custear o valor desse remédio. Outra forma é pedir na justiça o direito ao cultivo pessoal.

E, por fim, você pode fazer parte de uma associação canábica e receber pelos correios seu remédio à base de *Cannabis* para fins medicinais. Para tanto, basta fazer um cadastro, enviar a documentação que se pede e aguardar o contato de alguém da equipe.

O motivo deste relato é para fortalecer cada vez mais um movimento que só cresce, que tem gerado uma discussão urgente, necessária e atrasada em um país em que o negacionismo impera.

19

DIAGNÓSTICO NA GESTAÇÃO
AROMAS, PRESENÇA E CONEXÃO

Como a aromaterapia pode ajudar as mulheres a criarem conexão com o bebê real após receber um diagnóstico. Para promover a aceitação e fortalecer o amor na maternidade atípica, elas poderão experimentar uma proposta terapêutica aromática, que une três ferramentas: a aromaterapia, o mindfulness e o *sleep talk*. Ao final, consta um material complementar via QR Code contendo outras meditações aromáticas.

LUÍZA DOMINI

Luíza Domini

Bióloga, graduada pela Faculdade de Tecnologia e Ciências (FTC) e pós-graduanda em Psicologia Perinatal e da Parentalidade pelo Instituto Mater Online, em parceria com a Faculdade Focus. É aromaterapeuta perinatal e pediátrica, certificada pela CertAroma, da Associação Brasileira de Aromaterapia e Aromatologia (Abraroma), com ampla experiência na área. É facilitadora em Contoexpressão. Idealizadora do Programa Pré-natal Aromático (acompanhamento de aromaterapia para gestantes) e do Aromas e Contos (grupo terapêutico para mulheres, que une aromaterapia e contoterapia). Realiza atendimentos com crianças, mulheres e gestantes, seu diferencial é associar diversas terapias integrativas em suas sessões de aromaterapia com o público materno-infantil. É palestrante e ministra cursos, mentorias e consultorias sobre aromaterapia.

Contatos
luizadomini.com.br
aromaterapia.perinatal@gmail.com
Instagram: @aromaterapia.perinatal

A gravidez é um caminho que a levará muito além de sua mente e corpo. Ela vai avivar sua compaixão e revelar as verdades mais íntimas da sua alma.
(Chopra, 2021)

Tranquei a porta para poder chorar

Eu sentia que o chão estava sumindo sob os meus pés, como uma areia movediça. No chão do banheiro, desabei e chorei.

As lágrimas rolavam quentes pela minha face, eu soluçava.

No peito, uma dor lacerante, tão forte quanto a que eu havia sentido quando minha mãe partira, poucos anos atrás. Gritava um grito surdo, nenhum som saía de mim, não queria que ninguém me visse ou ouvisse chorando.

"Por que isso está acontecendo comigo?" Eu pensava enquanto tinha a sensação de estar em ruínas, desamparada e perdida.

Eu estava com 14 semanas de gestação e acabara de receber o diagnóstico da síndrome de Down.

"Por causa da sua idade." A frase ecoava sem fim e, com ela, uma enxurrada de sentimentos: culpa, raiva, desespero, desamparo, tristeza e solidão.

Fui para o quarto e chorei por dois dias. Acordava e dormia chorando. Os dias eram cinzas como o inverno.

Por vezes, a maternidade clamava a minha presença, então secava as lágrimas e saía do quarto, mascarava sorrisos e brincadeiras.

Mas a dor permanecia ali e sozinha, chorava novamente.

Foi quando minha filha mais velha me viu chorando pela primeira vez.

— Mamãe, mas adultos não choram – ela me disse.

— Choram sim, filha, a mamãe está chorando porque está triste, mas vai passar.

Então, ela me abraçou e, na sua simplicidade, foi meu amparo; uma criança de quatro anos. Seu abraço foi caloroso e apertado e a sua presença, silenciosa e suficiente.

Aos poucos as nuvens cinzas foram se dissipando. Mas em outras vezes, elas retornavam.

Entre o diagnóstico da síndrome de Down, da cardiopatia congênita, da passagem pela UTI neonatal, da cirurgia cardíaca, de outras internações na UTI pediátrica e nas incertezas e desafios da maternidade atípica, aprendi a valorizar as pequenas vitórias diárias.

Aprendi a entender que há tempos de tempestades e tempos de calmaria. E a acreditar que, mesmo nas tempestades mais escuras, o sol sempre volta a brilhar.

O luto pelo filho idealizado

Essa é uma história real, a minha história. Talvez a sua história se pareça com a minha, com mais ou menos intensidade.

Ao receber o diagnóstico de deficiência de seu filho, seja essa deficiência física, mental ou intelectual, pode surgir um turbilhão de emoções.

É um momento de muita vulnerabilidade para a mãe. Principalmente quando o diagnóstico chega na gestação, período de maior fragilidade emocional na vida da mulher, com potencial para ocorrerem alterações emocionais significativas, como estresse, ansiedade e depressão.

Há um impacto emocional que precisa ser validado e acolhido. Permitir o choro, se for o caso, mas também buscar amparo em sua rede de apoio ou ajuda profissional.

O processo de luto consiste em permitir a partida simbólica do filho idealizado e aceitar o filho real. Não é um processo fácil nem tampouco rápido. Não há uma palavra mágica que possa tirar a sua dor.

Para processar o luto, a mãe transitará pelas fases de negação, raiva, barganha, depressão e, por fim, aceitação.

Em momentos de desregulação emocional, a aromaterapia pode ser usada juntamente com outras práticas terapêuticas para transmutar essa dor.

Quando recebi o diagnóstico do meu filho, eu já era aromaterapeuta perinatal. Ter esse conhecimento prévio me permitiu usar os óleos essenciais como uma ferramenta de regulação e amparo emocional, porém também procurei ajuda.

Assim, selecionei três óleos essenciais que usei em mim naquela ocasião. Descrevo o nome botânico da planta, em latim, e um breve resumo sobre a sua psicoaromaterapia:

- Camomila-romana (*Anthemis nobilis*): alivia o medo, a raiva, traz força para enfrentar choques profundos, convida a olhar com leveza e serenidade para o que está pesado.
- Olíbano (*Boswellia sacra*): favorece a meditação e a conexão espiritual, transmite sentimento de amparo, cura feridas emocionais profundas. Pode ser usado para trabalhar luto simbólico.
- Bergamota (*Citrus bergamia*): diminui a ansiedade, favorece o sono tranquilo, traz leveza e alegria. Pode ser usado quando ocorre uma catarse, para reequilibrar as emoções quando há a liberação de emoções reprimidas.

Portanto, se você está gestante, pode usar os óleos essenciais que mencionei, mas recomendo que também busque apoio profissional, para que tenha um espaço de acolhimento, onde possa expressar seus sentimentos, sem julgamentos.

Em meu acompanhamento personalizado para gestantes, o Programa Pré-natal Aromático, acolho as mulheres por meio da escuta ativa, indico os óleos essenciais e as ferramentas que ajudarão a lidar com as mais diversas questões físicas ou emocionais vivenciadas na gestação, entre elas o luto perinatal.

Intimidade emocional com o bebê real

A intimidade emocional acontece quando há um compartilhamento de sentimentos entre duas pessoas.

O mindfulness (ou atenção plena) e o *sleep talk* são duas técnicas que promovem essa intimidade.

Mindfulness significa ser capaz de levar a percepção consciente ao seu corpo neste instante. É ter a mente completamente presente no aqui e agora. Mais que uma prática meditativa, a terapia cognitiva baseada em mindfulness (MBCT) é amplamente usada para tratar sintomas como estresse, ansiedade e depressão.

Por sua vez, o *sleep talk* é uma abordagem sugestiva que usa frases positivas enquanto a criança está dormindo. Quando o bebê está no ventre da mãe, a técnica é conhecida como *sleep talk* gestacional.

Assim, quando uma mãe fala em voz alta para seu bebê ainda na barriga, gera efeitos benéficos no emocional dessa criança e promove o vínculo emocional entre a mãe e o bebê.

Em seguida, você encontrará uma meditação aromática que integra os princípios do mindfulness e do *sleep talk* para que possa começar a criar intimidade emocional com seu bebê.

Proposta terapêutica aromática: presença e conexão

Sente-se ou deite-se confortavelmente e feche os olhos. Recomendo que aromatize o ambiente com óleo essencial de Olíbano, para favorecer a meditação, a introspecção e a conexão espiritual e emocional com o seu bebê.

Ponha a mão esquerda sobre o seu coração e a direita sobre o seu ventre. Inspire e expire pelo nariz, concentre sua atenção no aroma e nas sensações que ele lhe traz, observe os movimentos da sua respiração.

Permita que sua consciência esteja dentro de seu corpo. Observe todas as partes lentamente. Detenha a sua atenção para o seu ventre.

Quando inalar, permita que a ternura do seu coração rodeie seu bebê. Quando expirar sinta o amor fluir para esse ser que se desenvolve dentro de você. Inspire alegria e exale gratidão.

Imagine como é estar dentro de você. Acaricie a sua barriga. Imagine como seu filho se sente dentro do seu útero. Nesse instante ele ouve as batidas do seu coração. Concentre sua atenção nas batidas do seu próprio coração, em sua mão esquerda. Sinta o seu bebê em sua outra mão e diga em voz alta:

— Filho(a), (chame o seu nome), sua mamãe está aqui. Eu também sinto você aqui. Nesse instante, a mamãe está triste (ou preocupada, ou com medo, diga o sentimento que você está sentindo, dê nome para a sua emoção). Eu quero dizer a você que esse sentimento é meu, ele me pertence, ele não é seu e você não tem culpa. Hoje a mamãe está se sentindo assim, mas vai passar. Logo você estará nos meus braços. Fique tranquilo. Durma tranquilo, meu bebê. Eu te amo.

Deixe fluir as palavras que brotarem de dentro do seu coração, traga sempre frases positivas, com ternura. Pode repetir o exercício todas as vezes que sentir vontade.

E quando, finalmente, seu bebê estiver dormindo em seus braços, continue a lhe falar frases de amor e carinho, pois o vínculo é uma construção.

Assim como as plantas precisam de sol e chuva para florescer, o amor entre vocês transbordará entre dias cinzas e dias de céu claro.

Para ouvir essa meditação guiada e ter acesso a outras meditações aromáticas para promover a aceitação e fortalecer o amor, baixe o material complementar escaneando o QR Code a seguir com a câmera do seu celular:

Referências

CHOPRA, D. *et al. Origens mágicas, vidas encantadas*: um guia holístico para a gravidez e o nascimento. São Paulo: Rocco, 2021.

DOMINI, L. *9 aromas do maternar*: psicoaromaterapia e exercícios sistêmicos para uma maternidade plena. [*s. l.*]: [*s. n.*], 2023. E-book. Disponível em: https://luizadomini.com.br/aromas-do-maternar. Acesso em: 13 mar. 2024.

GUTMAN, L. *A maternidade e o encontro com a própria sombra*: o resgate do relacionamento entre mães e filhos. Rio de Janeiro: BestSeller, 2012.

HADDAD, L. V. *et al. Sleep talk*: a breakthrough technique for helping your children cope with stress and thrive through difficult transitions. Chicago: Contemporary Books, 1999.

NHAT HAHN, T. *O milagre da atenção plena*: uma introdução à prática da meditação. Trad. Maria Goretti Rocha de Oliveira. Petrópolis: Vozes, 2018.

NOGUEIRA, L.; GAIO, D. M. O luto de mães frente ao diagnóstico de filhos com deficiência. *Anais do EVINCI*, v. 6 n. 1, 2020.

PETRY, D. *Psicoaromaterapia*: um caminho para o autocuidado. Florianópolis: Instituto de Aromaterapia Integrativa Daiana Petry, 2024.

TEASDALE, J. *et al. Manual prático de mindfulness*: um programa de oito semanas para libertar você da depressão, da ansiedade e do estresse emocional. São Paulo: Pensamento, 2016.

20

DIAGNÓSTICO É DESTINO?

O IMPACTO DO DIAGNÓSTICO DE TRANSTORNO DO ESPECTRO AUTISTA

Neste capítulo, conversaremos sobre os impactos de um diagnóstico de TEA na vida da mãe, e como sentimentos de negação, culpa e não aceitação são comuns em seguida a esse acontecimento. Abordaremos a importância da não comparação e o entendimento de que, embora diagnóstico e características sejam semelhantes, cada indivíduo é único.

MAGDA LETÍCIA BEZERRA MENDONÇA

Magda Letícia Bezerra Mendonça

Pedagoga graduada na Ufape (2009), especialista em Psicopedagogia Clínica e Institucional (2012), especialista em Desenvolvimento Infantil (2022), especialista em Atendimento Educacional Especializado (2023). Certificada pelo Instituto Singular em Análise do Comportamento Aplicada (ABA) e Estratégias Naturalistas. Tem formação em Transtorno do Déficit de Atenção com Hiperatividade (TDAH) e Transtorno do Espectro Autista (TEA), além de Inclusão e Estratégias Facilitadoras. Uma das idealizadoras do curso Inclusão e Mediação, para formação de mediadores escolares. Palestrante e formadora de professores na área de educação inclusiva. Psicopedagoga no Espaço Semear. Professora da rede municipal de ensino de Garanhuns-PE. Atualmente, na supervisão da educação especial da rede.

Contatos
magda.leticia.b@gmail.com
Instagram: @magdaleticia
@semear.garanhuns
87 99118 3152

O desejo da maternidade permeia o imaginário feminino apesar das constantes mudanças nos contextos da nossa sociedade. Um levantamento do Instituto Brasileiro de Geografia e Estatística (IBGE), divulgado em 2021, mostrou que em uma década houve um aumento de 63% de gestações na faixa etária de 35 a 39 anos, enquanto a taxa de nascimentos entre mães com até 19 anos caiu 23% no mesmo período. Muitos são os fatores que levam a esse movimento, seja por questões de mulheres focando inicialmente na organização da vida financeira, profissional, ou mesmo nas questões de relacionamentos amorosos. Quando o desejo pela maternidade bate na porta, esses fatores tendem a influenciar também todo o peso e carga que vem com ele.

A partir da concepção e da gestação, as demandas médicas se apresentam: consultas, exames pré-natal, ultrassons e toda a sorte de exames necessários ao seu bom andamento. Cada confirmação de que tudo está bem, correndo dentro da normalidade, traz o sentimento de alívio e proteção, de que aquele bebê está livre de ter alguma síndrome, deficiência ou má-formação. O fato é que o autismo, até o presente momento da escrita deste capítulo, não é detectável em nenhum exame gestacional, o que causa ainda um choque maior com o diagnóstico. O momento do parto, o desenvolvimento nos primeiros dias, o bebê mamando bem, dormindo, tendo cólicas, tudo correndo dentro do esperado. Até que se passa, então, a perceber as dificuldades na interação social, na comunicação, no comportamento, no desenvolvimento da linguagem. É quando esse sentimento de "está tudo bem" cai por terra.

Longe de entrar na discussão sobre a diferença dos impactos da gestação nas figuras materna e paterna, e considerando que o livro aborda questões de maternidade, focaremos, neste capítulo, nas questões que envolvem diretamente a figura da mãe. Percebemos que tende a ser no seio da família que os primeiros sinais são percebidos. Geralmente, é a mãe que começa a identificar os sinais de que o desenvolvimento do seu filho é diferente do esperado. É comum ouvir das genitoras nas anamneses que, em momentos de maior intimidade entre mãe e filho, como a mamada, a troca de fraldas, ou mesmo o chamar pelo nome ou interagir com canções infantis, a criança não esboçava o tipo de reação esperada. Algumas vezes, essa mãe tende a não manifestar sua preocupação com terceiros, com receio de julgamentos, comentários de condenação, ou mesmo na tentativa de que, não dando importância, esse comportamento possa "sumir", até o momento em que fica insustentável.

Começam as comparações com o filho da vizinha, da amiga, da prima... ou mesmo com um irmãozinho se desenvolvendo na mesma casa. A primeira tentativa é colocar aquela criança na escola, pois provavelmente esses comportamentos vêm do fato de que a criança fica muito isolada, convive só com adultos, não tem muito estímulo, só fica em telas... E aí, com o início da vida escolar, esses sinais tendem a se intensificar, pois, por muitas vezes no contato com os pares, as dificuldades de interação e comunicação ficam ainda mais evidentes. A escola, quando atenta e efetiva, chama a família para dialogar sobre essas questões, e em meio a orientações e encaminhamentos começa o processo de busca por terapeutas e profissionais que possam avaliar o desenvolvimento infantil, para então alcançar o diagnóstico.

Junto com o diagnóstico, eclode a mistura de sentimentos: negação, medo, raiva, culpa, luto, insegurança e preocupação com o futuro. Tudo vai se misturando conjuntamente e, de início, é um comportamento frequente pensar que houve um erro de diagnóstico, que não é possível que seja autismo, que o médico exagerou, pois apesar de tantos sinais de atraso de desenvolvimento, às vezes a família apega-se a raros sinais positivos: "Mas ele fala...", "Mas ele olha para mim quando eu o chamo...", "Mas ele sorri...". E nesse processo de negação, é possível que haja um atraso no início do tratamento, no adiamento da aceitação do diagnóstico e mesmo no encontro de profissionais que dominem a questão de intervenção precoce. Ao longo da caminhada como psicopedagoga, pude constatar que um fator importante é a maneira como esse diagnóstico chega na família. É comum ouvir relatos em meu consultório de que os profissionais não foram empáticos, usaram de termos capacitistas, ou mesmo fizeram previsões sobre o futuro da criança de forma negativa e sem o mínimo de sensibilidade, o que termina por assustar e até afastar ainda mais as famílias desse processo de aceitação.

Após esse choque observamos que muitas famílias entram de cabeça, mesmo sob um grande estresse inicial, na busca por apoio e suporte profissional para auxiliar seus filhos. Algumas, sob a esperança de que a criança possa ficar "normal" com os estímulos corretos, ou mesmo iludidas em falsas esperanças fornecidas por profissionais antiéticos de que, com determinado estímulo, determinada terapia, a criança vai reverter aqueles aspectos e ter uma vida "sem sinais de autismo", em uma falsa esperança de cura. Nesse ponto, é extremamente importante uma boa orientação dos profissionais envolvidos no processo diagnóstico, para que essas famílias recebam informação adequada e sejam orientadas a buscar os serviços efetivos para o acompanhamento de seus filhos. Ao chegarem ao meu consultório em busca de avaliação do desenvolvimento infantil da criança, muitas famílias já buscaram informações na internet, viram vídeos nas plataformas mais utilizadas e vêm com informações assimiladas, por vezes, de modo equivocado. Sempre procuro orientar mostrando as informações coerentes, com embasamento científico, sem falsas promessas e sem comparações com casos isolados.

No mundo tecnológico contemporâneo temos acesso a várias formas de disseminação de informações, que nem sempre são verdadeiras ou coerentes, e que mais podem atrapalhar do que ajudar. Como exemplo cito o caso da homeopata Kerri Rivera, que no ano de 2023, nos Estados Unidos, publicou um livro em que ensina pais a tratarem o autismo com o uso de uma solução mineral milagrosa, também chamada de MMS. O produto, que apresenta semelhanças com a água sanitária, já que sua composição inclui dióxido de cloro, clorito de sódio e pó cítrico, este último conhecido por sua utilização em alvejantes à base de cloro, foi comercializado como medicamento. O livro foi retirado de circulação por conter falsas informações, mas já havia relatos de ocorrências em hospitais de crianças que fizeram uso da substância. Essa promessa de "cura" e a busca desenfreada por soluções milagrosas mais prejudica do que de fato pode ajudar.

É comum ouvir das mães sobre sentimento de culpa por não terem percebido antes, por terem deixado a criança aos cuidados de outra pessoa, por precisarem cumprir compromissos profissionais, por terem ingerido ou comido algo na gestação, por terem deixado a criança muito exposta a telas. No entanto, nada disso é o fator determinante para que aquela criança esteja dentro do transtorno do espectro autista. Sentimentos de culpa tendem a não contribuir positivamente em nada, e só fazem que se gaste energia e tempo, que poderiam ser investidos na busca por ajuda adequada. Um fator importante também é que não exista culpabilização de nenhum dos genitores, pai ou mãe, por parte do outro. No acompanhamento com as mães, procuro sensibilizá-las para que entendam que estão dando o seu melhor com os recursos que têm. Fatores sociais e econômicos interferem diretamente nas possibilidades de tratamento e, em grande parte das situações, não é culpa das famílias. Buscar ajuda é o primeiro passo para que tudo ocorra bem; o segundo é seguir as orientações dos terapeutas.

Sabe-se que um diagnóstico como este impacta na dinâmica do relacionamento do casal e em alguns casos pode ser motivo de crises, brigas e momentos conflituosos. A divisão de tarefas e responsabilidades, a falta de suporte e o modo de interação e comunicação com a criança também podem ser motivos de discórdias. Encontro frequentemente casais com dificuldade nesse alinhamento, pais que não aceitam o diagnóstico, que acham que a mãe está "vendo coisa onde não tem", que não é nada disso. Nesse aspecto, é importante que, mesmo estando em relacionamento estável ou separados, os pais possam ter uma comunicação alinhada e amigável, pensando no bem-estar da criança.

Sabendo que a lógica da sociedade patriarcal em que estamos inseridos torna o peso da responsabilidade maior ainda para a mulher, torna-se importantíssimo cercar-se de uma boa rede de apoio. Na falta, ou ausência, da figura paterna é importante que se tenha o apoio de demais familiares, amigos, parentes e até mesmo a procura por grupos de apoio formados por familiares de pessoas com o mesmo diagnóstico, que tendem a entender e compartilhar das mesmas angústias e sentimentos. Cuidar de si é também muito importante, dentro das possibilidades. É preciso fortalecer-se enquanto mãe e mulher para que possa ajudar sua criança. Sempre sugiro às mães que acompanho que não se esqueçam de quem elas são, mesmo em meio a esse turbilhão. Reabastecer-se de afetos, de hobbies, de coisas que as constituem e fazem bem é tão importante quanto levar o filho às terapias, pois nos momentos de maiores dificuldades essa prática fará diferença.

Buscar informações e profissionais coerentes é um caminho importante, assim como cercar-se de uma rede de apoio efetiva, consumir conteúdo e conhecer histórias de pessoas que vivem situações semelhantes e, acima de tudo, entender que diagnóstico não é sentença definitiva do que será a vida daquela criança. Segundo dados do Centers of Disease Control and Prevention (CDC), órgão ligado ao governo dos Estados Unidos, existe hoje um caso de autismo a cada 110 pessoas. Assim, estima-se que o Brasil, com seus 200 milhões de habitantes, possua cerca de 2 milhões de autistas. Embora o diagnóstico e as características possam ser comuns a cada um deles, cada indivíduo é único. Cada história é única, cada contexto é único. Fatores em comum serão encontrados, mas é importante considerar que o seu filho é o seu filho. De fato, é preciso ter clareza e lucidez sobre o diagnóstico, mas entender que ele não define o futuro. Intervenção precoce, acompanhamento efetivo, escolas inclusivas, família empenhada, amor e aceitação são alguns dos ingredientes para um bom desenvolvimento. Acima de tudo, é importante enxergar a criança pelas suas potencialidades e não pelo rótulo de diagnóstico, entendendo que, para além do autismo, ele é uma pessoa com desejos, possibilidades, que se constituirá por meio das vivências e experiências, tal qual os demais.

Conviver com uma pessoa com autismo, ou qualquer outra deficiência, exige de nós mudança de rotina e, por vezes, de perspectiva na forma de enxergar o mundo. O diagnóstico não é o fim, mas o início de um novo caminho. Não existe solução mágica, não existe tratamento milagroso que resolva todos os casos. Existem a força e a coragem das mães que, independentemente do contexto, não param nunca de acreditar nas potencialidades de seus filhos.

Referências

BEE, H.; BOYD, D. R. *A criança em desenvolvimento*. 12. ed. Porto Alegre: Artmed, 2011.

GAIATO, M. *S.O.S autismo*: guia completo para entender o transtorno do espectro autista. São Paulo: nVersos, 2018.

MALDONADO, M. T. *Psicologia da gravidez*. 16. ed. São Paulo: Saraiva, 2002.

OLIVEIRA, C. Um retrato do autismo no Brasil. *Revista Espaço Aberto*, n. 170, 2015. Disponível em: http://www.usp.br/espacoaberto/?materia=um-retrato-do-autismo-no-brasil. Acesso em: 26 set. 2024.

ROTTA, N. T. *et al. Transtorno da aprendizagem*: abordagem neurobiológica e multidisciplinar. 2. ed. Porto Alegre: Artmed, 2016.

SANCHES, L.; FIAMENGHI-JR, G. Relatos maternos sobre o impacto do diagnóstico da deficiência dos filhos. *Cadernos Saúde Coletiva*, n. 19, v. 3, p. 366-375, 2011.

SANINI, C. *et al.* Depressão materna e implicações sobre o desenvolvimento infantil do autismo. *Revista Brasileira de Crescimento e Desenvolvimento Humano*, v. 20, n. 3, p. 809-815, 2010.

21

A SOLIDÃO DA MATERNIDADE ATÍPICA

A solidão da maternidade não é exclusividade de mães atípicas, mas ela é especialmente mais difícil para esse grupo, chegando a adoecer as mães física e emocionalmente. A autora, ao compartilhar sua própria experiência e a de outras mães, descreve a jornada compartilhada por todas as mães, marcada por preconceito, falta de empatia e apoio da sociedade, e ausência de políticas públicas adequadas.

MARIA FONSECA

Maria Fonseca

Roteirista, jornalista e escritora, encontrou nas palavras e na expressão audiovisual a paixão pela criação e projeção de histórias e ideias. A combinação entre jornalismo, especialização em produção executiva e gestão de tv permitiu-lhe desenvolver roteiros para publicidade e curtas documentais. Um dos seus projetos, o Polifonia Audiovisual, focado na representação das mulheres na técnica, obteve reconhecimento ao vencer sete festivais, destacando a diversidade e a força feminina. Além disso, sua atuação como defensora dos direitos animais, dos direitos LGBTQIAP+, feminista e anarquista permeia sua jornada como profissional. É sócia da 8 Milímetros desde 2013, trabalhando para criar e produzir histórias que ampliem vozes e representatividade, abordando temáticas variadas. É mãe do Artur, um menino de cinco anos diagnosticado com autismo e pé torto congênito.

Contatos
mribeirinho.fonseca@gmail.com
Instagram: @maria_rfonseca

Um dos momentos mais marcantes no início da minha jornada como mãe foi quando o pai do meu filho pediu a um amigo que trocasse de turno com ele no trabalho, para poder me acompanhar em um dos dias de tratamento do Artur. E o amigo disse: "não!". O motivo era fútil, mas não se pode obrigar ninguém a ser solidário.

Então, lá fui eu. Às 6h da manhã eu já estava no Uber. Era mais de 8h quando chamaram minha senha. Em seguida, foram mais duas horas com um recém-nascido em uma banheira, tirando eu mesma o gesso de sua perna. Quando o bebê se cansava, gritava, se debatia, eu o abraçava, acalmava e depois continuava. No fim, meu punho estava em frangalhos, eu encharcada e o bebê irritado. Seguiu-se mais uma hora até o médico nos chamar e, em seguida, colocar um novo gesso em um bebê que se esgoelava com o incômodo e com o frio do gesso gelado.

Quando tudo acabou, já era quase meio-dia e eu já estava há horas desesperada para fazer xixi. Mas não podia; afinal, eu estava sozinha. Resolvam essa conta: onde eu coloco um bebê recém-nascido enquanto abro o zíper, sento-me no vaso, me limpo, me visto novamente e lavo as mãos? Não tem solução. Então, aguentei mais um pouco, chamei um Uber para casa e, como era de se esperar, desenvolvi uma infecção urinária.

A falta de empatia de uma pessoa me fez tomar antibiótico por sete dias. Foi aí que eu descobri que ninguém está nem aí para uma mãe e seu filho deficiente!

Antes de o Artur nascer, ninguém me contou quão solitária era a jornada de uma mãe. Muito menos quão cruel e ainda mais solitária era a maternidade atípica. E não é de surpreender, já que essa solidão, em grande parte, é resultado da invisibilidade que enfrentamos. Em uma sociedade intolerante com crianças e pouco solidária com mulheres, onde poderíamos, como mães, encontrar um lugar para compartilhar esses desafios, buscar apoio e lutar por mudanças?

Essa dor, compartilhada por todas as mães, é ainda mais pesada para as de crianças atípicas, porque soma-se aqui o ódio à pessoa com deficiência. A nossa solidão é ainda pior porque nos adoece física, mental e psicologicamente.

Para nós, mães atípicas, não sobra nem a presença das outras mães. As mães típicas têm umas às outras, mas elas não estão disponíveis para segurar a nossa mão. Isso porque elas têm um péssimo hábito de medir a nossa maternidade pela régua da maternidade delas.

Um casal de grandes amigas, com quem dividi boa parte da minha vida, fez uma festa de despedida antes de mudar de país. Elas moravam em outra cidade e a festa aconteceria em um dia em que meu marido não poderia ir. O Artur era um bebê, com pé torto congênito, que passava 23 horas por dia com uma órtese que prendia um pé ao outro e limitava qualquer mobilidade. Além disso, era uma criança autista que chorava muito, não aceitava o colo de ninguém além do pai e da mãe e era especialmente sensível a ambientes novos.

Sendo assim, ir a essa festa seria impossível para mim. Seria desgastante, eu não aproveitaria nada e ainda havia o risco de atrapalhar as outras pessoas que lá estariam. Então, não fui. Doeu-me não participar daquela festa. Nela estariam todos os meus amigos e era a despedida de pessoas queridas. Doeu-me estar tão sobrecarregada a ponto de não me restar outra opção a não ser não ir.

Uma dessas minhas amigas era mãe e foi justamente ela quem ficou mais magoada com a minha ausência, mesmo eu explicando sobre a minha sobrecarga. Depois da festa, tentei reencontrá-las antes da viagem, mas essa amiga, que era mãe, alegou uma agenda lotada de compromissos e nunca mais nos vimos. Anos depois, descobri que o problema não era a agenda, e sim um ressentimento pela minha ausência, que na época foi exteriorizado por ela para outras pessoas com a afirmação de que "se eu fosse amiga de verdade, teria me esforçado para estar presente".

A maternidade atípica me fez perder muitas outras amigas que, como essa, eram mães, mas que não foram capazes de entender que o que era simples para elas poderia ser um enorme desafio para mim. E olha que nunca foi por falta de tentativa de explicar.

Perdemos amigas e não ganhamos novas. Porque as mães que vamos conhecer em parquinhos, creches, cursos, escolas, não querem que nossos filhos convivam com os filhos delas. O isolamento aparece nos convites de aniversário, que nunca chegam; nos amiguinhos, que deixam escapar que os pais pediram para se afastar; nas mães, em reuniões e recepções que evitam até mesmo um simples contato visual. De todas as formas que a solidão nos machuca, essa é a pior delas, porque ela não atinge somente a gente, ela também atinge os nossos filhos.

Aos quatro anos, meu filho não tinha nenhum amiguinho. Ele tinha muita dificuldade de lidar com outras crianças. Quando alguma insistia, ele fugia, gritava e às vezes até batia. Isso sempre me gerava um problemão com as mães, além de me causar uma tristeza imensa, porque eu sabia que há certas coisas na vida que uma criança só poderá aprender no convívio com outras crianças.

Quando Artur fez a transição da creche para o pré-escolar, ele protagonizou alguns episódios de agressão contra outras crianças. Tomei a iniciativa de me desculpar com cada mãe, explicando que meu filho estava passando por acompanhamento psicológico e que eu estava trabalhando para corrigir esse comportamento. Isso tudo sempre evitando mencionar que o Artur era autista, com receio de que isso levasse as mães a afastarem seus filhos.

Porém a Paula, mãe do Henrique, um dos coleguinhas que apanharam do Artur, não precisou nem de dois minutos de conversa para matar essa charada. Ela olhou para mim e perguntou: "Seu filho é autista?". Por dentro, eu gelei. Mas não tinha como negar, então confirmei. Pegando-me de surpresa, a reação dela foi a melhor possível. Ela me disse que agora que sabia exatamente qual era o problema, seria mais fácil resolvê-lo. E ela realmente foi e resolveu!

Paula explicou para o seu filho que o Artur era autista e que, quando outras crianças invadiam seu espaço, ele se sentia desconfortável e assustado. Ela o orientou que, toda vez que quisesse brincar com o Artur, ele precisaria primeiro perguntar se Artur gostaria de brincar também. Quando o Artur estivesse bem e respondesse que sim, ele podia brincar. Quando o Artur dissesse que não, ele teria que respeitar e poderia tentar de novo em outro momento. E foi assim que pela primeira vez o Artur se sentiu confortável em ter um amigo.

E eu, que sempre choro quando conto esta história, estou chorando de novo enquanto a escrevo. Paula gastou alguns minutos da vida dela ensinando seu filho sobre empatia e inclusão e, assim, ela fez a vida do meu filho e a minha menos solitárias. Porque foi a partir daí que ele começou a perder o medo das outras crianças e, aos poucos, se tornou finalmente uma criança sociável.

A verdade é que não é difícil para a sociedade nos ajudar e tornar essa jornada menos difícil e solitária, mas isso depende da consideração e empatia de quem não está nem aí para a gente e para nossos filhos e suas deficiências.

Eu queria terminar essa história de forma positiva, dizendo que a vida é cheia de Paulas e que aos poucos tudo vai melhorar, mas a verdade é que não vai. A vida nos apresenta pouquíssimas Paulas, isso se apresenta.

Recentemente, correu o mundo a história de uma mãe de 39 anos de São Paulo que morava sozinha com o filho, um menino autista, não verbal, de 6 anos. Ela morreu em casa após sofrer um infarto fulminante e a criança ficou sozinha no imóvel. Quando, 12 dias depois, o irmão da mulher decidiu ir à casa dela, encontrou seu corpo em estado avançado de decomposição. Na cozinha, sozinho e traumatizado, estava o menino que durante todos esses dias se alimentou do que restou do último lanche que sua mãe preparou antes de falecer.

Onde estava o pai? Cadê os avós? É normal não ter notícias do filho, do neto, do sobrinho por 12 dias? Como não deram falta dele na escola?

Anos antes, em Minas Gerais, os corpos de uma mãe e de seu filho foram encontrados dentro da casa onde moravam. A mãe, de 56 anos, ficou quatro dias sem se comunicar com a família, até que um de seus irmãos foi até a residência. Ela estava caída e seu filho, de 19 anos, um jovem tetraplégico que dependia dos cuidados da mãe, também já estava sem vida.

Esse, que é o pior pesadelo de qualquer mãe atípica, acontece porque estamos tão sobrecarregadas que mal conseguimos cuidar da nossa própria saúde. Há falta de apoio tanto da sociedade quanto do Estado, que falham em oferecer o suporte necessário para quem cuida, negligenciando e deslegitimando esse cuidado como um trabalho.

Acontece porque ninguém liga para uma mãe e seu filho com deficiência!

A minha vivência é cheia de privilégios. A deficiência do pé do Artur teve tratamento. Eu tive muita sorte com as escolas do meu filho. Eu não precisei ter medo de perder meu emprego ou deixar um chefe bravo toda vez que tive que comparecer em consultas, tratamentos e cirurgias. E o mais importante: o pai do Artur sempre esteve aqui, o que parece bobo, mas a gente, que frequenta hospitais e consultórios especializados em crianças com deficiência, sabe que 90% das mães ali estão totalmente por conta própria nesse mundo que já é tão solitário. São raros os pais que permanecem. Comuns são os pais que vão embora, as tias que não levam para passear, as avós que dizem que não sabem lidar.

Ciente dos meus privilégios, gostaria de mencionar brevemente duas situações que vão além da minha experiência pessoal, mas ilustram vivências ainda mais solitárias.

A primeira é das mães de crianças com doenças raras. A síndrome de progéria, por exemplo, é uma condição extremamente rara que afeta apenas algumas dezenas de pessoas em todo o mundo. No Brasil, existem apenas nove famílias que convivem com essa condição.

A primeira coisa que o ortopedista especialista me disse quando me deu o diagnóstico de pé torto congênito do meu filho foi: "Procure outras mães que também vivem isso". Pé torto congênito (PTC) é uma condição que atinge cerca de uma a cada mil pessoas. Foi muito fácil achar comunidades na internet com milhares de famílias que passaram pelo mesmo que nós. Essa conexão foi essencial para trocar experiências, informações e encontrar conforto em meio às dificuldades. Mas como fazer isso quando encontrar outras famílias com a mesma condição do seu filho é quase impossível?

Outro exemplo de vivência é a maternidade de crianças com deficiências severas. Recentemente, li um relato de uma mãe cuja filha tinha paralisia cerebral grave. Sua filha não se comunicava e isso tornava sua jornada mais solitária, sem aquelas trocas de mãe e filha, sem conversas, sem brincadeiras de faz de conta, sem um "eu te amo, mamãe", um abraço ou um beijinho.

Acabei de citar duas vivências, mas quando o assunto são as diferentes formas que o maternar atípico nos leva à solidão, eu poderia citar centenas.

Cada dia desse nosso maternar é um soco diferente na boca do estômago. E seria leviano da minha parte dizer que a gente sobrevive, que a gente aprende a ser forte e que a gente vai sempre dar conta.

Como sei que a maioria das leitoras deste livro são mães atípicas, quero terminar compartilhando o que gostaria que tivessem me contado sobre maternidade atípica e sobre a solidão que a acompanha.

Primeiro, é importante nomear o que você está enfrentando. Isso se chama **abandono** e **preconceito**. Pode envolver um membro querido da família, alguém que você ama, uma pessoa com boas qualidades, mas, ainda assim, o que essa pessoa fez com você e seu filho se chama abandono e preconceito. Reconhecer isso a ajudará a tomar a decisão de se afastar, de perdoar ou de conversar sobre o assunto, conforme sua jornada e coração permitirem.

Segundo, fortaleça-se! Há um provérbio africano que diz: "É preciso uma aldeia inteira para educar uma criança". Na maternidade atípica, muitas vezes nós, mães, seremos sozinhas essa aldeia inteira. E, tentando suprir as necessidades dos nossos filhos, podemos acabar nos esgotando.

E, por último, na medida do que você puder, estenda a mão para outras mães atípicas. Eu me lembro de uma vez, no hospital em que o Artur foi operado, quando uma mulher completamente desconhecida me pediu que segurasse seu bebê para ela poder ir ao banheiro. Todo pai e mãe sabem que a gente não coloca o filho recém-nascido no colo de um desconhecido. A menos que esse desconhecido também seja mãe de um bebê com deficiência. Porque a gente sabe que só a mãe de uma criança com deficiência vai se importar com outra mãe, seu filho, sua bexiga estourando e com a possibilidade de uma infecção urinária. Porque no fundo, minhas amigas, é só a gente pela gente. E já passou da hora de nos entendermos como classe e nos unirmos.

Mudanças estruturais, sociais e culturais, como as que precisamos, demandam tempo. Mas cada pequeno passo que damos, cada voz que se levanta em prol de uma mudança, contribui para o progresso em direção a um futuro mais justo e inclusivo para nós e para os nossos filhos. Desejo que, nesta jornada, permaneçamos unidas, fortes e lutando, sempre que possível!

22

DA MATERNIDADE AO DIAGNÓSTICO

A maternidade se inicia com o planejamento ou com o susto de uma gravidez. Ela traz consigo a ilusão de que agora os pais vão poder guiar a vida do seu filho, pois ele é totalmente dependente de você; para a mãe é o sentimento de poder – ela gerou, gestou e terá controle de tudo na vida do seu filho, quando se inicia a criação e planos de uma maternidade perfeita. Os pais, internamente, iniciam as expectativas em filhos que irão nascer bem, com saúde, irão se desenvolver sem intercorrências e com um futuro brilhante. A maternidade é um desafio diário e não existe rotina, cada dia é uma experiência diferente!

MARINA DE ALMEIDA
GROSSO NOGOSEKI

Marina de Almeida Grosso Nogoseki

É formada em Pedagogia e Psicopedagogia pelo Centro Universitário Salesiano de São Paulo (UNISAL) e em Psicomotricidade pelo Centro Universidade Assunção (UNIFAI). Deu aula por 10 anos, passando por diversas idades e colégios da capital e do interior de São Paulo, onde viveu plenamente a missão de ser professora, a qual ama e guarda até hoje todos os alunos no coração. Ao se tornar mãe afastou-se das salas de aula para dedicar-se à criação das crianças. Neste tempo, se atualizou lendo diversos livros sobre maternidade atípica. Na Editora Literare Books International, encontrou uma direção para seus estudos, conhecimento e na vida como mãe atípica. Atualmente, tem mergulhado no curso Simplificando o Autismo do Dr. Thiago Castro, que vem clareando as dificuldades da neurodivergência em sua vida.

Contatos
ngkimov@yahoo.com
11 97044 4924

São Paulo, 8 de maio de 2014, o João nasceu e eu renasci.

Na madrugada do dia 8 de maio, comecei a sentir as contrações do parto e fui para o hospital. Dei a sorte de chegar no pronto-socorro e encontrar a obstetra que me acompanhou durante toda a minha gestação. Quando decidi engravidar, fiz todos os exames, parei de tomar o anticoncepcional e, já no primeiro mês, engravidei. Minha gravidez foi muito tranquila, com soninhos de descanso à tarde e sempre acompanhada e mimada por todos. Fiz todo o pré-natal com a mesma médica e, para a minha felicidade, nos reencontramos no pronto-socorro no dia do nascimento do João.

A médica me atendeu e eu realmente estava em trabalho de parto. Imediatamente, no pronto-socorro, já deram sequência a todos os procedimentos para a internação. Fiquei em uma sala de pré-parto em que estava sendo acompanhada por uma enfermeira. Após algumas horas de dor intensa eu já não aguentava mais, sentia minhas forças indo embora quando fui avaliada por uma outra médica e fui encaminhada com urgência para a sala de parto, pois o João já estava encaixado e eu não tinha mais forças para empurrá-lo. Foi preciso manter o parto normal a fórceps, minha pressão caiu e o João entrou em sofrimento.

O parto foi muito sofrido para todos e a equipe médica estava muito perdida. Ao nascer, João não respirou e precisou ser entubado, o sonho do parto perfeito com fotinhas bonitas acabava ali. Naquele momento, eu, com toda a minha imaturidade de mãe de primeira viagem, não conseguia imaginar tudo o que viria junto com aquele parto confuso e traumático. Fui muito machucada no parto e mal sabia que esse parto mudaria toda a minha vida.

A dor de ver um filho recém-nascido na UTI, ligado a aparelhos, é algo sem palavras para descrever. Dois dias após o parto, tive alta sem meu bebê no colo. Como foi difícil sair do hospital naquele dia! Demorei mais de uma hora para conseguir entrar no elevador. A sensação de chegar em casa e olhar tudo preparado para o seu bebê, sem o bebê, foi muito difícil. Apesar de muito machucada e com sete pontos, eu ia bem cedinho para o hospital e só saía de lá às 23 h, e mesmo com todo o cansaço físico e emocional, todos os dias eu tinha muita dificuldade de sair de lá.

João ficou cinco dias na UTI e teve alta em uma noite de muito frio. Iniciava-se ali uma família muito esperada por mim e pelo meu marido Jefferson.

Na foto, meu marido Jefferson, nosso filho João no meu colo e eu, no dia da sua alta, em 13 de maio de 2014.

O que mais me assustava nos primeiros dias de vida do João em casa era ele chorar incessantemente das 23h às 5h. Ao voltar no hospital dias depois para retorno com a ginecologista, conversei com uma enfermeira e ela me disse que provavelmente era o horário que ele ficava na UTI sem minha presença, e que ele sentia minha falta e precisava entender que eu estava ali com ele. A partir daquele momento aprendi que meu filho precisava da minha presença ali para suprir todas as necessidades dele.

João teve um desenvolvimento normal até dois anos e sete meses, quando começou a apresentar características do transtorno do espectro autista (TEA). Infelizmente, demoramos para identificar devido ao nascimento da irmã Marcela, na mesma época.

Meu filho sempre foi um bebê muito tranquilo, que se desenvolveu muito bem nos primeiros meses, foi para a escola aos oito meses, se adaptou bem, teve uma introdução alimentar bem tranquila, começou a balbuciar as primeiras palavras e dar os primeiros passos no berçário, onde ficou até um ano e oito meses, passando depois para o minimaternal.

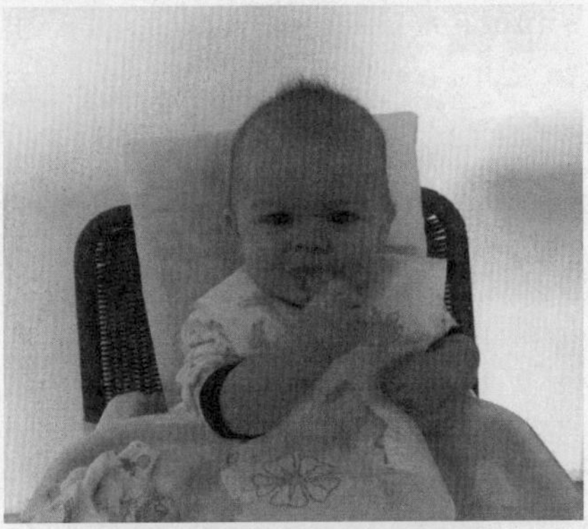

João Vitor com sete meses.

Nessa transição, João começou a apresentar algumas dificuldades de interação em sala de aula, dificuldades com algumas texturas e passou a ter preferência por alguns alimentos. Naquela época engravidei, com três meses perdi o bebê, mas logo engravidei novamente.

João com um ano e quatro meses.

Durante a gravidez, João reagiu de forma tranquila, participando de todas as etapas, esperando a irmã e falando o nome dela.

Na época, mudamos de cidade, e eu trabalhava na escola em que o João estudava; logo, ele tinha a segurança de ser recepcionado pela mãe na porta da escola e se sentir seguro, pois eu estava o tempo todo perto dele. No entanto, no dia em que a irmã nasceu, ele foi para a escola sozinho. Para nós, ele chorava, pois tinha percebido que eu não ia mais para a escola com ele para ficar junto com a irmã; ele chorou os dois primeiros meses e não aceitava de forma nenhuma ir para a escola. Até o dia em que ele parou de chorar e foi parando de falar aos poucos, a cada dia, fechando-se em um mundo paralelo. A escola nos chamou, pois ele estava muito recluso em relação à turma, não interagia e não participava das aulas, ficava o período todo de aula no canto, com o mesmo brinquedo o dia todo.

Meus filhos João e Marcela.

Iniciamos uma investigação no escuro; primeiro passamos pelo pediatra, que o encaminhou para a psicóloga, pois ele não estava sabendo lidar com a divisão de atenção com a irmã, apesar de o João sempre ter sido muito carinhoso e amoroso com ela.

Ele demorou dois meses para falar pela primeira vez com a psicóloga, participava das terapias comigo dentro da sala, mas não dava uma palavra. Aos poucos fui saindo da sala e ele e a psicóloga começaram a interagir melhor, e gradativamente ele voltou a falar, muito impulsionado também pela irmã, que estava começando a falar. Nesse período decidimos voltar para São Paulo novamente, e João iniciou em uma escola pertinho de casa. No entanto, os sinais continuavam os mesmos e a fala estava sem compreensão; não era uma fala funcional.

Em busca do diagnóstico

Por volta dos três anos começamos a busca por entender o que realmente o João tinha para saber lidar com todas aquelas dificuldades. As cobranças eram muitas, mas não sabíamos como seguir.

A escola nos cobrava que o João precisava interagir, então iniciamos a terapia duas vezes por semana com a psicóloga e uma vez com a fonoaudióloga, que o atendia em casa. A fono solicitou diversos exames, que detectaram um déficit do processamento auditivo, mas sentíamos que esse diagnóstico não correspondia às dificuldades que o João apresentava; todos os exames deveriam ser repetidos por volta dos cinco anos para termos certeza do diagnóstico.

O ano de 2018 foi terrível para o João. Ele ia para a escola, mas pouco interagia; quanto ao conteúdo escolar, não conseguia acompanhar, tinha algo que bloqueava a aprendizagem dele.

Sempre fui uma mãe muito aberta ao diagnóstico, independentemente de qual fosse, pois muito antes de qualquer diagnóstico eu escolhi ter meu filho, e ele, sim, foi muito desejado além das suas dificuldades.

Em 2019 teve início a pandemia de Covid-19, e todas as terapias presenciais foram suspensas, o convívio social foi tirado de todos, o que para o João foi algo terrível, pois ele já tinha muita dificuldade em interagir. Ele se tornou uma criança bem agressiva, pois entendia toda aquela situação como um castigo, não conseguia entender por que não saíamos de casa. Meu filho se irritava, pois queria ir para a escola e eu não deixava; ele sofreu muito ao perder seu convívio social.

No início do primeiro ano ele estava com um comportamento bem agressivo, principalmente comigo e com a irmã, quando era contrariado. Descobrimos que ele estava com uma úlcera gástrica, e quando demos entrada no pronto-socorro ele já estava com hemorragia, pois a úlcera tinha perfurado o estômago e rompido uma artéria. Foi preciso ele passar por uma cirurgia de emergência, de onde saiu em coma. Meu filho se recuperou bem, mas naquele ano ele praticamente não assistiu às aulas on-line, distanciando-se ainda mais da aprendizagem.

Hoje posso dizer que existe um João antes e outro pós-cirurgia, pois muitos sintomas que não identificávamos eram em consequência da úlcera que provavelmente provocava dores e ele não sabia expressar. A seletividade alimentar também melhorou muito, já que ele passou a sentir fome e a se permitir experimentar novos alimentos. Após a cirurgia percebi um João mais atento e interessado em aprender.

Mudamos de terapeutas, passamos a frequentar uma clínica multidisciplinar, onde ele faz acompanhamento com neuropediatra, psicóloga, fonoaudióloga, terapeuta ocupacional e psicopedagoga. Nessa clínica, percebi uma melhora gigantesca, foram feitos diversos testes juntamente com a neuro e a equipe e chegaram ao diagnóstico de transtorno do espectro autista (TEA) nível 1 e deficiência intelectual leve.

É muito difícil você ter que estar sempre impondo por conquistar espaço e direitos do seu filho. Cheguei a ouvir que meu filho não tinha o nível de aprendizagem que os outros alunos da escola tinham, que ele não estava preparado para estar intelectualmente naquela sala.

Da esquerda para a direita: Jefferson, meu marido, João, Marcela e eu.

Ouvir do seu filho que hoje ele não participou da atividade de sala, pois não conseguia fazer o que os outros amigos estavam fazendo, que a professora disse que ele era burro, dói, pois estão tirando o direito dele de aprender. Todas as vezes em que você é julgada por não fazer nada ou por fazer muito.

Durante todos esses anos lutei e continuarei lutando até o meu último dia de vida para que meu filho e todas as crianças típicas ou atípicas tenham o direito de serem respeitadas, independentemente de sua condição física, psíquica, motora ou mental.

Sou mãe, professora, psicopedagoga, psicomotricista, mas, em momento nenhum, fui preparada para a maternidade atípica. Cada criança, assim como cada maternidade, será descoberta dia a dia, mesmo com todas as suas dificuldades e tropeços. Nossa luta como mãe é diária e, apesar de todos os obstáculos, não abandonamos jamais nossos filhos.

23

PRINCIPAIS DIREITOS DOS AUTISTAS

DIREITOS QUE TODA MÃE ATÍPICA PRECISA CONHECER

Os direitos dos autistas ainda são pouco divulgados na sociedade. Este capítulo será dedicado exclusivamente a informar as mães atípicas sobre os direitos que seus filhos(as) autistas possuem e como reivindicá-los.

MICHELE PEREIRA

Michele Pereira

Mãe atípica, advogada e CEO do Escritório Michele Pereira Advocacia, pós-graduada em Inclusão e Direito da Pessoa com Deficiência pelo CBI of Miami; em Direito Médico e da Saúde pelo Instituto Legale-SP; em Direito Previdenciário e Responsabilidade Fiscal pela Universidade Católica de Petrópolis-RJ; e em Processo Civil. Formação em TND (transtorno do neurodesenvolvimento). Presidente da Comissão de Apoio às Pessoas com Deficiência da OAB/BA – subseção Feira de Santana; presidente da Comissão de Celeridade Processual da OAB/BA – subseção Feira de Santana. Palestrante e autora do *Manual de direitos dos autistas*.

Contatos
adv.michelepereiras@gmail.com
Instagram:@michelepereira.adv
75 98356 9260

Direito à educação inclusiva

Os direitos dos autistas na educação inclusiva são garantidos por várias leis e diretrizes. Entre elas, destacamos: **Lei 9.394/96** (Lei de diretrizes e bases da educação nacional), **Lei 12.764/12** (Lei de proteção dos direitos da pessoa com transtorno do espectro autista) e a **Lei 13.146/15** (Lei brasileira de inclusão da pessoa com deficiência), visando assegurar que pessoas com transtorno do espectro autista (TEA) tenham acesso igualitário e justo à educação. A educação inclusiva é fundamentada na ideia de que todas as crianças, independentemente de suas condições, têm o direito de aprenderem juntas, no mesmo ambiente, com apoio e adaptações necessárias. Aqui estão os principais direitos dos autistas na educação inclusiva:

Direito à matrícula em escolas regulares – recusa de matrícula gera multa

A Lei brasileira de inclusão da pessoa com deficiência (Lei 13.146/2015) e a Lei de proteção dos direitos da pessoa com transtorno do espectro autista (12.764/12) garantem que pessoas com deficiência, incluindo autistas, tenham o direito de serem matriculadas em escolas regulares, públicas ou privadas. A matrícula não pode ser recusada em razão da deficiência. O gestor escolar, ou autoridade competente, que recusar a matrícula de aluno com transtorno do espectro autista será punido com multa de 3 a 20 salários-mínimos. Ocorrendo a recusa, a família, com provas da recusa, deve procurar a delegacia mais próxima e registrar um boletim de ocorrência por discriminação. Em seguida, a escola deve ser denunciada junto à secretaria de educação, seja ela pública ou particular.

Acompanhante especializado (auxiliar ou cuidador)

De acordo com a Lei 12.764/12, o aluno autista tem direito a acompanhante especializado em sala de aula, desde que comprove sua necessidade. Esse profissional vai ajudar o aluno autista em suas atividades diárias e pedagógicas, garantindo sua participação plena e efetiva na escola. Esse acompanhamento pode ser individualizado (se o aluno necessitar) ou compartilhado com outros alunos autistas. Cada necessidade vai estabelecer se o acompanhamento será individual ou não. É obrigação das escolas públicas e particulares fornecerem esse profissional. De acordo com a Lei 13.146/15, as escolas públicas ou particulares **não** podem cobrar da família nenhum valor adicional para fornecer o acompanhante especializado para ajudar o aluno autista em suas atividades diárias e pedagógicas, garantindo sua participação plena e efetiva na escola.

Adaptação do currículo e/ou avaliação

A Lei de Diretrizes e Bases da Educação Nacional (LDB – Lei 9.394/1996) prevê que a educação especial deve ser oferecida, preferencialmente, na rede regular de ensino, assegurando currículos, métodos, técnicas, recursos educativos e organização específicos para atender às necessidades dos alunos com deficiência, incluindo autistas. De acordo com a Lei 13.146/15, é proibida a cobrança de valores adicionais de qualquer natureza em suas mensalidades, anuidades e matrículas no cumprimento dessas determinações. A obrigação de adaptar o currículo do aluno autista abrange as escolas públicas e particulares.

Conclusão

A educação inclusiva é um direito fundamental para os autistas e é essencial para promover uma sociedade mais justa e igualitária. A legislação brasileira busca assegurar que esses direitos sejam respeitados, proporcionando as condições necessárias para que os alunos autistas tenham uma educação de qualidade, adaptada às suas necessidades, e que possam desenvolver todo o seu potencial.

Direito à saúde – intervenções terapêuticas adequadas

Os direitos dos autistas, na área da saúde e tratamento, são amplamente garantidos por leis e políticas públicas no Brasil, visando assegurar o acesso adequado e inclusivo aos serviços de saúde. Aqui estão os principais direitos dos autistas nessa área:

Acesso universal e igualitário à saúde

Sistema Único de Saúde (SUS): conforme a Constituição Federal e a Lei 8.080/1990 (Lei Orgânica da Saúde), todas as pessoas, incluindo aquelas com transtorno do espectro autista (TEA), têm direito ao acesso universal e igualitário aos serviços de saúde oferecidos pelo SUS. Isso inclui consultas, exames, terapias e tratamentos necessários para o bem-estar e desenvolvimento dos autistas.

A Lei Berenice Piana (Lei 12.764/2012) assegura o diagnóstico precoce fundamental para iniciar intervenções que podem melhorar significativamente o desenvolvimento e a qualidade de vida das pessoas com TEA, e também o atendimento multiprofissional e o acesso a medicamentos e terapias. O atendimento multidisciplinar compreende a assistência por uma equipe multiprofissional, que inclui médicos, psicólogos, terapeutas ocupacionais, fonoaudiólogos, fisioterapeutas, entre outros profissionais. O objetivo é proporcionar um atendimento integral, que aborde todas as necessidades do indivíduo.

Acesso a tratamentos e terapias especializadas

Terapias e tratamentos: os autistas têm direito a acessar tratamentos e terapias específicas, como terapia comportamental, terapia ocupacional, fonoaudiologia, equoterapia, musicoterapia, fisioterapia, entre outras. Esses serviços devem estar disponíveis tanto na rede pública quanto na rede privada por meio dos planos de saúde.

Os profissionais de saúde devem fornecer informações claras e compreensíveis sobre o diagnóstico, opções de tratamento e prognóstico. As famílias têm o direito de participar ativamente das decisões sobre o tratamento do autista.

Fornecimento de medicamentos de alto custo

Medicamentos essenciais: conforme a Lei 12.764/2012, as pessoas com TEA têm direito ao fornecimento de medicamentos que sejam essenciais para o tratamento de comorbidades associadas ao autismo, como transtornos de ansiedade, epilepsia, entre outros. Alguns medicamentos já são disponibilizados pelo SUS (Sistema Único de Saúde); entretanto, medicamentos de alto custo nem sempre estão disponíveis para a população atípica. Nesse sentido, é direito do autista solicitar, junto ao SUS ou ao seu plano de saúde, o custeio desse medicamento. A solicitação deve ser feita diretamente à secretaria de saúde do município ou estado, em se tratando do SUS, ou diretamente no caso de plano de saúde. Havendo recusa, é possível iniciar um processo judicial contra o município, estado ou plano de saúde para fornecimento do medicamento de alto custo.

Caso haja dificuldades no acesso a esses direitos, é possível recorrer ao judiciário para garanti-los, por meio da Defensoria Pública ou advogados especialistas na área.

Direito ao benefício de prestação continuada – BPC Loas – pago pelo Governo Federal por meio do INSS

Ao contrário do que muita gente pensa, o BPC Loas não é uma aposentadoria, mas um benefício assistencial destinado a famílias de baixa renda (em vulnerabilidade social) que possuam um familiar com deficiência ou idoso acima dos 65 anos.

Quem tem direito?

Esse benefício é destinado às pessoas com deficiência que comprovem impedimentos, os quais, em interação com uma ou mais barreiras, podem obstruir sua participação plena e efetiva na sociedade em igualdade de condições com as demais pessoas. É importante destacar que a renda familiar per capita deve ser igual ou inferior a 1/4 do salário-mínimo vigente.

Direito ao atendimento prioritário

Prioridade no atendimento: a Lei 14.626/23 garante atendimento prioritário para pessoas com deficiência, incluindo autistas. Isso significa que eles têm direito a filas preferenciais e atendimento rápido e adequado em hospitais, clínicas, bancos, supermercados, lojas e outros estabelecimentos. O atendimento prioritário é garantido em estabelecimentos públicos ou privados. A lei também garante o direito à reserva de assento em veículos de empresas públicas de transporte e de concessionárias de transporte coletivo.

Direito à Ciptea – carteira de identificação do autista

A Carteira de Identificação da Pessoa com Transtorno do Espectro Autista (Ciptea) é um documento oficial no Brasil destinado a identificar pessoas com autismo, garantindo a elas acesso a serviços prioritários e atendimento especializado, promovendo a inclusão social das pessoas com TEA.

Benefícios da Ciptea:

- **Atendimento prioritário**: a Ciptea garante atendimento prioritário em serviços públicos e privados, como estabelecimentos de saúde, bancos, órgãos públicos, entre outros.
- **Acesso a direitos**: promove a inclusão e o respeito aos direitos das pessoas com autismo, facilitando a aplicação de políticas públicas voltadas para essa população.

Direito à redução de jornada do(a) servidor(a) público(a)

No Brasil, servidores públicos com deficiência ou que tenham dependentes com deficiência têm direito à redução da jornada de trabalho sem redução de salário. Esse direito está previsto na Lei 8.112/90 e alguns estados e municípios também possuem lei própria, visando proporcionar aos servidores o tempo necessário para cuidar adequadamente de si, ou de seus dependentes com deficiência, inclusive autistas.

A redução da jornada de trabalho para servidores públicos proporciona:

- **Maior disponibilidade**: permite que o servidor tenha mais tempo para dedicar ao cuidado, acompanhamento em terapias e tratamentos necessários para o dependente.
- **Menor estresse**: reduz o estresse e a sobrecarga do servidor, que pode equilibrar melhor as responsabilidades profissionais e pessoais.
- **Melhor qualidade de vida**: melhora a qualidade de vida tanto do servidor quanto do dependente, assegurando que as necessidades sejam atendidas de maneira adequada.

Conclusão

O direito à redução de jornada para servidores públicos que têm dependentes com deficiência é uma conquista significativa, que garante o suporte necessário para atender às demandas especiais do servidor e de seus dependentes.

Isenção de impostos na compra de veículo

Na aquisição de veículo novo, o autista tem direito a 4 isenções fiscais, são elas: IPI, IOF, ICMS e IPVA. Essas isenções podem chegar a 30% do valor do veículo. Via de regra, o veículo precisa ser comprado em nome do autista. Sendo o autista menor de idade, será necessário entrar com um processo judicial, uma vez que o menor não pode assinar os documentos.

Para compra de veículo usado, é possível solicitar apenas a isenção do IPVA, visto que os demais impostos já foram cobrados no momento da aquisição do veículo junto à concessionária.

Para solicitar a isenção do IPVA, a família atípica ou o próprio autista deve procurar a Secretaria da Fazenda do seu estado e verificar quais são os requisitos para sua concessão.

Direito ao pagamento de meia-entrada para autistas

As pessoas com deficiência, inclusive autistas, têm direito ao pagamento de meia-entrada em eventos culturais, artísticos, esportivos, e de lazer. Esse benefício é garantido pela Lei Brasileira de Inclusão da Pessoa com Deficiência (Lei 13.146/2015), também conhecida como Estatuto da Pessoa com Deficiência. Além disso, esse direito é regulamentado pelo Decreto 8.537/2015, que detalha as condições para o acesso à meia-entrada. Se o autista necessitar de acompanhamento, seu acompanhante também terá direito à meia-entrada.

Considerações finais

Este capítulo trouxe, de maneira resumida, os principais direitos dos autistas. É claro que é impossível abordar todo o assunto em um único capítulo, mas deixo o convite a você, mãe/pai atípico, para me acompanhar nas redes sociais e se informar ainda mais sobre esses direitos. Eu, como mãe atípica, sei que ainda enfrentamos uma série de dificuldades para garantir os direitos dos(as) nossos(as) filhos(as) autistas. Entretanto, uma mãe bem informada consegue reivindicar os direitos dos seus filhos com mais propriedade e firmeza. Conhecer sobre os direitos é o primeiro passo para conquistá-los.

Com carinho,
Dra. Michele Pereira

24

DO DIAGNÓSTICO À ACEITAÇÃO

UM PROCESSO DE LUTO E RENASCIMENTO

Neste capítulo, descrevo de que forma o longo caminho até o diagnóstico impactou minha carreira, vida pessoal e expectativas, fazendo um paralelo com o processo de luto materno.

MICHELLY GASSMANN

Michelly Gassmann

Graduada em Engenharia Elétrica pela FEI--SBC, MBA em Gestão de Projetos pela Fundação Getulio Vargas. Experiência como gestora de equipes técnicas e orientadora educacional de português, matemática e inglês. Hoje em dia, atua como tradutora técnica e escritora. Mãe atípica.

Contatos
michellygassmann.com
michellygassmann@gmail.com
Instagram: @autora.michelly
11 94216 0405

Entre todas as experiências humanas, a maternidade é provavelmente uma das que mais emoções evoca, acontecendo ao mesmo tempo ou em um curto espaço de tempo, da concepção até o fim da vida.

Uma maternidade atípica é tudo isso de forma muito mais intensa. Dos primeiros sintomas ao diagnóstico, percorremos um longo caminho de incertezas e suposições, luto e renascimento.

Eu me tornei mãe aos 33 anos. Uma gravidez planejada, desejada e muito tranquila. Até os dois anos meu filho atingiu todos os marcos de desenvolvimento. Sentou-se na idade certa, engatinhou, andou aos 11 meses. Por volta dessa idade começou a falar as primeiras palavras. Com um ano e meio começou a formar pequenas frases. Era sorridente, gostava de brincar e em geral era muito tranquilo. Aos dois anos tudo mudou.

A criança antes doce e simpática vivia de mau humor, fazia birra por qualquer coisa. Até os dois anos ele comia de tudo: frutas, legumes, verduras, todo tipo de alimento que lhe eram oferecidos. Então começou a ficar seletivo. Comecei a receber reclamações da escola de que ele não comia direito, não falava tão bem quanto seus pares, de que mordia os colegas. Ninguém me orientava sobre o que fazer, apenas apontavam como um comportamento errado que precisava ser corrigido.

A princípio, culpei os terríveis dois anos, fase já conhecida pelo comportamento desafiador. Esses desafios coincidiram com um período em que eu estava em transição de carreira, então, naturalmente, eu me culpava por não estar mais presente. No ano anterior, eu havia decidido deixar uma carreira no mundo corporativo para abrir uma franquia na área de educação. Eu achava que, uma vez que o negócio se estabelecesse, eu teria mais tempo para dedicar ao meu filho. Não era o caso ainda; meu negócio, em fase inicial, exigia muito tempo, atenção e dedicação para crescer, assim como meu filho.

Fomos ao pediatra em busca de orientação, mas me senti ainda mais desorientada. Ele dizia para esperar até os três anos antes de investigar o atraso na fala, e que a seletividade alimentar era normal e que poderia durar até um ano.

Ouvir que a seletividade alimentar poderia durar até um ano foi desesperador, principalmente porque ele ficava mais seletivo a cada dia. Mal sabia eu que esta fase se estenderia muito além de um ano. Da seletividade ele evoluiu para a dificuldade alimentar, aceitando apenas uma meia dúzia de alimentos. Eu continuava oferecendo de tudo, mas ele aceitava cada vez menos.

Aos dois anos e meio, sem melhora em nenhuma das questões, ignoramos o pediatra e o levamos a uma fonoaudióloga, que iniciou imediatamente as sessões. Ela também nos indicou uma terapeuta ocupacional (TO), especialista em seletividade alimentar. A TO iniciou a integração sensorial, deixando claro que se tratava de um longo processo.

Até aquele momento ainda não tínhamos motivo para suspeitar de que nosso filho estivesse no espectro autista, pois não apresentava estereotipia ou comportamento que não fosse considerado típico de uma criança de quase três anos, pelo menos aos nossos leigos olhos de pais.

Após alguns meses do início das terapias fomos a uma consulta com uma neurologista pediátrica para acompanhamento. Ele já apresentava alguma evolução na fala, mas não na dificuldade alimentar. Ela nos encaminhou para uma psicóloga infantil para avaliação e solicitou vários testes com o intuito de verificar em qual estágio de desenvolvimento ele se encontrava. Os testes apontaram atrasos motores, na fala e na socialização, alguns bastante relevantes.

Foi naquele momento que começou o meu primeiro processo de luto: a morte da maternidade idealizada. Naturalmente, esse processo começou pela negação. A palavra "autismo" não era dita em voz alta, mas estava presente em minhas buscas na internet, em que eu procurava encontrar razões para descartar tal possibilidade. Estava presente nos pedidos médicos, sendo que a neuro nos assegurava ser apenas por razões burocráticas, já que não tínhamos um diagnóstico fechado.

A negação foi logo seguida pela raiva e pela culpa, direcionadas a mim mesma. Eu me iludia, achando que os atrasos se davam exclusivamente por carência de estímulo, me sentia responsável por não estar mais presente, por ter feito uma transição de carreira em vez de uma pausa, e me sentia, naquele momento, uma péssima mãe.

Após a raiva, veio a barganha. Eu fazia comparações silenciosas o tempo todo, principalmente em situações sociais, como o aniversário de algum amiguinho da escola. Era evidente que ele não socializava como os outros; ao invés de brincar com os amigos, ficava grudado em mim e no pai. Eu percebia como as outras crianças já falavam de forma avançada, pronunciando todas as palavras e formando frases completas, enquanto ele ainda tinha dificuldade de comunicar suas vontades e necessidades mais básicas.

Ainda nos agarrávamos à possibilidade de que as terapias compensariam os atrasos e de que haveria uma equiparação aos pares até os cinco anos, conforme sugeria a neuro. Ele ainda não apresentava estereotipias óbvias e evoluía bem nas terapias. Estávamos esperançosos de que seria apenas uma fase difícil.

E então veio a pandemia de Covid-19. Meu filho tinha acabado de completar quatro anos. Naquele primeiro momento, quando foi declarado o lockdown, prevalecia o medo. Impossibilitada de trabalhar presencialmente, tomei para mim a responsabilidade de realizar atividades educativas com meu filho para compensar a ausência total de escola e terapias. Foi precisamente naquele momento que comecei a entender a real dimensão das dificuldades dele.

Um dia, ao fazermos juntos uma atividade da escola, percebi que ele não conseguia copiar o traçado de uma letra sozinho. Uma sensação de pânico me invadiu, em que a possibilidade de ele não ser capaz de ser alfabetizado me passou pela cabeça. A terapeuta ocupacional me acalmou explicando a complicada cadeia de habilidades necessárias anteriores à escrita, habilidades as quais ela já vinha trabalhando. Ela estava confiante na evolução dele, enquanto eu pesquisava exercícios na internet para praticar com ele em casa. Hoje vejo que essa conduta não era por falta de confiança na terapia, mas sim resultado do meu próprio perfeccionismo, e também de uma necessidade de aplacar, ainda que parcialmente, meu sentimento de culpa.

Em meio ao caos e às incertezas da pandemia, eu me agarrava à missão de estimular meu filho diariamente como fosse possível. Comecei a pesquisar sobre autismo e sintomas, seguia perfis de especialistas, entrei em contato com alguns pela internet. Quanto mais eu lia sobre o assunto, mais eu me convencia de que meu filho estava no espectro, mesmo que não fosse ainda tão evidente.

Aos poucos as atividades presenciais foram voltando, o uso de máscaras se tornou a norma. Eu precisei voltar ao trabalho, desdobrando-me entre aulas presenciais e on-line. Meu filho voltou a frequentar a escola, com todas as normas sanitárias obrigatórias em vigor, mas eu sabia que ele precisava do estímulo, do convívio com as outras crianças, apesar do distanciamento obrigatório.

Quando voltamos à neuropediatra havia ainda mais perguntas do que respostas. A pandemia havia criado um cenário catastrófico no desenvolvimento das crianças em geral, em que muitas apresentavam não somente atrasos no desenvolvimento, mas também sinais de ansiedade e síndrome do pânico. Era praticamente impossível naquele momento fazer um diagnóstico assertivo antes de tratar os possíveis resquícios do isolamento da pandemia.

Na época meu filho começou a evidenciar uma estereotipia, a de pular continuamente sempre que estava feliz, animado ou ansioso por alguma coisa. Apesar de não ser algo novo, pareceu se intensificar. A médica que o acompanhava ainda não encontrava um conjunto suficiente de sintomas para fechar o diagnóstico, então iniciamos os testes genéticos, com o objetivo de encontrar alguma evidência de algo que explicasse os atrasos no desenvolvimento. Fizemos uma sequência de exames caros, que trouxeram apenas resultados inconclusivos.

Desde a reabertura parcial das escolas eu sabia que precisava tomar uma decisão importante. A pandemia havia me mostrado o quanto meu filho precisava de ajuda e atenção. Ao mesmo tempo, meu trabalho estava tomando cada vez mais tempo, com uma procura maior do que antes da pandemia. Eu estava estressada, esgotada, sentindo que não estava me dedicando o suficiente nem ao trabalho nem ao meu filho. Eu tinha que escolher, então obviamente escolhi meu filho.

Vendi meu negócio com a certeza de que estava tomando a decisão mais acertada e também mais difícil da minha vida. Decidi fazer uma pausa por tempo indeterminado na minha carreira, algo que nunca esteve nos meus planos.

Fui criada sob a premissa de que a mulher precisa ter uma carreira, precisa ser financeiramente independente. Logo, era natural eu ter muita dificuldade em aceitar não colaborar financeiramente em casa. Sentia-me diminuída, e isso se tornou um grande desafio para mim. Foi o início do meu segundo processo de luto: o da mulher independente e bem-sucedida que eu havia sonhado em ser. A morte dos meus sonhos profissionais, da minha ilusão de autossuficiência.

Passei pelas fases do luto novamente, sentindo-me frustrada por não atingir os ideais que havia criado para mim mesma.

Comecei a fazer terapia para lidar com todas essas mudanças. Demorei muito a aceitar que aquela tristeza e desânimo permanentes eram mais do que somente tristeza e desânimo.

Em outubro de 2022, finalmente tivemos uma definição do diagnóstico do meu filho. Depois de anos de terapia e exames genéticos inconclusivos, obtivemos o diagnóstico definitivo de autismo.

Ao ouvir o diagnóstico, senti um misto de emoções. Apesar de já estar convencida desde a pandemia pelas minhas pesquisas e conclusões, não pude evitar as lágrimas. Nossa esperança de um milagre terminava ali. Ao mesmo tempo, tive uma sensação de alívio, de conclusão. Finalmente tínhamos um norte a seguir, uma explicação para os comportamentos desafiadores e as dificuldades. Saí da consulta mais leve, com a única certeza de que eu continuaria buscando o que fosse melhor para o meu filho.

O diagnóstico foi essencial para a conclusão dos meus processos de luto. Depois de tanto tempo presa a um fio de esperança de que as terapias teriam data marcada para terminar e de que o diagnóstico nunca viesse, era hora de seguir em frente.

Eu ainda lutava com a minha própria aceitação, buscando um novo rumo profissional. Buscava um trabalho que pudesse fazer de casa, enquanto meu filho estivesse na escola, que me permitisse liberdade criativa e de horário, em que eu pudesse de alguma forma aproveitar a minha bagagem educacional e profissional. Era doloroso pensar nos anos de faculdade, pós-graduação, na minha facilidade em aprender idiomas, sem sentir que estava jogando anos de investimento no lixo. Eu precisava de alguma forma utilizar aquele conhecimento adquirido.

Comecei a fazer traduções técnicas, de forma esporádica. Acabei encontrando aí uma maneira de renascimento profissional. Mesmo que não me trouxesse uma renda expressiva, eu me sentia feliz e realizada, usando meus conhecimentos nos horários livres. Porém, nem isso foi capaz de me tirar do caminho da depressão.

Eu tentava sair daquele lugar sombrio, mas os pensamentos iam se tornando cada vez mais negativos e paranoicos. Nos momentos mais difíceis, eu tentava ser grata pela oportunidade de poder ficar em casa com meu filho, algo que muitas mães sonham em fazer, mas não podem por não terem nenhum suporte. Eu procurava me lembrar do quanto meu filho estava evoluindo desde que eu havia tomado a decisão de estar mais próxima dele. Ele já havia superado a seletividade alimentar e estava perto de ter alta da fono. Aprendeu a ler e a escrever aos cinco anos, aprendeu letra cursiva, algo que era muito difícil para ele no início, entre outras coisas. A capacidade de socialização dele havia melhorado muito. Eu sabia disso, mas continuava presa à minha própria frustração pessoal, resistente em reconhecer e aceitar o quadro depressivo.

A insônia só piorava, a ponto de passar dias praticamente sem dormir. Foi então que enfim falei abertamente com minha psicóloga, que me diagnosticou com depressão e me encaminhou para uma psiquiatra, iniciando o tratamento medicamentoso.

Foi como acordar de um pesadelo. Um mês após o início da medicação, eu me sentia completamente diferente. Estava mais tranquila, dormia bem e me sentia mais disposta. Voltei a fazer planos e a enxergar a vida e o futuro de maneira otimista.

Um dia resolvi retomar um projeto antigo: o de escrever um livro para o meu filho. Aos poucos fui organizando os pensamentos e escrevendo o texto, uma história infantil sobre seu animal favorito, o pinguim. O livro se chama *O pinguim azul*, a história de um pinguim que nasceu diferente dos outros. Ele pulava quando estava feliz, não gostava de barulhos altos, brincava de forma diferente. Os outros pinguins não o compreendiam e o ignoravam. Até que um dia ele fez amigos que o aceitaram como ele era e todos aprendem uns com os outros.

Uma história de inclusão, leve, positiva e inspirada no meu filho. Representou também uma coletânea de superações para mim. Nunca antes eu havia escrito um livro infantil, em rimas, e com ilustrações feitas por mim mesma. Eu não sabia que era capaz disso. Por isso mesmo, terminar o livro foi provavelmente uma das sensações mais prazerosas que eu havia experimentado em anos. Eu me senti orgulhosa, com vontade de compartilhar a história não somente com meu filho, mas com o mundo inteiro. Comecei a divulgar o livro e fazer dele a minha jornada pessoal.

Ao escrever o livro percebi que havia finalmente alcançado o fim dos meus processos de luto. Havia finalmente chegado à plena aceitação.

Aceitação de mim mesma e da minha história, aceitação do meu propósito. E, acima de tudo, aceitação do meu filho exatamente como ele é, independentemente de diagnóstico. Um dia olhei para ele e percebi que eu não desejaria uma criança diferente, porque eu amo tudo sobre ele. O jeito como ele se expressa, como ele fala; o fato de ele ser tão carinhoso e de me chamar mil vezes por dia, às vezes só para se certificar de que eu estou por perto; o jeito como ele me abraça na hora de dormir, e como pede colo, mesmo já sendo quase do meu tamanho; amo suas estereotipias, pois é sua forma mais autêntica de demonstrar alegria e, quando ele pula, sei que está feliz, animado, empolgado. Nunca mais o comparei a outras crianças, mas passei a ver cada pequena conquista sua com orgulho. A aceitação verdadeira me trouxe paz.

Acima de tudo, aprendi que o processo de luto é natural e precisa ser vivido, em todas as suas fases. Somente ao atravessá-lo chegamos à aceitação, ao renascimento. Eu renasci como mãe, como profissional e como pessoa, mas não foi um processo simples nem fácil.

A maternidade atípica é solitária. Assim como não existem duas crianças autistas idênticas, não há duas histórias iguais. Os desafios são diversos, as possibilidades são infinitas. Falta rede de apoio, faltam políticas públicas de suporte às famílias, faltam terapias, faltam inclusão e informação. Apesar disso, tenho esperança de que estamos no caminho certo; e cada história de luto é uma oportunidade de renascimento.

25

COMO FOI SEU SUSTO?

Ninguém espera um filho atípico, mas, mesmo assim, ele vem até nós. Neste capítulo, apresento a você a minha história, como foi o meu "susto" e como me tornei uma mãe atípica. Vem comigo embarcar neste mundo cheio de reviravoltas, reflexões e amor.

MIKELLI BALBINOT

Mikelli Balbinot

Sagitariana, nerd, amante da leitura e de filmes e séries, educadora física de formação, atualmente empresária do ramo têxtil e aspirante a escritora. Já fui tentante, sou mãe de pet, mãe de dois anjinhos e também mãe atípica. Sempre buscando conhecimento e procurando viver intensamente todos os prazeres e dissabores da vida.

Contato
Instagram: @mikellibalbinot

Oi, tudo bem? Se você chegou até este capítulo quer dizer que, em algum momento da sua vida, houve o contato com uma pessoa diferente física ou neurologicamente do padrão estabelecido para um ser humano "normal". E, muito provavelmente, você gerou esse ser diferente; afinal, o livro fala sobre a maternidade atípica.

E aí, como foi para você receber esse susto? Sim, não usei a palavra diagnóstico, porque o que recebemos é um susto, uma notícia totalmente inesperada. Nenhuma mulher que engravida pensa em gerar um bebê diferente, pensamos logo naquele bebê gordinho, risonho, que vai te olhar como se você fosse o mundo dele. Mas o susto veio, né? Pode ter vindo durante a gestação, quando o médico do ultrassom demorou mais do que o previsto medindo e observando aquele bebezinho em desenvolvimento, ou pode ter vindo mais tarde, no momento do nascimento, ou ainda mais tarde, quando a criança não responde ou não atinge os marcos de desenvolvimento. Quando veio o seu susto? Quem te acolheu? Ou não... De repente a equipe médica mudou a expressão? Ou simplesmente despejaram o diagnóstico como se aquilo não tivesse o poder de mudar totalmente a sua vida?

Vou contar como foi o meu susto e espero que a minha experiência possa ajudar você a se recuperar do seu, OK?

Sempre desejei ser mãe e, primeiro, vieram os bichos e as plantas. Depois de um tempo casada, me senti segura para me tornar realmente uma mãe (no sentido literal da palavra) e encontrei o primeiro obstáculo, chamado endometriose. Durante um ano e meio sofri todas as vezes que o meu tão sonhado bebê não vinha; quando a menstruação atrasava um dia, corria para fazer o teste, com o resultado mais uma vez negativo... Tentamos com um indutor de ovulação e nada durante os dois primeiros meses, mas, no terceiro, lembro-me de que estava no banheiro do trabalho, não consegui esperar chegar em casa e o tão sonhado positivo veio. Eu havia me tornado mãe.

No primeiro ultrassom, com cinco semanas, veio a primeira notícia de que minha maternidade não seria um rio tranquilo, mas sim um tsunami: o médico identificou dois sacos gestacionais – sim, eu estava grávida de gêmeos... A gestação estava correndo bem, descobri que era um casal, Maria Clara e Miguel, o que mais eu poderia querer, estava tudo perfeito. Montei o quarto com antecedência, pois sabia que muito provavelmente seriam prematuros e nasceriam antes do tempo, mas não achei que o antes do tempo seria tão antes assim. Minha bolsa estourou com 22 semanas de gestação e entrei em trabalho de parto. Conseguiram segurar, mas logo em seguida veio uma infecção que colocou minha vida em risco e meu corpo entendeu que o motivo eram os bebês, e entrei em trabalho de parto novamente, e dessa vez não teve jeito, eles nasceram... E, em seguida, viraram anjinhos... Eram muito pequenos para sobreviver...

Meu mundo acabou ali, como algo tão perfeito, tão maravilhoso, havia acabado... Não fazia sentido nenhum para mim ter recebido o privilégio de gerar aquelas duas vidinhas e em seguida tê-las arrancadas de mim de forma tão abrupta. Fiquei mal por muito tempo, até entender o propósito dos meus anjinhos.

Não desisti de ser mãe, mas tive que me curar primeiro. Precisei ressignificar o sentido da palavra "mãe"; afinal, o que eu era depois da perda dela? Quando se perde os pais, você é órfão, quando você perde seu marido você é viúva, mas quando você perde seus filhos? O que você é? Naquele período, quando me perguntavam se eu era mãe, eu não sabia responder... Hoje eu sei que fui e serei sempre mãe deles. Entendi também que parte da cura seria um bebê nos meus braços, e depois de mais de dois anos de luta para engravidar novamente veio meu segundo positivo.

Fiquei muito feliz, era uma alegria que não cabia em mim, mas também veio o medo de passar por todo o processo de perda novamente. Acompanhei a gestação com muito cuidado, ultrapassar a barreira das 22 semanas foi difícil, e, por mais incrível que pareça, estava dando tudo certo, eu seria recompensada por todo o meu sofrimento pelo meu bebê arco-íris (assim são chamados os bebês que nascem após uma perda). Curti cada fase da gestação, tirei muitas fotos, fiz chá de fralda, ensaio de gestante, tudo o que tinha direito, e no final da gestação veio o primeiro susto.

O meu susto veio no dia seguinte ao nascimento do meu filho. Quando o pediatra do hospital veio fazer a avaliação, ele chegou todo animado e, de repente, murchou quando começou a avaliação. Na hora percebi que alguma coisa não estava certa e perguntei: "O que foi, doutor? Está tudo certo?". Foi aí que veio o meu susto com a força de um tsunami; a resposta foi exatamente esta: "Não vou dar tapinha nas suas costas, mãe, mas seu filho tem síndrome de Down". Na hora o chão sumiu e eu não sabia o que fazer. Minha primeira reação foi chorar e vestir meu recém-nascido. O "abençoado" do médico só me disse: "Vou deixar você se acalmar e depois conversamos".

Eu estava sozinha com um bebê que havia acabado de nascer, não tinha ideia do que estava acontecendo e o que seria do meu filho. Em seguida, entrou no quarto uma fonoaudióloga, que veio fazer o teste da linguinha e perguntou o que havia ocorrido. Ela ficou indignada com a maneira que o médico me tratou e perguntou se ele havia pedido algum exame. Naquele momento fiquei mais desesperada ainda, pensando: "Será que meu filho tem alguma condição?". Eu nunca havia tido nenhum contato com uma pessoa com síndrome de Down, não tinha noção nenhuma de nada, de doenças associadas ou qualquer outro aspecto. Enfim, meu filho não tem cardiopatia, primeiro alívio, nem imagino como seria acompanhar todo o processo cirúrgico de um bebê.

Conversando depois com outras mães que passaram pelo processo, imagino como seria sofrido para mim e para ele. Nesse primeiro dia também fizeram o exame de cariótipo, que detecta a trissomia do cromossomo 21, a síndrome de Down. No nosso caso o resultado demorou um mês para sair, e como foi difícil aquele mês! Eu olhava para meu filho e às vezes achava que ele não tinha nada (ele não tem tão aparente as características físicas da síndrome, desde quando era recém-nascido), mas outras vezes tinha certeza. Quando chegou o resultado, chorei muito; e quando parei de chorar e me acalmei olhei para aquele serzinho, percebi que teria que viver um dia de cada vez e resolver todas as questões conforme estas fossem aparecendo.

No entanto, perto dos dois anos e meio, ele estava estagnado, não víamos o desenvolvimento esperado, principalmente no andar e falar, além de alguns comportamentos estranhos que achávamos que seria normal para uma criança com síndrome de Down. Resolvemos então procurar pela primeira vez uma neurologista pediátrica. E aí veio o segundo susto, ou segundo diagnóstico: transtorno do espectro autista, ou simplesmente TEA.

Após a consulta, me senti muito culpada por não ter procurado uma neurologista antes (afinal, nasce uma mãe, nasce uma culpa), mas depois entendi que deveríamos ter passado por esse processo até mesmo para entender que nosso filho era realmente diferente. E com alguns ajustes em terapias, em dois meses nosso menino estava andando. Só quem esperou por muito tempo esse momento sabe o que isso significa.

Hoje nossa rotina se divide entre a escola e as terapias, principalmente durante a semana. A fala ainda não veio e não sabemos se virá, mas já conseguimos nos comunicar bem. É claro que quero muito que meu filho venha a falar, mas estou tão acostumada que às vezes até esqueço que ele não fala.

Nosso principal desafio são os aspectos comportamentais. Meu filho apresenta uma rigidez enorme para experiências diferentes, e isso se dá tanto pelo TEA quanto pela deficiência intelectual presente na síndrome de Down. Assim, fazer algo como ir a um aniversário, é uma aventura, pois ele tem que lidar com o diferente e todos os estímulos que vêm no combo, como barulhos, muitas pessoas, estímulos visuais como luzes e cores, que geralmente faz que ele não consiga participar por muito tempo. Tento manter um meio termo, pois sei que ele precisa experimentar o mínimo de socialização; contudo, não quero que ele fique exposto a esse desconforto por muito tempo, já que sei o quanto isso pode ser difícil para ele.

A fim de que consigamos avanços, é de fundamental importância que todas as pessoas envolvidas com a criança estudem e se aperfeiçoem para que tenham condições de lidar com esses comportamentos rígidos e/ou até potenciais crises. Sei que essa batalha diária é pesada, muitas vezes estamos cansadas de todas as tarefas do dia a dia, mas temos que nos lembrar de que o indivíduo não tem culpa, nós, como familiares, cuidadores e profissionais que convivem com a neurodivergência temos a responsabilidade de nos munir com conhecimento e técnicas que possam nos ajudar a ajudá-los no cotidiano.

Gostaria de falar um pouco sobre inclusão e preconceito, o que no caso da pessoa com deficiência é o capacitismo, termo tão novo que o Word tenta corrigir, apesar da diferença e deficiência estarem entre nós desde que a humanidade surgiu.

No meu caso, mesmo tendo um filho com deficiência, temos uma série de privilégios, e meu filho já nasceu com eles: primeiro, a deficiência dele é uma das mais mostradas em meios de comunicação, muitas vezes erroneamente associada a pessoas inocentes e de bom coração, o que não é verdade. Indivíduos com deficiência intelectual são, em sua maioria, infantilizados, além disso, existe o mito de que pessoas com síndrome de Down são carinhosas e amorosas, isso se dá como reflexo da infantilidade e da suscetibilidade em obedecer a comandos, como abraçar fulano, beijar sicrano, o que pode ser muito prejudicial também quando falamos de abusos físicos e sexuais contra as pessoas com deficiência. Pessoas com qualquer tipo de deficiência são únicas como qualquer outro indivíduo, com suas preferências e experiências específicas. Não é porque têm o mesmo diagnóstico que devem ser tratados, tanto na sociedade ou até mesmo no plano terapêutico, da mesma maneira. É preciso olhar o indivíduo como o ser único que ele é; a pessoa sempre vem antes da deficiência ou do diagnóstico.

Outro ponto em que somos privilegiados é que ele é um menino branco e loiro, e, sim, o preconceito é feito de várias camadas. Já ouvi algumas vezes a pergunta: "Por que a síndrome de Down só afeta pessoas brancas?", quando ouvi isso pela primeira vez, eu me dei conta de que tanto o mercado de propaganda, novelas, e até mesmo livros, quando mostram, só mostram pessoas com síndrome de Down brancas, e assim é como se as pessoas de outras raças simplesmente não existissem. Eu mesma, como pessoa branca, só me dei conta quando ouvi a indagação. Gostaria muito de poder presenciar o protagonismo da pessoa com deficiência independentemente da raça, gênero ou sexualidade.

No entanto, para esse protagonismo poder existir, para que as pessoas com deficiência, principalmente as com deficiência intelectual, possam viver suas vidas com seus direitos básicos assegurados, precisamos da inclusão efetiva na sociedade. Hoje consigo ver com clareza que se eu tivesse tido a oportunidade de conviver com uma pessoa com deficiência, não teria chorado ou sofrido pelo diagnóstico do meu filho. E por que eu nunca tive esse contato? Onde estavam as pessoas com deficiência? Estavam à margem da sociedade, seja em razão dos familiares que não sabem lidar com os comportamentos ou simplesmente por vergonha de ter um indivíduo diferente na família.

Outro ponto que gostaria de abordar é a questão social. Uma pessoa com deficiência custa caro, seja por ela precisar de equipamentos sob medida – e quando digo isso não é pensando somente em uma cadeira de rodas, mas também em uma cadeira de banho, equipamento para ficar em pé, órteses, óculos e muitos outros acessórios –, seja por precisar de uma dieta especial, ou medicamentos específicos e todos os equipamentos médicos de suporte à vida e de uso pessoal, como luvas e fraldas, que, em certos casos, são utilizadas por toda a vida. "Ah, mas o Estado fornece tudo isso." Sim, pela lei o Estado é obrigado a garantir, na totalidade, qualquer tratamento e equipamento necessário, mas, na prática, o que vemos são pais e familiares desesperados com a demora na liberação e aquisição da maioria dos materiais e equipamentos, muitas vezes tendo que recorrer a rifas e doações para assegurar o tratamento dos filhos. Isso sem mencionar o fato de que, na maioria das famílias com crianças atípicas, geralmente a mãe tende a abandonar o mercado de trabalho para cuidar do filho e, por consequência, a renda da família é diminuída. Outro fato também bem comum é o pai abandonar a mãe após o nascimento da criança ou quando os comportamentos começam a piorar com a idade. Nessa situação, presenciamos mulheres sem renda, muitas vezes esgotadas pela demanda física e emocional de fornecer os cuidados para seus filhos, não encontrando saída a não ser findar seu próprio sofrimento, muitas das vezes levando seus filhos junto. É de extrema urgência que políticas públicas sejam estabelecidas e que as famílias sejam acompanhadas mais de perto, para que possamos, como sociedade, impedir que mais tragédias aconteçam.

26

DIAGNÓSTICO
POR QUE É TÃO DIFÍCIL ACEITAR?

Receber o diagnóstico de uma deficiência ou transtorno é um momento impactante e desafiador para qualquer família. As emoções e sentimentos que nascem inicialmente são múltiplos. Pode-se experimentar medo, desespero, tristeza, raiva e até negação. A aceitação dos fatos que nos chegam – e não podemos mudar – transforma os problemas, dores e dificuldades, trazendo mais leveza. Este capítulo aborda o processo de aceitação, as etapas emocionais envolvidas e oferece orientações práticas para ajudar pais e cuidadores.

MÔNICA PITANGA

Mônica Pitanga

Graduada em Administração de Empresas. Pós-graduada em Comunicação, Diversidade e Inclusão. Mãe atípica há 21 anos. Educadora parental em disciplina positiva pela Positive Discipline Association (PDA), com especialização em Disciplina Positiva para Crianças com Deficiência. Certificada em Parentalidade e Educação Positiva, Inteligência Emocional e Social e Orientação e Aconselhamento Parental pela Escola da Parentalidade Positiva de Porto, Portugal. Fundadora da ONG Mova-se, que luta pela acessibilidade e inclusão das pessoas com deficiência no Espírito Santo, onde desenvolve um trabalho voluntário desde 2019. Criadora da Comunidade Mãe Leoa – um grupo de acolhimento e troca de informações para mães atípicas. É palestrante, escritora, criadora de conteúdo digital e colunista do portal Canguru News.

Contatos
monicapitanga.com.br
contatomonicapitanga@gmail.com
Instagram: @monicapitanga
LinkedIn: Mônica Pitanga
28 99915 1127

Ter um bebê, tornar-se pai ou mãe, é um sonho e desejo de muitos. Mas e quando isso não acontece ou acontece de forma atípica? Criamos expectativas, idealizamos um cenário e, muitas vezes, nos esquecemos de que não temos o controle de tudo. E se... não acontecer? E se... algo sair diferente do planejado?

É comum ouvirmos de casais que não importa se será menino ou menina, contanto que venha com saúde ou que seja "perfeito". É natural desejar saúde, mas o que sentirá a mãe e o pai caso isso não aconteça? Você já parou para pensar que por trás desse desejo de perfeição existe uma ideia de que só há uma forma de estar no mundo que merece ser celebrada? A mensagem subliminar é que ter um filho sem deficiência é motivo de alegria, mas ter um filho com deficiência é motivo de pesar.

Na minha jornada na maternidade, pude experimentar alegrias e tristezas, realizações e frustrações. Sentimentos não muito agradáveis como medo, culpa e raiva fizeram morada, mas também experimentei muito amor.

Sou casada com Bruno há 23 anos e tivemos cinco filhos. A primeira filha – Luísa – foi desejada e celebrada, mas nasceu prematura, teve que ficar 28 dias na UTI em estado grave e recebeu dois diagnósticos dos quais falarei mais adiante. A segunda gestação foi interrompida inesperadamente e tive que lidar com a dor da perda, com o luto de voltar para casa sem as minhas duas bebês (eram gêmeas). A terceira demorou muito para acontecer e mais uma vez entendi que não detinha o controle – Thor veio após um ano e meio de tentativas frustradas e muita ansiedade. A quinta filha, Laila, chegou sem planejar, no susto mesmo, mas trouxe uma alegria imensa para a família. Nesse breve resumo, deu para sentir a montanha-russa de emoções que a maternidade me trouxe?

Contei isso para dizer que, quando nasce um bebê, vai nascendo uma mãe, que se transforma em cada experiência. É um processo contínuo, que não tem fórmula nem manual. Podemos nos preparar, estudar, anteciparmo-nos – e isso ajuda muito –, mas temos que estar preparadas para as mudanças de rotas que podem acontecer no meio do caminho, com o carro andando mesmo.

Quando nasce uma criança com deficiência, enfrentamos um processo psicológico de perda de referência daquele filho ou filha idealizados; e, para o nosso mundo afetivo, isso pode ser difícil e doloroso. A família vai precisar recalcular o trajeto. Como em um percurso de GPS, ela se depara com novos caminhos a serem percorridos, decisões importantes a serem tomadas, novas demandas, e o novo quase sempre provoca medo – medo do desconhecido, medo do futuro, de não dar conta, medo do preconceito. **Medo**.

Esses pais vão precisar de tempo e apoio para assimilar e aceitar a nova realidade. A escritora estadunidense Emily Pearl, mãe de Jason, que tem síndrome de Down, escreveu uma fábula para descrever a experiência de dar à luz uma criança com deficiência de que eu gosto muito! Nela a autora descreve que ter um bebê é como planejar uma fabulosa viagem de férias para a Itália. A gente faz planos maravilhosos e após meses de antecipação, o avião aterrissa na Holanda – que é apenas um lugar diferente. Se a gente passar a vida toda remoendo o fato de não ter chegado na Itália, não vamos conseguir apreciar as coisas belas e muito especiais que tem na Holanda.

Quando desejamos muito que algo saia de uma maneira, e isso não acontece, é normal que nos sintamos frustrados. A frustração, a angústia e o medo parecem nos acompanhar no início da jornada. Quanto maior for a distância entre o que idealizamos e o que realmente aconteceu, maior será o nosso nível de estresse e a dificuldade em aceitar a mudança.

No livro *Longe da árvore* (2012), Andrew Solomon traz que "a maçã não cai longe da árvore", o que significa que as crianças geralmente se assemelham a seus progenitores. Segundo o autor, as crianças que são "estranhas" a seus pais são como maçãs que caíram em outro lugar. E essa diferença de uma criança em relação ao resto da família exige conhecimento, competência e ações que uma mãe e um pai típicos geralmente não estão preparados para oferecer. O livro traz um estudo que mostra que ter um filho com deficiência ensinou aos pais o que realmente é importante na vida; aumentou a empatia; gerou crescimento pessoal; e fez com que amassem seu filho ainda mais do que se ele tivesse nascido sem a deficiência. Outro estudo concluiu que 88% dos pais atípicos sentiam-se felizes quando pensavam nos filhos. Quatro em cada cinco concordaram que a criança com deficiência aproximou a família; e nada menos do que 100% escreveram que a compaixão pelos outros aumentou devido a essa experiência.

A maioria de nós sempre se frustra quando algo não sai como gostaríamos. E é daí que vem o sofrimento. Penso que uma forma eficaz de transformar a dor em amor é sair desse enredo mental que dita como tudo deveria ser e não se contenta com as coisas como elas realmente são. Quando conseguimos pensar que a gente recebe sempre o melhor para o nosso crescimento, a vida fica mais leve, embora nem sempre vamos conseguir fazer isso sozinhas. Há casos em que vai ser preciso recorrer a ajuda profissional, terapêutica para conseguir olhar para esses sentimentos, encará-los, reconhecê-los e nomeá-los.

Eu também já estive nesse lugar. Quando descobrimos, após 11 anos, que o diagnóstico da minha filha estava errado – que o que ela tinha não era paralisia cerebral e sim uma doença rara, neurodegenerativa e sem cura para a Medicina – foi muito difícil aceitar. Por algumas semanas, eu me senti perdida, com medo, sem informações que me tranquilizassem e só sabia chorar e temer o futuro. Foi um processo… Até que um dia resolvi não pensar mais no futuro – naquilo que não estava no meu controle – e decidi viver o momento presente. Eu estava viva, a minha filha estava viva e era nisso que eu ia me agarrar. Um dia de cada vez. Eu não posso mudar o diagnóstico, isso não está no meu controle. Mas eu posso garantir que minha filha se sinta aceita, amada, importante e ouvida. Decidi fazer o que estava ao meu alcance. Que alívio quando consegui chegar ao ponto de pensar e viver assim.

Ao longo das duas décadas, o psicólogo Richard Tedeschi se dedicou ao estudo do crescimento pós-traumático. Graças a essas pesquisas, hoje podemos afirmar que um sofrimento pode levar a grandes mudanças positivas: maior espiritualidade, mais compaixão pelos outros e satisfação com a vida em geral. Porém, o que será que distingue as pessoas que conseguem crescer com as experiências difíceis daquelas que não conseguem? Segundo Shawn Achor – da psicologia positiva –, a atitude mental ocupa o centro do palco. Segundo ele, a capacidade das pessoas de encontrar o caminho que as leva a enxergar oportunidades nas adversidades se fundamenta, em grande parte, em como elas concebem a situação na qual estão. As pessoas que conseguem se levantar da queda com mais facilidade são aquelas que se definem não pelo que aconteceu com elas, mas pelo que elas podem fazer com aquilo que aconteceu.

Por mais que um fato à primeira vista pareça impossível de ser bom, podemos escolher olhar para ele como uma oportunidade de crescimento. O que essa situação vem me ensinar? Aceitar o que não pode ser mudado, é sábio e nos faz bem.

O diagnóstico é uma interpretação médica da realidade. Ele é importante e necessário, porém não define quem os nossos filhos são. Por mais triste ou temeroso que possa parecer à primeira vista, diagnósticos são libertadores, pois nos dão um norte, uma direção para onde devemos seguir. É um princípio de compreensão que nos convoca ao enfrentamento, à ação, à coragem e ao aprendizado. Ele é um ponto de partida, e não a linha de chegada.

É comum que seja um profissional da área da saúde que comunique à família sobre o diagnóstico. Contudo, nem sempre ele está preparado para dar a notícia de uma forma humanizada e acaba trazendo toda uma bagagem de crenças próprias, utilizando palavras que podem deixar a família ainda mais temerosa.

Evidências mostram que a forma como é dada a notícia é importantíssima para os laços que se formarão entre o bebê e a família. Por isso, é fundamental que os profissionais de saúde se lembrem que estão lidando com vidas, que passem aos pais a notícia de uma forma respeitosa, para ajudá-los a enxergar as possibilidades e não só os impedimentos que a deficiência traz.

Mesmo que, aparentemente, o prognóstico não seja bom, a família precisa ter esperança e força para se adaptar à situação e lutar por esse filho. É preciso ajudar os pais a enxergarem o filho além do diagnóstico. E, para isso, precisamos entender como o capacitismo – que é o preconceito e a discriminação que as pessoas com deficiência sofrem – funciona e afeta as relações.

Assim como o racismo, o capacitismo também vem sendo construído ao longo da história. É ele que faz com que a gente olhe para as pessoas com deficiência e sinta pena e pense que elas são coitadinhas, incapazes, inferiores, anjos especiais ou exemplos de superação. Ser capacitista é concordar e propagar a ideia de que pessoas com deficiência têm menor valor. É acreditar que, pelo fato de a pessoa ter uma deficiência, ela não será capaz de executar determinada tarefa; é ver a deficiência como algo que desqualifica a pessoa. Esse preconceito está tão enraizado em nós que, muitas vezes, não nos damos conta de que estamos sendo capacitistas com nossos próprios filhos, ao tentar esconder a deficiência, por exemplo, ou quando os enchemos de terapias a fim de encaixá-los no padrão da normalidade.

A privação da convivência com a diversidade provoca na família atípica uma sensação de inadequação. No entanto, se vivermos uma realidade cada vez mais plural, essa interação passará a ser natural.

É importante lembrar que a aceitação não é uma linha reta. É um processo com altos e baixos e leva tempo. É um caminho que cada família terá que percorrer. O diagnóstico é o ponto de partida e a aceitação é o que fará essa caminhada se tornar mais leve e harmoniosa. É o que nos permitirá curtir o caminho, sem se preocupar tanto com a linha de chegada.

Precisamos aceitar sem conformismo, mas com esperança, a fim de criar possibilidades e se abrir para aprender com o novo.

Orientações práticas

- Se você acabou de saber o diagnóstico, espere e sinta o melhor momento de compartilhar com o restante da família. É crucial que os familiares e os amigos também aceitem e respeitem a criança, evitando atitudes e comentários que possam ser prejudiciais.
- A conscientização depende de cada um de nós. Podemos buscar informações e aprender mais sobre o capacitismo, os direitos das pessoas com deficiência, o diagnóstico e tratamentos. Isso pode ajudar a nos sentirmos mais capacitados e preparados para lidar com os desafios.
- Procure ouvir mais o seu coração do que os julgamentos e opiniões de outras pessoas.
- Lembre-se de que a forma como você enxerga seu filho é como a sociedade irá enxergar também. Foque nas habilidades e pontos fortes dele, encoraje-o e faça as adaptações necessárias.
- Ao invés de comparar o desenvolvimento do seu filho com outras crianças da mesma idade, busque reconhecer o esforço dele – o que não fazia e agora faz? Talvez seja preciso ajustar suas expectativas e sonhos para o futuro, reconhecendo e celebrando cada pequena conquista.
- Viva um dia de cada vez, valorizando os caminhos já percorridos e reconhecendo a força e a resiliência desenvolvidas pela família.
- Sabemos que é importante estimular nossos filhos e oferecer terapias, mas lembre-se de que seu filho ou filha é uma criança que precisa de tempo livre para brincar, e que o maior estímulo é o seu olhar, o sorriso, o toque, a conexão. O brincar livre, sem intenção de aprendizagem, também é importante e ajudará no fortalecimento do vínculo entre vocês.
- Não superproteja seu filho e não faça por ele o que ele já é capaz de fazer sozinho. Tenha paciência e invista tempo no treinamento. Quando não oportunizamos momentos de autonomia aos nossos filhos, a

mensagem que estamos passando para eles é a de que não acreditamos em seu potencial.

- Se possível, faça terapia e conheça mais sobre você. O apoio emocional é vital para as mães em todas as fases do processo de aceitação. Você também pode participar de alguma comunidade ou grupo de mães que enfrentam desafios semelhantes aos seus.
- Não se esqueça do autocuidado. Busque fazer coisas de que você gosta, como ouvir música, tomar um banho demorado, dançar na sala, fazer massagem, caminhar ao ar livre, fazer meditação ou algum exercício físico. O importante é você ter um tempo para si mesma a fim de se reabastecer e se sentir bem.

Aceitar o diagnóstico é um processo contínuo. Com o tempo, muitos pais encontram um novo caminho e desenvolvem uma perspectiva positiva sobre o futuro. Diante de uma situação que foge ao nosso controle, podemos cuidar dos nossos pensamentos e emoções e escolher os comportamentos que deixam esses fatos mais difíceis e pesados, ou mais simples e leves. A escolha é nossa.

Referências

ACHOR, S. *O jeito Harvard de ser feliz*: o curso mais concorrido da melhor universidade do mundo. São Paulo: Benvirá, 2012.

KAREEEMI. *Viva com leveza*: e liberte-se do estresse, da ansiedade e da insegurança. São Paulo: Gente, 2018.

MURAKAMI, K. *Código divino da vida*: ative seus genes e descubra quem você quer ser. São Paulo: Barany, 2017.

NELSEN, J. *et al. Disciplina positiva para crianças com deficiência*: como criar e ensinar todas as crianças a se tornarem resilientes, responsáveis e respeitosas. Barueri: Manole, 2019.

PITANGA, M. *Pontos de afeto*: lições da maternidade atípica. São Paulo: Literare Books International, 2022.

SOLOMON, A. *Longe da árvore*: pais e filhos em busca da identidade. São Paulo: Companhia das Letras, 2013.

27

CHEGOU A HORA DE IR À ESCOLA

E AGORA?!

O momento de ir à escola pode ser tão desafiador para as mães e educadores quanto para as crianças. Com dicas simples, este capítulo visa apoiar mães e escola na adaptação das crianças autistas.

PATRÍCIA DE OLIVEIRA CARDOSO

Patrícia de Oliveira Cardoso

Mãe atípica. Palestrante. Orientadora pedagógica da rede municipal de Sorocaba. Licenciatura em Pedagogia, Ciências Biológicas e Artes. Pós-graduação em Psicopedagogia Clínica e Institucional e em Educação Infantil. MBA em Gestão Escolar pela USP, cursando MBA em Gestão de Pessoas pela ATHON. Membro da Conectando Saberes, membro do Instituto de Estudos sobre Autismo da Unifesp. Vencedora do Prêmio Conectando Saberes 2019/2024; vencedora do Prêmio Crianças Mais Saudáveis 2018.

Contatos

pocardoso@sedu.sorocaba.sp.gov.br
Instagram: @profpatricia2
15 98110 9878

Chegou o momento de seu filho ir à escola pela primeira vez. Bate aquela insegurança; afinal, foram longos dias juntos, em que você, mamãe, foi uma das principais responsáveis pelos cuidados da sua criança. Surge o medo, a incerteza e milhares de questionamentos: "Qual é a melhor escola?", "Será que a escola está preparada para receber meu filho?" (Não vou mentir, essa era a minha maior angústia), "Será que meu filho vai ficar bem sem mim?" e tantos outros pensamentos que uma mãe atípica enfrenta.

Acredite, se a escola realmente for acolhedora e inclusiva, será o melhor lugar para uma criança estar.

É o local onde a criança vai aprender para além da "bolha familiar"; será o local propício para se conhecer, expressar, brincar e interagir com outros adultos e pares de diferentes faixas etárias. É na escola que ela vai ter seus direitos de aprendizagem garantidos.

Você já parou para pensar como a criança aprende?

É por meio das interações, das brincadeiras e dos estímulos minuciosamente pensados por profissionais que estudaram sobre o desenvolvimento humano e que possivelmente deveriam estar preparados para ensinar crianças nas suas especificidades.

Sabemos que nem sempre foi assim. Tempos atrás, escolas públicas e particulares se recusaram a receber crianças com deficiência ou transtornos globais do desenvolvimento, alegando que não possuíam estrutura adequada. Vale lembrar que atualmente as escolas não podem negar a matrícula, conforme a Lei 12.764/2012, resultando em multa prevista de 3 a 20 salários-mínimos. No caso de reincidência, apurada por processo administrativo, haverá a perda do cargo do gestor escolar.

Ainda é possível notar falhas na formação inicial docente, em que nem todos os professores sentem-se seguros e preparados para ensinar na perspectiva inclusiva. A inclusão das crianças autistas na escola regular é uma realidade e a capacitação dos professores torna-se peça fundamental nesse processo.

Espero que este capítulo ajude você, mamãe, e apoie as escolas, professores e profissionais de apoio no acolhimento e adaptação escolar das crianças autistas.

O início não é fácil. Talvez seu filho apresente dificuldades, afinal, tudo é novo: o ambiente é diferente, ele conhecerá novas pessoas; talvez não consiga ficar por muito tempo na sala de aula, queira explorar os espaços, demonstre resistência na troca de ambientes. Mas pode ser que ele goste e fique bem. Talvez ele precise de uns dias de adaptação, ficar menos horas na escola até sentir-se confiante e ir aumentando a jornada gradativamente.

Com o passar do tempo, você notará avanços significativos na socialização de seu filho, na seletividade alimentar, na organização da rotina, nos cuidados de higiene pessoal, na autonomia, na comunicação, na capacidade de lidar com frustrações no compartilhamento de pertences, nos aspectos motores, cognitivos, sensoriais e emocionais. É fundamental que vocês comemorem cada evolução, por menor que ela seja.

E quando seu filho estiver na escola, se possível, tire um tempo para você, mamãe: descanse, faça as unhas, caminhe, vá à academia, leia um livro, escreva um livro, seja o que for, para que você também tenha um momento de autocuidado. A não ser que você trabalhe, assim como eu, e quando não está no trabalho está nas clínicas acompanhando o filho nas terapias.

Enquanto aguardo minha filha ser atendida na terapia, procuro estudar, fazer amizades, trocar experiências com outras mães. Observo mães trabalhando pelo notebook ou celular, vendendo roupas, artesanato e comidinhas gourmet, aproveitando esse momento de espera como geração de renda.

Demorou para eu aceitar, mas compreendi que não adiantava ter apenas um laudo em mãos; era necessário levar religiosamente minha filha nas terapias e matriculá-la na escola o quanto antes, para que ela não perdesse as tais "janelas de oportunidade".

Para que a criança tenha sucesso escolar é importante que aconteça a tríade escola-família-terapia – nenhuma instituição dará conta sozinha, elas se retroalimentam e deve haver a parceria entre elas.

É fundamental que você marque com a coordenação pedagógica da escola uma entrevista, a fim de levantar dados relevantes sobre a criança, para auxiliá-la na sua adaptação, identificação de hiperfocos, modos próprios de comunicar-se, suas potencialidades e dificuldades que possam causar barreiras no processo de aprendizagem. Apresento, a seguir, um checklist que pode nortear a escola na entrevista:

Ficha resumo do aluno (tudo sobre mim):

- Coisas que eu amo.
- Como me comunico.
- Coisas que consigo fazer sozinho.
- Coisas que eu preciso de ajuda extra.
- Coisas que eu não gosto muito.
- Quando estou em crise, você pode me ajudar.
- Quais são as expectativas da família em relação à escola.
- Terapias (telefones e contatos da clínica).
- Medicações.

É importante que a escola mantenha contato constante com a equipe multidisciplinar que atende seu filho, pois cada profissional pode e deve compartilhar o plano de trabalho com os educadores a fim de desenvolverem um plano educacional individualizado mais adequado às necessidades de seu filho. Essa troca torna-se essencial, pois o PDI (Plano de Desenvolvimento Individual), assegurado pela LDB 9394/96 e pela Lei 13.146/2015, será desenvolvido a partir de uma análise de ambiente, com base na entrevista com a família e educadores.

O ideal é que a equipe multidisciplinar faça visitas regularmente à escola de seu filho; porém, se não for possível presencialmente, terapeutas e educadores podem dialogar por meio de videochamadas, esclarecendo dúvidas e sugerindo estratégias diferenciadas aos professores.

O atendimento educacional especializado (AEE)

A política nacional de Educação Especial na perspectiva da educação inclusiva é um importante marco regulatório para a garantia da matrícula das pessoas com deficiência na escola comum no ensino regular.

De acordo com essa política, os sistemas de ensino devem matricular os alunos com deficiência, transtornos globais do desenvolvimento e os com altas habilidades/superdotação nas escolas comuns e oferecer o atendimento educacional especializado (AEE), promovendo o acesso e as condições necessárias para uma educação de qualidade.

O AEE tem como objetivo identificar, elaborar e organizar recursos pedagógicos e de acessibilidade que eliminem as barreiras, garantindo uma educação igualitária. Pode ocorrer na sala de recursos multifuncionais da própria escola ou em outra escola de ensino regular, no contraturno escolar.

Transporte escolar

Independentemente do meio de transporte escolhido pela família, seja indo de carro ou a pé até a escola, devemos pensar em aspectos sensoriais que podem desregular a criança autista durante o trajeto. O ônibus e o transporte escolar, por si só, são ambientes com sobrecarga sensorial, excesso de pessoas, odores diferenciados, barulho do trânsito, vozes ou calor excessivo. Os órgãos dos sentidos estão ativos e a criança não terá controle sob suas percepções. Por vezes uma criança pode desregular-se devido a uma mudança de percurso ou até mesmo sentir desconforto ao ser tocada por outras pessoas que se sentarem ao seu lado.

Entrada e saída da escola

Esses momentos são cruciais na adaptação da criança, o ideal é que o espaço esteja organizado, seguro e estável para recebê-la. O professor pode oferecer brinquedos ou objetos referentes ao hiperfoco da criança, assim ela vai se sentir acolhida e familiarizada ao ambiente. Na hora da saída, algumas crianças podem ficar ansiosas pela chegada dos familiares; nesses casos, a escola pode oferecer aos responsáveis alguns minutos mais cedo para retirada da criança, para que essa saída seja mais tranquila.

Seletividade alimentar

Algumas crianças com TEA podem apresentar dificuldades alimentares por inúmeros fatores, que podem ser:

- **Aspectos sensoriais**: a aparência, textura, cor, temperatura e cheiro dos alimentos. Imagine um alimento que não agrada você; agora recorde-se do cheiro daquele alimento sendo preparado, e você sendo obrigado a cheirar e experimentar. Isso parece ser uma experiência desagradável, não é mesmo? A criança vai responder da mesma forma, o ato de alimentar-se envolve o olfato, o paladar, a apresentação do prato, as preferências pessoais, o som ambiente, os talheres e a companhia.
  O refeitório onde a criança alimenta-se também pode gerar uma sobrecarga sensorial: o barulho das conversas dos estudantes, dos talheres, do ventilador ligado... Realmente pode ser um ambiente desagradável para essas crianças.
  Se necessário, retire a criança do espaço e ofereça a alimentação em um ambiente com menos estímulos sensoriais e depois ela pode acompanhar sua turma na refeição para que participe da rotina.

A escola pode fazer uma adaptação do cardápio e a família pode auxiliar nesse processo, indo até a escola, demonstrando como a criança gosta de ser servida e a alimentando na hora do lanche. Em casos extremos de seletividade, há a opção de levar na lancheira alimentos que a criança está habituada a comer em casa, lembrando que é importante insistir na oferta de comida que está no cardápio escolar (caso a merenda seja incluída), pois crianças tendem a experimentar coisas novas ao observarem os colegas se alimentando, ocorrendo a aprendizagem por imitação, em que a criança reproduz as ações que vê, como um processo de construção de significados compartilhados.

- **Alterações musculares e funcionais orais**: dificuldades para mastigar e engolir podem fazer com que a criança busque alimentos mais moles para mastigar, como pães, batata frita, arroz e bolos. Evitando alimentos rígidos como carnes, as crianças ficam cansadas ao comer esses alimentos e acabam por desistir.
- **Disfunções fisiológicas**: alergias, refluxo gastrointestinal e constipação podem oferecer desconforto na alimentação.
- **Inflexibilidade ou rigidez de comportamento**: rituais em torno da alimentação, como usar os mesmos utensílios e talheres, ter preferências quanto à forma de preparação e apresentação dos alimentos, não gostar que os alimentos se misturem no prato. Recusa de alimentos que não estavam na expectativa; por exemplo, não querer comer uma banana porque está manchada. A escola deve perguntar à família como a criança se alimenta, adaptando copos, talheres e pratos ao que a criança está familiarizada.
- **Atitudes familiares**: hábitos, culturas alimentares, até as posturas de incentivo, paciência, insistência e permissividade dos pais, deixando as crianças comerem apenas aquilo de que gostam.

Em ambiente escolar pode ocorrer uma maior aceitação e degustação de variabilidade de alimentos, pois a criança sabe que na escola são oferecidos cardápios que nem sempre são iguais aos de casa, e em casa ela sempre vai ter os alimentos de sua preferência à disposição.

Uso de comunicação alternativa aumentativa

Crianças autistas não falantes podem encontrar barreiras comunicativas por impedimentos na produção da fala, no uso da linguagem falada e de outras formas de comunicação, bem como no entendimento da linguagem. Elas podem ser beneficiadas pelo uso da comunicação alternativa, melhorando a comunicação social, o desenvolvimento da fala, reduzindo, consequentemente, problemas de comportamento.

Sugiro que as escolas utilizem quadros de rotinas, pistas visuais em todos os espaços, chaveiros com imagens, agenda de trabalho e histórias sociais a fim de apoiar a comunicação e o desenvolvimento da linguagem, melhorando os processos de aprendizagem, organização e manejo de comportamento.

Entre um atendimento terapêutico e outro, fui redigindo estas linhas e com a certeza de que colocar minha filha na escola foi e sempre será a melhor opção. Ela teve muitos avanços na socialização, aceitação de cuidados pessoais, como permitir pentear os cabelos, além de ter apresentado avanços na linguagem; ela está comendo melhor, sou muito grata aos profissionais que nos acolheram.

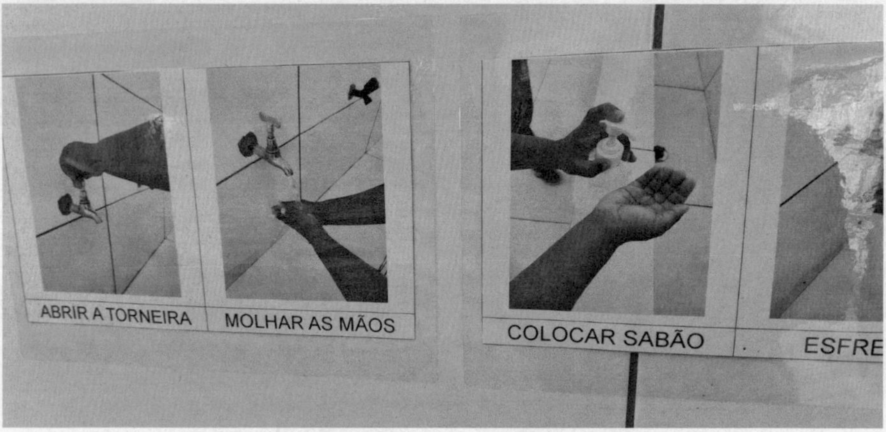

Pistas visuais: passo a passo da higienização das mãos.

Chaveiro de imagens: antecipação dos ambientes escolares.

Referências

INSTITUTO Lagarta Vira Pupa. A lei, o autista e a escola. *Instituto Lagarta vira Pupa*, 21 set. 2015. Disponível em: https://www.lagartavirapupa.com.br/post/a-lei-o-autista-e-a-escola. Acesso em: 24 nov. 2024.

ALMEIDA, B. F. P. *Autismo, seletividade alimentar e transtorno do processamento sensorial*: revisão de literatura. 2020. 34 f. Monografia (Especialização em Transtorno do Espectro Autista) – Universidade Federal de Minas Gerais, Belo Horizonte, 2020.

BRASIL. *Lei n. 12.764 de 27 de dezembro de 2012*. Institui a política nacional de proteção dos direitos da pessoa com transtorno do espectro autista. Distrito Federal: Casa Civil. Disponível em: https://www.planalto.gov.br/ccivil_03/_ato2011-2014/2012/lei/l12764.htm. Acesso em: 3 ago. 2024.

BRASIL. *Lei n. 9.394, de 20 de dezembro de 1996*. Estabelece as diretrizes e bases da educação nacional. Distrito Federal: Casa Civil. Disponível em: https://www.planalto.gov.br/ccivil_03/leis/l9394.htm. Acesso em: 3 ago. 2024.

BRASIL. *Resolução nº 4, de 2 de outubro de 2009*. Institui diretrizes operacionais para o atendimento educacional especializado na educação básica, modalidade educação especial. Distrito Federal: Conselho Nacional de Educação. Disponível em: http://portal.mec.gov.br/dmdocuments/rceb004_09.pdf. Acesso em: 26 nov. 2024.

CECÍLIO, C. Como as crianças aprendem por imitação. *Nova Escola*, 11 nov. 2021. Disponível em: https://box.novaescola.org.br/etapa/1/educacao-infantil/caixa/361/o-papel-da-imitacao-na-aprendizagem/conteudo/20773. Acesso em: maio 2024.

MATERIAIS para apoio. *ComunicaTEA*. Disponível em: https://comunicatea.com.br/downloads/. Acesso em: 23 out. 2024.

QUAL é a legislação atual sobre educação inclusiva no Brasil? Diversa, c2024. Disponível em: https://diversa.org.br/educacao-inclusiva/qual-e-a-legislacao-atual-sobre-educacao-inclusiva-no-brasil/?ref=15275. Acesso em: 24 nov. 2024.

UBUGATA, R. P. TEA na educação infantil: inclusão e afetividade na prática docente. *Diversa*, 3 out. 2022. Disponível em: https://diversa.org.br/artigos/tea-educacao-infantil/. Acesso em: 3 ago. 2024.

28

CONEXÃO FAMILIAR E A ESTIMULAÇÃO DAS FUNÇÕES EXECUTIVAS NA INFÂNCIA

Neste capítulo, as mães e os educadores em geral terão a oportunidade de refletirem sobre a importância do resgate da conexão familiar, além de adquirirem conhecimento a respeito da necessidade de estimulação das funções executivas na infância por meio de jogos analógicos. Essas habilidades são cruciais ao desenvolvimento social, emocional e à aprendizagem acadêmica de todas as crianças típicas ou atípicas. Exercitar a conexão na família com ludicidade, empatia e embasamento científico trará ganhos para todos e um futuro mais promissor e feliz para as crianças.

REGINELLE GUIMARÃES

Reginelle Guimarães

Pedagoga graduada pela Unipac (2008). Pós-graduada em Neuropsicopedagogia Clínica e Institucional pela Uninter (2021). Pós-graduanda em Autismo e Inclusão Escolar: Abordagens Práticas em Neurociências pela FaCiencia. Capacitações: funções executivas e atenção-estimulação por meio de jogos de raciocínio. Reabilitação cognitiva infantil. Avaliação e intervenção cognitiva. Inteligência emocional. Transtornos do neurodesenvolvimento e transtornos específicos de aprendizagem. Cursando Medicina Germânica Heilkunde e o Método da Sabedoria Biodivina, pela FBR. Idealizadora do projeto Cuca Legal. Entusiasta de uma das fases mais importantes das nossas vidas, a infância. Mãe! Amar e transformar é o seu legado!

Contatos
reginelleguimaraes@yahoo.com.br
Instagram: @reginelle.guimaraes
linktr.ee/reginelle.guimaraes

A infância é o chão sobre o qual caminharemos o resto de nossos dias.
(Lya Luft)

Pensei com qual carinho eu poderia iniciar este capítulo. Quanto de cuidado necessitaria para escrever cada palavra, já que meu propósito é realmente agregar na vida das pessoas. O que me move é inspirar e mostrar que realmente o que vou trazer aqui dá certo e é relevante! Então, de início, deixo um conselho: o importante é começar e manter a constância para a transformação acontecer. Para tanto, amor, afeto, acolhimento, empatia, persistência e disciplina são fundamentais.

Nessa linda jornada, Deus é quem me conduzirá. Eu sou instrumento em Suas mãos e realizadora dos Seus projetos. A Ele toda a minha gratidão, por confiar em mim as Suas obras e os Seus sonhos, que inclui poder ajudar as crianças e suas famílias a terem maior conexão, ao resgatarem o estar juntos, com tempo de qualidade, ao brincarem de jogos analógicos; consequentemente, favorecendo o desenvolvimento de perfeitas habilidades que são essenciais para toda uma vida, entre elas: as funções executivas.

Assim, guiada pelo Espírito Divino, confirmo o que já é comprovado pelas Neurociências: o ambiente familiar pode ser favorável ou não para uma criança. Estudos apontam o quanto ela pode ter seu cérebro modificado, seja positiva ou negativamente, a depender do tipo de presença disponibilizada pelos adultos e da qualidade de tempo proporcionado por meio das estimulações que são oferecidas, pois precisam ser respeitosas e adequadas. O lar é o primeiro lugar onde os filhos irão aprender e formar sua essência, com virtudes e valores que precisam e devem ser instruídos por aqueles em quem tanto confiam. É responsabilidade de todos que lidam com a infância, a começar pela família, proporcionar, para a criança, segurança, alimentação, sono, tranquilidade, brinquedo pedagógico, contato com a natureza e benevolência.

Quando os familiares e, em especial, a mãe (geradora da vida), têm consciência da premissa da gestação, e aprendem sobre uma das fases mais importantes do ser humano – a puerícia –, os cuidados que esta etapa extraordinária do desenvolvimento merece têm grandes chances de tornarem-se prioridade. Também ao compreenderem como o cérebro infantil pode se beneficiar por meio da estimulação das funções executivas, é fato que muitos remodelamentos se farão reais, tanto na vida do adulto quanto na vida da criança, de forma ainda mais magnífica!

Quando famílias conseguem organizar um tempo, todos os dias, ou no mínimo duas vezes na semana, de 30 minutos para estimular as funções executivas nas crianças através de jogos analógicos, colaboram para o aperfeiçoamento emocional, social e acadêmico delas, e promovem uma vida mais leve para todos.

Costumo dizer que o conhecimento é libertador! Veja! Liberta(dor)! É possível se libertar do que está desconfortável, lendo informações com evidência científica sobre o desenvolvimento infantil, e colocando-as em prática. Então, partindo do pressuposto de que todo adulto deveria entender sobre a fase mais espetacular da vida, fica aqui essa sugestão: aprenda mais e mais sobre a infância e sobre as funções executivas! Posso afirmar que compreender sobre o desenvolvimento humano me fez ser uma mãe diferente, no mínimo mais empática. O estudo contínuo me torna, todos os dias, a melhor mãe para minhas filhas. Não a mãe perfeita, pois isso não existe! Contudo, tenho transformado a minha vida e refeito a educação que aprendi com os meus pais. E aqui deixo a eles toda a minha gratidão! Além disso, por causa da minha transformação, consigo transformar outras vidas, inspirando a partir do que eu acredito ser essencial! Não sou a mãe que dá conta de tudo, e tudo bem. No entanto, sou aquela que hoje privilegia o amor-próprio, a família e as crianças, e que consegue realizar muitas coisas simples e necessárias! Às vezes, confesso que acontecem desvios na caminhada. Todavia, eu me organizo e volto, com leveza, para o trajeto que creio ser a melhor escolha.

Você que está lendo este capítulo, sinta-o como uma bênção recebida. Desejo que seja uma oportunidade de reflexão, de aquisição de conhecimento para você e que possa agregar algo diferente na vida de uma criança.

Reforço para que seja sempre lembrado! Na família, o amor precisa ser o mais pleno e gratuito, com toda força da palavra; é o primeiro espaço de aceitação e de possibilidades de crescimento do pequeno e da pequena em todas as áreas da vida. Estudos trazem que, por meio da epigenética, a criança pode ter o seu DNA transformado, ou seja, não é totalmente a genética que vai influenciar o que ela vai ser. Seu cérebro poderá ser impactado de forma admirável ou não, a depender dos estímulos constantes que ela receber nos ambientes em que está inserida. E a infância? É a fase mais sublime do ser humano, é nela que toda a base será formada. Na etapa de 0 a 12 anos, o alicerce que for construído sustentará os filhos em qualquer situação desafiadora e complexa nas idades posteriores. Jogos, principalmente os analógicos, são estratégias lúdicas e, quando utilizados com frequência e objetivo, promovem desenvolvimento de muitas habilidades, inclusive das funções executivas, também o aprendizado acadêmico, conexão e lindas memórias. E as funções executivas, que são habilidades cognitivas necessárias para controlar e regular pensamentos, emoções e ações são, portanto, processos mentais essenciais, que devem ser estimulados ainda na idade em que o cérebro está em amadurecimento, ou seja, na infância. As funções executivas, no modelo teórico de Adele Diamond (*apud* Dias & Seabra, 2013), são divididas em construtos primários, a saber: o controle inibitório, a memória operacional e a flexibilidade cognitiva. Essas habilidades darão base para o desenvolvimento de outras capacidades que essa neurocientista denomina de complexas, que incluem o planejamento, o raciocínio fluido, a abstração, a organização e a autorregulação. As funções executivas treinadas na infância vão repercutir em todo o processo social, emocional e acadêmico. Portanto, precisam ser ensinadas.

Diante disso, insisto, adultos que lidam com a infância precisam favorecer momentos para brincar e intervir, também psicoeducar, conectar e criar memórias afetivas, pois, de acordo com Luciana Brites (2020), o brincar é a tarefa mais importante que uma criança precisa realizar. A essa reflexão acrescento outra: um lar lúdico é um lar feliz e favorável para a transformação de todo tipo de "mapa cerebral". Digo mais: precisamos nos preocupar com a natureza humana. O professor Mario Sergio Cortella (*apud* Brites, 2020) diz que "o mundo que vamos deixar para os nossos filhos depende dos filhos que vamos deixar para este mundo". É urgente formarmos seres humanos! Que criança você, adulto, quer ajudar a formar? Dito isso, permita-me apresentar o meu passo a passo, o qual utilizo com as crianças, sejam típicas ou atípicas, para estimular as funções executivas por meio de jogos analógicos e, cientificamente, contribuir com a formação do cérebro a partir de experiências enriquecedoras.

Passo a passo para estimular as funções executivas por meio de jogos, conectar, psicoeducar e criar memórias afetivas, tendo o tempo como aliado

- **Primeiro passo**: construa, com a criança, um quadro de rotina dos jogos. Use gravuras para ilustrar cada momento. Rotina é importante, traz previsibilidade e diminui a ansiedade. Manter a rotina lúdica é fundamental, considerando a necessidade de constância para a verdadeira mudança cerebral. A rotina contribui com a atenção, a flexibilidade e menos impulsividade. Aos poucos, a criança vai consolidar bons hábitos, memórias cognitivas e afetivas.
- **Segundo passo**: separe, junto com a criança, os jogos que poderão ser utilizados. A dica é que um mesmo jogo seja repetido várias vezes até que a criança esteja sabendo muito sobre como brincar com o instrumento escolhido e acertando tudo, ou quase tudo. Ter cuidado quanto ao tipo de jogo e considerar a idade cronológica da criança e o seu neurodesenvolvimento, é necessário para manter também o engajamento dela.
- **Terceiro passo**: reserve um tempo, no horário mais adequado à sua rotina e à rotina da criança, em que vocês estarão juntos para aprender e criar conexão. O importante é estarem longe de distratores (celular, televisão, outros brinquedos, por exemplo) e confortáveis, além de manter a frequência no horário escolhido. Brinquem pelo menos por 30 minutos, no mínimo duas vezes na semana.
- **Quarto passo**: escolha o jogo da semana, junto com a criança. Explique as regras, como se brinca, apresente cada detalhe do brinquedo, ou seja, tamanho, cores, texturas, de que é feito, quantidade de peças e muito mais que sua criatividade permitir. Explore e instigue a criança a participar da maneira como ela consegue: apontando, falando e fazendo relação com outros jogos e formas de brincar. Outra dica é: depois que brincarem com as regras próprias do jogo, vocês podem inventar maneiras diferentes de jogar e brincar, favorecendo a criatividade.
- **Quinto passo**: jogue com a criança, seja sobre uma mesa, seja no chão, sobre o tatame ou um tapete. O considerável é sempre acolher a melhor forma, em que ambos estarão bem e manter a atenção dela para a brincadeira. Criança bem pequena costuma gostar de brincar no chão e a maior também gosta de jogar ao redor de uma mesa. Deixe-a participar ativamente, distribuindo o material, por exemplo. Relembre as regras. Aqui, nesta etapa em específico, muitas coisas podem acontecer. É o momento de aproveitar e psicoeducar. O importante, de novo, é sempre acolher a criança, manter a paciência e mostrar para ela que, assim como no jogo ocorrem alegrias, tristezas, frustrações, erros, ganhos e perdas, também acontecem situações

parecidas na escola, no parquinho, na casa dos primos, com os irmãos, com os próprios pais. A estratégia aqui é relacionar os acontecimentos positivos ou "negativos" às situações do dia a dia, sem nenhum tipo de julgamento e ativar neurônios executivos, entre outras habilidades cognitivas e acadêmicas, além de capacidades sociais e emocionais, oferecidas por meio da psicoeducação com os jogos analógicos.

- **Sexto passo**: organize, juntamente com a criança, os materiais ao finalizar o jogo. Neste momento, novamente a persistência vai contribuir para a construção de bons hábitos e cantar uma música pequena, que remeta à organização, vai facilitar este processo. Peça a colaboração da criança, mostre como fazer, quando necessário. Faça elogios, vibre com ela, demonstre alegria com o tempo que passaram juntos. Faça combinados para o próximo encontro.

Importante! Acesse o meu Instagram para ter dicas de jogos.

De coração para coração!

Você que é adulto, que acredita na educação, no brincar para conectar, ensinar e criar memórias afetivas, quando o tempo estiver corrido e você pensar em dar um celular ou tablet, ou ainda ligar a televisão para que a criança permaneça quieta para você conseguir fazer algo, troque por um jogo de que ela goste. Pense no uso exacerbado de telas como sendo algo pouco produtivo para ela. Criança exposta a internet, cresce, por exemplo, com crenças de que tudo pode, com dificuldades de lidar com frustrações, pouca ou nenhuma paciência, a empatia fica esquecida e seus processos cognitivos prejudicados, como: a linguagem, a fala, o desenvolvimento motor, a atenção, a memória, o controle inibitório e a flexibilidade.

Em vez de oferecer telas para o pequeno e a pequena no restaurante, na igreja, na clínica pediátrica, proporcione um jogo, um livro, uma revista, uma conversa e cultive bons hábitos desde a primeiríssima infância.

Sonhe! Planeje! Realize! Celebre! Nutra essas etapas todos os dias no seu coração e permita que a curiosidade de aprender cada vez mais sobre o desenvolvimento infantil e as funções executivas permaneça. Saiba que, uma vez consolidada a aprendizagem, ela jamais será esquecida, e o conhecimento é transformador. Transforme-se para poder fazer diferente e viver de uma forma mais leve. Uma infância feliz é uma infância na qual os adultos quebram padrões e estão sempre aprendendo para proporcionar o melhor para a criança.

Referências

BRITES, L. *Brincar é fundamental*: como entender o neurodesenvolvimento e resgatar a importância do brincar durante a primeira infância. São Paulo: Gente, 2020.

CORIGLIANO, D. *Funções executivas*: um olhar diferente para ajudar o professor e o aluno em sala de aula. Campinas: Unitá, 2022.

DIAS, N. M.; SEABRA, A. G. *Piafex*: programa de intervenção em autorregulação e funções executivas. Campinas: Memnon, 2013.

MOURA, C. B. *Funções executivas*: fundamentos da aprendizagem e do comportamento. Joinville: Clube de Autores, 2018.

29

COMO MELHORAR O SONO DOS AUTISTAS

Até 80% das crianças com transtorno do espectro autista (TEA) têm problema com sono. Estudos relacionam anormalidade na fisiologia da melatonina, transtorno do processamento sensorial e dificuldade na diferenciação de dia e noite em razão da falta de leitura de sinais sociais. Neste capítulo, os pais descobrirão como minimizar esse quadro e garantir melhor qualidade de sono para o filho.

SHIRLEI RIBEIRO

Shirlei Ribeiro

Escritora, palestrante, consultora materno infantil, especialista em Saúde Integrativa do Sono pelo Family Wellness International Institute (FWII - EUA). Autora do livro *Segredos para o bebê dormir*. Idealizadora da mentoria ABCD do Sono, que já ajudou mais de mil famílias a garantir noites tranquilas de sono para seus filhos.

Contatos
shirleiribeiro.com.br
sonocomapego@gmail.com
Instagram: @shirleiribeiro.sono
YouTube: @shirleiribeiro
WhatsApp: 13 99157 6363

Como melhorar o sono da criança autista

Grande parte das crianças com transtorno do espectro autista tem problemas com sono. As queixas mais comuns são demora para adormecer, dificuldade para pegar no sono e permanecer dormindo, muitos despertares noturnos ou acordar muito cedo pela manhã.

Ainda que a fisiopatologia dos problemas de sono em crianças com transtorno do espectro autista (TEA) não seja totalmente compreendida, algumas explicações relatadas na literatura seriam:

- Anormalidades na fisiologia da melatonina e do ritmo circadiano.
- Falta de leitura de sinais sociais ou movimentos de socialização do ritmo diurno e noturno que podem não ser reconhecidos ou estar comprometidos em crianças autistas, dificultando a diferenciação entre dia e noite.
- Transtorno do processamento sensorial, uma vez que a incidência de diferenças de reatividade sensorial no autismo excede da população neurotípica.

Mas, diante de todas essas possibilidades, como podemos ajudar a criança autista com problemas de sono?

O **primeiro passo** é entender as necessidades particulares da criança e eliminar ou propor tratamento adequado às comorbidades associadas, sobretudo aquelas que podem gerar perturbações específicas no sono (por exemplo, problemas gastrointestinais).

O **segundo passo** seria adotar uma abordagem comportamental de higiene do sono com o objetivo de melhorar cada uma das três hipóteses de dificuldades com o sono.

Então, quando falamos em **anormalidades na fisiologia e no ritmo circadiano**, que estão relacionadas com a produção irregular de melatonina, podemos estabelecer rotinas favoráveis ao ajuste do relógio biológico, levando em consideração os fatores ambientais externos envolvidos na regulação do sistema C (sistema hormonal que regula o sono).

Para isso, fazemos a exposição regular à luz natural em horário fixo ao despertar pela manhã e mantemos horários regulares das refeições principais (almoço e jantar) e das atividades sociais.

Não menos importante é favorecer a produção de melatonina no final da tarde, escurecendo o ambiente ou utilizando luzes de cores quentes (vermelha ou laranja), do horário do entardecer até o início do sono noturno.

Outra boa prática é garantir que a criança tenha uma dieta com alimentos ricos em triptofano, também chamados de alimentos amigos do sono.

Podemos trabalhar a questão da **dificuldade na diferenciação de dia e noite** causada pela falta de leitura social, criando um **ritual** que dê previsibilidade e prepare a criança para o momento do sono. Essa sequência de atividades será um indutor do sono, contribuindo para o desenvolvimento de um padrão de sono saudável e prevenção de dificuldades na hora de adormecer. Além disso, é essencial adotar uma **rotina previsível**. Muitas famílias têm dificuldade de estabelecer uma rotina que favoreça o desenvolvimento. No entanto, a partir do momento que se estabelece uma organização sequencial de atividades, a criança pode ter maior facilidade de aprender porque a previsibilidade da rotina diária traz tranquilidade. A repetição dos acontecimentos diariamente faz a criança perceber os mais diversos e diferentes estímulos ao seu redor, facilitando a diferenciação entre dia e noite.

É importante ressaltar que ter uma rotina não significa ter uma rigidez de horários para tudo. Afinal, uma rotina favorável é aquela em que a criança tem horário para acordar, dormir, comer e brincar, e rituais com sequências de atividades para marcar momentos da rotina diária, como escovar dentes, banho e terapias, de acordo com suas necessidades e disposição natural.

Outro benefício da previsibilidade é deixar a criança menos irritada, mais compreensiva e cooperativa. Principalmente, se sentir que faz parte do processo. Por isso, montar um quadro de rotina interativo que contenha o passo a passo do ritual da hora de dormir é uma boa opção. Porém, esse material de apoio deve preferencialmente ser feito pela família, evitando a aquisição e uso de modelos prontos, pois para que seja funcional a rotina deve ser individualizada e adaptada a cada criança.

E quando falamos do terceiro aspecto dos problemas de sono evidenciados, no que tange ao **transtorno do processamento sensorial**, a observação individualizada é ainda mais importante. Nesse quesito, é preciso avaliar a particularidade de sensibilidade e reatividade da criança, bem como identificar os gatilhos que levam à desregulação e prejudicam o relaxamento necessário para o adormecer rápido e tranquilo e, principalmente, manter o sono prolongado. Assim, ter um ritual é ainda mais essencial, pois para as crianças com diferenças sensoriais o mundo à sua volta já é estressante o suficiente. A previsibilidade do que vai acontecer ajuda a criança a se preparar emocionalmente para o próximo momento. Quando o sistema está desregulado, a vida para a criança é totalmente imprevisível. A previsibilidade é um pilar de segurança e estabilidade.

Outra questão importante é buscar evitar os gatilhos que levam à desregulação. Por isso, ao montar uma rotina, é preciso escolher criteriosamente o horário de iniciar o ritual do sono noturno, para que a criança não esteja muito cansada, com fome ou estressada, já que nessas situações tudo fica mais difícil, tudo parece dar errado e causa muita frustração.

Então, é fundamental ajustar os horários das sonecas e refeições e observar atentamente as atividades que irritam a criança ou causam medo (como algumas terapias) e evitá-las no final do dia.

Outro ponto a ser observado quando tratamos de processamento sensorial é a sensibilidade e reatividade da criança para minimizar os gatilhos no ambiente do sono. Nesse sentido, vejamos alguns exemplos:

Sensibilidade auditiva

Percebe-se que, em lugares públicos e movimentados, a criança fica mais irritada e parece tampar os ouvidos. É um sinal que o auditivo está sensível. Portanto, esse é um ponto de atenção para se verificar e analisar o seguinte:

- Como é o quarto onde a criança dorme?
- Tem sons de trânsito? Cachorro latindo?
- Barulho do playground do prédio?

Identificando esses pontos, a família pode adotar algumas medidas como: mudar de quarto, usar ruído branco suave para abafar os ruídos externos, ou, ainda, adotar o uso de protetores auriculares seguros para a idade.

Sensibilidade tátil

Outra sensibilidade possível é a sensibilidade tátil. Algumas crianças vão evitar todos os tipos de texturas, outras vão gostar de algumas e recusar outras. Por isso, mais uma vez, a observação individual é de suma importância. Digamos que a criança demonstra irritação com texturas, por exemplo, não gosta de pisar na grama, andar descalça, colocar as mãos na terra, evita abraços etc.

São indícios de que há uma sensibilidade tátil. O que é necessário observar no ambiente do sono?

Tudo o que entrar em contato com a pele durante o sono. Alguns ajustes que podem ser necessários:

- Retirar a etiqueta do pijama (que pode incomodar em contato com a pele do pescoço).
- Adotar o uso de lençóis e roupas de cama lisas (sem bordados).
- Escolher pijamas sem botões ou zíper.
- Evitar dormir com roupas com elásticos apertados.

Sensibilidade oral

Quando falamos de sensibilidade oral, as pessoas logo pensam no paladar, mas abrange muito mais do que assimilar os sabores.

A criança com dificuldade na alimentação ou que gosta de morder tudo, mastigar todas as coisas ou tem preferência por comidas crocantes está demonstrando comportamento sensorial do sistema oral.

Então, se sua criança simplesmente ama mastigar, e talvez mastigue livros, brinquedos, lápis e qualquer coisa que tiver à vista dela, isso pode ser um indício da necessidade de estimulação proprioceptiva oral. Nesse quadro, oferecer oportunidades para a criança mastigar no período que antecede a hora de dormir é uma forma de facilitar o relaxamento no momento de adormecer.

Algumas maneiras de fazer isso são:

- Oferecer comidas crocantes no lanche da tarde ou no jantar (palitos de pepino ou cenoura, assados, chips de frutas etc.).
- Mordedores ou colar mordedor sensorial.
- Massagem na língua ou parte interior da bochecha com escova de dente vibratória ou escova de dedo de silicone.
- Oferecer bebidas no canudinho. Melhor ainda se for uma bebida mais gelada ou consistente, como vitaminas ou milk-shakes, para promover maior estímulo proprioceptivo.

Outras sensibilidades sensoriais

É impossível abordar em um artigo todas as questões sensoriais, mas eu gostaria, antes de finalizar, de tratar da importância de observar no ambiente do sono os estímulos sensoriais relacionados à visão e ao olfato.

Crianças com diferenças sensoriais da visão podem ser muito sensíveis ou muito atraídas por luzes; logo, a avaliação da necessidade de escuridão total ou de manter um ponto de luz deve ser considerada.

Já na função olfativa, a sensibilidade aos vários cheiros que outras pessoas talvez nem percebam pode até levar a enjoos ou dores de cabeça.

É importante minimizar odores nas roupas de cama e roupas de dormir, atentando para o uso de sabão em pó e amaciante que possam deixar cheiros mais fortes, além do uso de shampoos e perfumes no banho antes de dormir.

Se sua criança tem uma quantidade significativa de comportamentos sensoriais que impactam a habilidade funcional de relaxamento, dificultando a hora de dormir e causando um aumento na latência de sono (tempo para adormecer), é importante a avaliação com o terapeuta ocupacional que fará uso de técnicas e atividades para ajudar sua criança a manter a regulação nesse momento.

Para finalizar, gostaria de enfatizar a importância de adotar uma rotina adequada para o ritmo biológico e natural da criança. Reforço que não precisa ser uma rotina rígida, em que a criança terá que fazer exatamente tudo nos mesmos horários, nem dormir ou acordar exatamente nos mesmos horários. A rotina pode e deve ter flexibilidade.

Adotar e manter uma rotina que atenda às necessidades da criança e respeite seu ritmo biológico é um investimento de tempo e energia, mas vale a pena.

Ao adotar uma rotina que foca inicialmente na regulação do sono, temos o benefício de, ao trabalhar o ambiente de forma regular no ajuste do sono, a manutenção dos horários mais previsíveis minimiza a desregulação que gera irritabilidade e afeta o comportamento.

Se você deseja melhorar o sono do seu pequeno, invista tempo, dedicação e energia para oferecer uma boa rotina de sono. O empenho de toda a família, além de proporcionar noites mais tranquilas, também ajudará a melhorar muito a qualidade de vida da sua criança.

E garantir o bem-estar da nossa maior riqueza não tem preço!

Referências

AYRES, A. J. *Sensory integration and the child*: understanding hidden sensory challenges, 25th anniversary edition. Los Angeles: Western Psychological Services, 2005.

KAMMERS, C. O sono da criança autista. *In*: CASTRO, T. *Simplificando o autismo para pais, familiares e profissionais.* São Paulo: Literare Books International, 2024, p. 153-160.

LANE, S. J. *et al.* Sleep, sensory integration/processing, and autism: a scoping review. *Frontiers in Psychology*, v. 13, 17 maio 2022.

LYNCH, S. A.; SIMPSON, C. G. Sensory processing: meeting individual needs using the seven senses. *Young Exceptional Children*, v. 7, n. 4, p. 2-9, 2024.

MILLER, L. J. *Sensational kids*: hope and help for children with sensory processing disorder (SPD). Nova Iorque: Perigee Trade, 2006.

MOURA, J. *O sistema de processamento sensorial e temperamentos*: características individuais do ser humano (módulo 5 do curso Saúde Integrativa do Sono Infantil). [*s. l.*]: Family Wellness International Institute (FWII), 2021.

MOURA, J. *Além do sono*: uma visão integrativa para voltar às nossas origens, e transformar relacionamentos e as noites de sono infantil e familiar. [*s. l.*]: Integrative, 2020.

30

MATERNAGEM ATÍPICA E A AROMATERAPIA

Este é um breve relato de como o autismo de nosso filho transformou nossa caminhada. A descoberta trouxe desafios e aprendizados que moldaram nossas vidas. Vou levá-lo a conhecer minha jornada com a primeira maternidade e com a aromaterapia; bases terapêuticas e de suporte do nosso dia a dia. A combinação maternidade e aromaterapia não só me ajudou a crescer como mãe, mas também nos uniu como família, fortalecendo nosso vínculo e nos capacitando a enfrentar qualquer obstáculo com resiliência e amor.

SUZANA LEANDRO GONÇALVES PUHLMANN

Suzana Leandro Gonçalves Puhlmann

Psicóloga formada pela Universidade Regional de Blumenau em 1999. Pós-graduada em Saúde Mental e Saúde Pública (Universidade de Jaraguá do Sul). Formada em terapias integrativas como reiki e aromaterapia (formações nacionais e internacionais). Cursos e aprofundamentos na área de saúde integrativa. Professora e instrutora de ioga (Hatha ioga, ioga integrativa, iogaterapia hormonal). Coach em maternagem consciente. CEO do Studio Gam yoga e pilates. Líder e consultora da maior empresa mundial de óleos essenciais. Casada, esposa e mãe apaixonada. Seu conhecimento profundo e experiências vividas lhe permitem ser facilitadora para várias pessoas, entre elas muitas famílias atípicas.

Contatos

zaninhasy@hotmail.com

gamyogaepilates@gmail.com

Instagram: @suzanalgp

@gam.oleosessenciais

47 99985 0020

Olá, é um prazer conhecer você

Meu nome é Suzana Leandro Gonçalves Puhlmann. Tenho 46 anos e uma família maravilhosa, que me deu coragem e vontade de estar aqui, escrevendo para contar, a você, um pouquinho da minha experiência. Neste capítulo, vou compartilhar um breve relato de como o autismo de meu filho transformou nossa jornada como pais e como pessoas dentro da sociedade. Além disso, vou levá-la a conhecer minha jornada com a primeira maternidade e a aromaterapia, que é uma das bases terapêuticas e de suporte em nosso dia a dia, como sempre falo, "maluquinho".

Nossa jornada com Francisco

Estou sentada diante do meu computador, tomando coragem para abrir meu coração e falar, de forma simples e clara, sobre nossa jornada com nossa família atípica. Nosso primeiro filho foi esperado por todos com muita expectativa e felicidade. Imagine você que, no primeiro dia após chegarmos da maternidade, na casa de meus pais, 20 pessoas da família estavam no mesmo quarto, admirando a chegada do nosso bebê. Francisco foi muito esperado e adorado por todos e por nós também.

Fui uma mãe daquelas que cuidam de todos os detalhes: cobria o sofá sempre com um cueiro, registrava cada momento e aproveitava cada dia, cada fase. Francisco era um bebê muito quietinho, chorava e resmungava pouco, apenas quando estava incomodado, com fome ou algum desconforto. No geral, diziam que ele "meditava junto comigo". Depois do nascimento dele, tentei continuar com algumas aulas de ioga, mas ficava difícil me dedicar como estava acostumada.

Primeiros sinais

Francisco se desenvolveu dentro da escala normal nos primeiros meses, mesmo com algumas questões de baixa imunidade. Próximo a um ano, ele começou a apresentar baixo peso e estatura, mas nas outras áreas atingia a média. Andou e falou no tempo certo. Começou a falar corretamente, mas, perto dos três anos, pouco tempo depois de iniciar a escola, começou a trocar as letrinhas, como outras crianças da sala. Nesse ano, nossa filha do meio nasceu, o que quebrou um pouco a rotina dele, e pensamos que isso poderia ter influenciado.

Com cerca de quatro anos e meio, uma professora nos chamou a atenção, pois desconfiava de possível perda auditiva ou de visão, já que não compreendia certas atividades e brincadeiras. Pedimos avaliações profissionais e, para nossa surpresa, descobrimos que ele escutava um pouco mais do que outras crianças. Nos outros exames, tudo estava normal. Notávamos algo diferente: ele era tímido, o mais novo da turma, e brincava, geralmente, sozinho e emitindo um som baixinho característico quando estava concentrado. Mas o ano passou e, na fase seguinte da escola, começaram as grandes diferenças de desenvolvimento e comportamento. A escola também não entendia o que estava acontecendo, todos os dias havia alguma questão a ser observada.

Diagnóstico e acompanhamento

Iniciamos uma jornada para dar suporte terapêutico e entender o que se passava. Foram anos dolorosos, cansativos e emocionalmente desgastantes. Começamos muitos acompanhamentos com ótimos profissionais, mas nenhum deles nos deu um diagnóstico fechado. Seguimos para outra escola, e as professoras foram incríveis nos dois primeiros anos. Continuamos a fazer exames mais complexos até que uma neuropediatra sugeriu uma busca de diagnóstico avançado, incluindo testes, observações de profissionais, especialistas e de toda equipe que o atendia, além de um exame genético detalhado.

Depois de quatro anos de busca, chegou o diagnóstico: autismo atípico e deficiência intelectual leve. Foi destacado que se encaixava, no momento, em "leve", pois estávamos constantemente trabalhando e o estimulando para aprender e se desenvolver. Recebi esse diagnóstico com um sentimento confesso que confuso, mas de gratidão por ele ser meu filho, estar ao meu lado e com nossa família. Não seria abandonado, seguiríamos buscando possibilidades para nos ajudar a orientá-lo. E, claro, sabia que não seria simples, e exigiria bastante de nós. Continuamos a caminhada de suporte e filtramos tudo o que impactava diretamente em relação aos julgamentos e estranhamentos.

Desafios e superação

Mais um ano se passou, e Francisco enfrentou uma das fases mais difíceis, especialmente na escola: bullying, agressão, falta de respeito de profissionais e colegas de sala, indiferença e uma forte pressão da coordenação da escola para medicá-lo. Ele ia e voltava chorando da escola. Todos os amigos e familiares percebiam que ele era uma criança muito calma. A neuropediatra confirmou que, no caso dele, a estimulação já iniciada e a rotina organizada traziam os melhores resultados. Não haveria necessidade de testar qualquer tipo de medicação no quadro em que se apresentava.

Após uma situação bastante séria na escola, Francisco travou, perdeu a fala clara e começou a ter terror noturno todos os dias. Era evidente o sofrimento emocional gigantesco. Foi necessário incluir mais acompanhamentos para estabilizá-lo novamente, aumentar sua autoestima e fortalecer sua confiança. Não podíamos deixá-lo sofrendo tanto.

O momento nos levou a buscar outras possibilidades e a conhecer o *homeschooling* e uma comunidade que nos abraçou. Com a situação insustentável na escola e Francisco ainda traumatizado, resolvemos tirá-lo da escola, buscamos suporte profissional e assumimos a educação em casa. Sabíamos que ele precisava continuar socializando, então conhecemos espaços e escolas infantis maravilhosas que nos abriram oportunidades com muito carinho, respeito e interesse genuíno.

A aromaterapia em nossa vida

Agora você deve estar se perguntando: Suzana, em que momento você iniciou e irá falar da aromaterapia? Bem, como nasci e fui criada em contato com a natureza, sempre amei ervas, plantas e flores. Sempre gostei de óleos essenciais e costumava comprá-los para massagens e para deixar a casa mais aromática. Quando meus filhos eram recém-nascidos, usava apenas nos momentos de *shantala* (massagem) após o banho.

Durante a pandemia, reconectei-me intensamente com a aromaterapia. Pesquisando sobre o assunto e algumas marcas, fui convidada por amigas a experimentar produtos específicos, que hoje fazem parte da nossa rotina. Fiquei impressionada com os resultados. A primeira situação em que notei a potência dos óleos essenciais foi durante uma crise séria de otite de repetição do meu filho. Usei óleos essenciais diluídos com compressas mornas e, logo, as dores e secreções se estabilizaram, visto que, após dois ciclos de medicações alopáticas injetáveis, não estávamos vendo resultados.

Outra situação difícil era a imunidade extremamente baixa e as crises de rinite e sinusite. Iniciei um protocolo para aumentar sua imunidade, reduzir a tensão, o estresse, o medo e melhorar o seu bem-estar. As nossas outras filhas, Julia e Catharina, também se beneficiaram dos óleos essenciais.

É claro que ainda temos nossos desafios diários com alguns desequilíbrios emocionais, comportamentais e de desenvolvimento comuns ao espectro, além de outros obstáculos, que surgem em decorrência de algumas fases. Francisco vem sofrendo de epilepsia desde o ano passado. E mesmo com toda regulação e ajustes na alimentação, sono e sistema emocional, estamos com acompanhamento alopático por tempo determinado pela neuropediatra. Porém, nas últimas crises convulsivas, conseguimos estabilizar muito rapidamente. A vivência e os ganhos incontestáveis me motivaram a compartilhar essas possibilidades naturais com outras famílias. Aromaterapia é mais uma ferramenta nesta jornada, e vale ressaltar a importância de fazer cuidados proativos e manter os acompanhamentos. Se quiser saber mais ou se aprofundar nesta jornada, será um prazer compartilhar experiências, conhecimento e suporte nesse incrível mundo aromático, que foi um divisor de águas na saúde e no bem-estar de toda a minha família.

31

REFLEXÕES DE UMA PSICOPEDAGOGA SOBRE MATERNIDADE ATÍPICA

A trajetória de uma psicopedagoga muitas vezes transcende as fronteiras do consultório ou até mesmo os ambientes institucionais, como escolas, hospitais, entre outros, adentrando os territórios sensíveis da vida pessoal. Nesse contexto, a experiência de ser uma psicopedagoga especialista em análise do comportamento aplicada ao autismo ganha contornos ainda mais singulares, culminando em uma jornada marcada por amor e propósito.

VANESSA AZEVEDO

Vanessa Azevedo

É pedagoga graduada pela Universidade Castelo Branco em 2011, com sólida base teórica e prática em educação. Obteve a certificação como psicopedagoga CRPp Sindical 1446 e especializou-se em Neuropsicopedagogia, compreendendo as relações entre neurociência e aprendizagem. Também especializou-se em Análise do Comportamento Aplicada ao Autismo, permitindo-se oferecer intervenções eficazes para crianças com autismo. Adquiriu uma experiência valiosa no Exército Brasileiro. Atua como palestrante e mentora, compartilhando conhecimento e experiência. Atualmente, é diretora de mobilização estadual do Sindicato dos Psicopedagogos do Brasil, promovendo a valorização da profissão. Sua maior e mais significativa experiência é ser mãe do Bernardo, que enriqueceu sua vida pessoal e moldou profundamente seu caminho profissional.

Contatos
oliverazevedo24@gmail.com
Instagram: @vanessaazevedo_psicopedagoga
21 96557 5120

Wallon enfatizou a importância da afetividade no desenvolvimento da criança, argumentando que as emoções desempenham um papel fundamental na formação da personalidade e no aprendizado. Ele viu a afetividade como uma força motriz por trás do desenvolvimento cognitivo, social e moral da criança. Ao adotar uma abordagem sensível e centrada na criança, é possível promover um ambiente de aprendizado e crescimento que respeite e valorize a rica vida emocional dessas crianças.

A maternidade é uma jornada que transcende as fronteiras do entendimento humano. É um mar de emoções, desafios e descobertas que moldam não apenas a vida da mãe, mas também a da criança e da família como um todo. No entanto, quando falamos em maternidade atípica, adentramos em um território único, em que as experiências, as perspectivas e as demandas se entrelaçam de maneira singular.

Como psicopedagoga, mergulho diariamente no universo complexo das aprendizagens, das relações familiares e das necessidades individuais de cada criança. E é nesse contexto que me vejo constantemente confrontada com as nuances e os desafios que permeiam a maternidade atípica. Neste ensaio, compartilho algumas reflexões sobre essa experiência multifacetada, que demanda não apenas compreensão, mas também empatia e respeito.

Ao lidar com a maternidade atípica, é fundamental reconhecer que não existe um manual de instruções universal. Cada mãe, cada criança, cada família trilha seu próprio caminho, enfrentando obstáculos e celebrando conquistas de maneira singular. Nesse contexto, o papel da psicopedagoga transcende a mera transmissão de conhecimentos acadêmicos, pois exige sensibilidade, escuta atenta e acolhimento das vivências e das necessidades individuais de cada mãe e de cada criança.

Em meio às demandas da maternidade atípica, é comum que as mães se deparem com sentimentos contraditórios: desde o amor incondicional e a gratidão pela oportunidade de cuidar de um ser tão especial, até a frustração, o cansaço e a angústia diante dos desafios cotidianos.

Convido você a repensar nossos conceitos de normalidade. Cada criança, independentemente de suas características ou desafios, traz consigo um potencial único, que merece ser explorado e valorizado.

A jornada transcende as paredes dos ambientes institucionais e clínicos quando a vida pessoal se entrelaça com a profissional. O relato de uma psicopedagoga que se depara com a realidade de ter um filho autista adiciona uma dimensão única a essa narrativa. O amor que permeia essa experiência é transformado em um combustível poderoso, na compreensão e apoio ao desenvolvimento do filho.

As limitações sensoriais apresentadas por Bernardo não são encaradas como obstáculos intransponíveis, mas sim como convites à criatividade e à adaptação. Com nossa expertise moldamos o ambiente familiar para atender às necessidades específicas, promovendo estímulos que respeitam a singularidade dele.

Esse elo pessoal entre a profissão e a maternidade me transformou em uma facilitadora de aprendizagem não apenas para meus aprendentes, mas também para minha própria família. A compreensão aprimorada das intrincadas relações entre neurociência e comportamento se refletiu não apenas nos métodos aplicados em casa, mas também na empatia estendida a outras famílias que enfrentam desafios semelhantes.

Desafios e descobertas

Vinte e nove de abril de 2019. Uma data marcante que ecoa em minha história profissional e pessoal. Foi o dia em que experimentei um renascimento profundo, pois Bernardo, meu filho, chegou para transformar completamente minha vida. Sua chegada não apenas trouxe alegrias inexprimíveis, mas também desafios que desencadearam uma profunda reflexão sobre a maternidade e minhas habilidades profissionais.

Aos três meses de vida, Bernardo recebeu um diagnóstico que alteraria o curso de nossa jornada: perímetro cefálico reduzido. Como profissional da educação e saúde, mergulhei em uma busca frenética de respostas, questionando os médicos sobre os possíveis prejuízos associados a esse laudo.

Ouvir que meu filho poderia enfrentar desafios neurológicos foi avassalador, abrindo uma janela de incertezas e preocupações com as quais todas as mães se confrontam, e eu, como profissional, sabia como famílias lidavam com esses diagnósticos.

Em meio à tormenta emocional, iniciei uma busca incansável em direção à identificação precoce e à intervenção para Bernardo. À medida que o tempo passava, minha preocupação crescia, pois percebia que alguns marcos cruciais do desenvolvimento estavam atrasados. Com apenas dez meses, Bernardo já dominava o alfabeto, mas sua fala funcional não se manifestava – ouvir um "mamãe" naquele período era impossível. A ausência de contato visual, o andar na ponta dos pés e os terríveis episódios de terror noturno e distúrbio do sono acentuavam nossa angústia, chegando ao ponto de passarmos dez dias sem dormir.

No entanto, apesar dos desafios e das noites sem dormir, a chegada de Bernardo também trouxe consigo um profundo senso de propósito e determinação. Encontrei forças que nem sabia que possuía para lutar pelo bem-estar e desenvolvimento do meu filho. Cada pequena conquista de Bernardo, por menor que fosse, era motivo de celebração e renovava nossa esperança.

O papel da psicopedagoga na maternidade atípica

O papel da psicopedagoga na maternidade atípica é de fundamental importância para oferecer suporte e orientação às mães e famílias que enfrentam desafios únicos no desenvolvimento de seus filhos.

No meu caso específico, meu conhecimento psicopedagógico desempenhou um papel crucial em minha jornada como mãe, pois estava familiarizada com os marcos do desenvolvimento segundo Piaget.

Isso me permitiu ter um olhar abrangente sobre o que meu filho conseguia ou não fazer em sua idade certa.

Entender os estágios de desenvolvimento de uma criança, como propostos por Piaget, foi fundamental para orientar minhas expectativas e abordagens.

Conforme meu filho crescia, eu podia identificar quais habilidades eram esperadas em determinadas fases e como estimulá-lo adequadamente.

Bernardo sempre teve foco em letras e números, o que se revelou um diferencial significativo em nosso trabalho em conjunto com outros terapeutas.

Desde o momento em que Bernardo foi diagnosticado com autismo nível de suporte 2, minha formação em psicopedagogia me proporcionou as ferramentas necessárias para compreender as nuances de sua condição e como ela poderia impactar seu desenvolvimento.

Ao mergulhar no universo complexo das aprendizagens, pude oferecer ao meu filho suporte emocional e prático.

O foco de Bernardo em letras e números, desde tenra idade, foi um aspecto que chamou minha atenção como psicopedagoga. Enquanto muitas crianças exploram o mundo por meio de jogos e brincadeiras, Bernardo demonstrava uma inclinação natural para os conceitos numéricos e letras. Esse interesse precoce não apenas destacou suas habilidades individuais, mas também proporcionou uma base sólida para nossa intervenção terapêutica.

Um exemplo foi seu desfralde, quando conseguimos alterar os banheiros mais utilizados por Bernardo, tanto o da creche, de nossa casa e da casa dos avós. Colocávamos letras, números e músicas. Assim, aquele banheiro se tornava interessante para ele. Não foi uma tarefa fácil, mas por fim conseguimos.

Como terapeuta da aprendizagem, aproveitava todo o interesse de Bernardo em letras e números como uma ferramenta para estimular seu desenvolvimento em outras áreas. Utilizando atividades lúdicas e materiais adaptados, trabalhamos juntos para expandir suas habilidades cognitivas, linguísticas e sociais. Por exemplo, enquanto explorávamos o alfabeto, também explorávamos conceitos de cores, formas e habilidades motoras finas.

Em última análise, o papel da psicopedagoga na maternidade atípica vai além da mera transmissão de conhecimentos acadêmicos. Requer sensibilidade, empatia e uma compreensão profunda das complexidades emocionais e cognitivas de cada criança. É sobre criar um ambiente de aprendizagem que seja acolhedor, estimulante e que valorize o potencial único de cada indivíduo, promovendo assim seu desenvolvimento integral e seu bem-estar.

Reconhecendo e valorizando o potencial único de cada criança

É necessário repensar os conceitos de normalidade e valorizar o potencial único de cada criança, independentemente de suas características ou desafios, ressaltando a importância da inclusão e do apoio integral. Todo o meu olhar para o Bernardo foi um olhar de amor; eu entendia que ali havia oportunidades e utilizava minhas estratégias tanto com ele quanto aconselhando a família. Nossa formação nos leva a entender toda a singularidade de cada indivíduo.

Em um mundo que muitas vezes tende a padronizar e categorizar as pessoas com base em normas predefinidas, é crucial lembrar que a diversidade é o que enriquece nossa sociedade. Cada criança traz consigo um conjunto único de talentos, habilidades e desafios, e é nossa responsabilidade como educadores, pais e membros da comunidade reconhecer e valorizar essa diversidade.

Ao olhar para Bernardo, eu não via apenas um diagnóstico ou uma lista de dificuldades; via um ser humano completo, cheio de potencial e possibilidades. Cada interação com ele era uma oportunidade para aprender e crescer, não apenas para ele, mas também para mim. E, ao trabalhar com minha família, procurava não apenas oferecer suporte prático, mas também inspirar uma mudança de perspectiva, para que pudessem enxergar além das limitações percebidas e abraçar plenamente o potencial de Bernardo.

A formação em Psicopedagogia ensina a compreender a singularidade de aprender de cada indivíduo, a reconhecer suas necessidades específicas e a desenvolver estratégias adaptadas para promover seu desenvolvimento integral. Isso inclui não apenas abordagens educacionais, mas também apoio e orientação para os pais e cuidadores.

Portanto, ao repensarmos os conceitos de normalidade, devemos nos esforçar para criar uma sociedade mais inclusiva e acolhedora, em que todas as crianças, independentemente de suas características ou desafios, se sintam valorizadas e apoiadas em seu crescimento e aprendizado. E isso começa com um olhar de amor, compreensão e aceitação, reconhecendo e celebrando a singularidade de cada criança.

Conclusão

A jornada com Bernardo não foi fácil, mas cada obstáculo nos fortaleceu como família e como indivíduos. Minha experiência profissional foi crucial para a intervenção precoce. O luto pelo filho idealizado inicialmente me tirou o chão; porém, com muita orientação divina e profissional, consegui sair do papel de vítima e trabalhei incansavelmente pelo melhor para meu filho.

Com todo o trabalho desenvolvido com Bernardo, ele acaba sendo meu caso de sucesso, e outras famílias vêm me procurar para obter atendimentos. Esse momento da minha vida me ensinou lições valiosas sobre resiliência, amor incondicional e a importância de nunca parar de estudar, mesmo nos momentos mais difíceis.

Hoje, Bernardo continua a nos surpreender com sua alegria de viver e seu desempenho cada dia melhor e extremamente notável. Seu sorriso ilumina nossos dias e seu progresso constante é um poderoso lembrete de que, com amor, apoio e estudo, podemos superar qualquer desafio que a vida nos apresente.

Sabemos que ainda temos um longo caminho a percorrer; porém, a chegada de Bernardo não apenas marcou o início de uma nova jornada, mas também solidificou meu estabelecimento profissional e a certeza de ter escolhido a carreira certa. Essa experiência me fez compreender quem eu era como psicopedagoga, destacando o papel crucial desses profissionais tanto na saúde quanto na educação. Meu conhecimento psicopedagógico como terapeuta da aprendizagem desempenhou um papel essencial em minha jornada como mãe, permitindo-me intervir precoce e eficazmente nas necessidades de Bernardo.

Espero que este relato inspire outras mães a não desistirem de seus filhos, mesmo quando tudo ao nosso redor nos direciona a parar. Sei que não é fácil, mas acredito firmemente no poder do amor, da fé e da orientação divina para encontrar o melhor caminho.

Que minhas palavras possam servir de reflexão e incentivo, lembrando a todos que, com resiliência e dedicação, podemos superar qualquer obstáculo e garantir um futuro melhor para nossos filhos.

Referências

BOSSA, N. A. *Dificuldades de aprendizagem*: o trabalho psicopedagógico. São Paulo: Artmed, 2011.

BOSSA, N. A. *A psicopedagogia no Brasil*: contribuições a partir da prática. Petrópolis: Vozes, 2012.

DE ALMEIDA, L. R. de; MAHONEY, A. A. *Afetividade e aprendizagem*: contribuições de Henri Wallon. São Paulo: Associação Nóbrega, 2007.

PIAGET, J. *Relações entre a afetividade e a inteligência no desenvolvimento mental da criança*. Rio de Janeiro: Wak, 2014.

RELVAS, M. *Psicopedagogia clínica e institucional*: teoria, técnica e prática. Rio de Janeiro: Wak, 2018.

32

NO LUTO, UM ELO

Neste capítulo, compartilho um pouco da minha jornada na maternidade atípica. Do nascimento ao diagnóstico, passamos por um turbilhão de emoções e medos; muitas vezes, achamos que estamos sozinhas, mas quando compartilhamos as histórias, descobrimos que temos mais em comum do que apenas um diagnóstico.

VIVIANE AZEVEDO ROCHA DA COSTA

Viviane Azevedo Rocha da Costa

Paulista, 42 anos, filha da Dona Berenice e do José, esposa do Mauricio, mamãe de dois meninos incríveis, Arthur e Heitor (Arthur é o mais velho e o irmão mais amável que o Heitor poderia ter; Heitor, hoje com oito anos, diagnosticado com autismo nível 3 de suporte, não verbal, usuário de comunicação aumentativa alternativa robusta). *Cake designer*, ama transformar bolos e doces em inesquecíveis lembranças. Atualmente, estudante do curso de pós-graduação em Psicomotricidade pela Associação Vem Ser.

Contatos

vi.azevedorocha@gmail.com

Instagram: @nosso_mundo_especial

Eu sempre me imaginei mãe, então a maternidade veio como escolha, minha e do meu marido. Se bem que, se voltarmos um pouquinho no contexto na sociedade em que vivemos, sempre existiram algumas cobranças maiores para nós mulheres: "Nossa, você cresceu! Já ficou mocinha?", "Já está namorando?", "Casa quando?", "Já tem filhos?", "Quem tem só um não tem nenhum, hein...", e por aí vai. Hoje, julgo desnecessárias tais colocações, porque, cada vez mais, mostramos que somos capazes de ocupar inúmeros lugares e postos de destaque que não sejam apenas montar uma família. Mais do que nunca, ser mulher hoje em dia é símbolo de luta e perseverança.

Voltando à maternidade, meus filhos foram desejados e esperados. O primeiro veio quase depois de dois anos de casamento, um menino encantador, um ser humano doce por natureza, companheiro, acolhedor, que durante algum tempo reinava sozinho em nossos corações. Mas, sempre que tinha oportunidade, ele perguntava por um irmão, fazia apelos de deixar nosso coração pequenino, tipo "todos os meus amigos têm irmãos, menos eu" ou então, "mamãe, meu amiguinho fez uma carta para papai do céu e pediu um irmão para mim como a irmãzinha dele". Como podemos não amá-los, são tão verdadeiros!

Depois de seis anos que tivemos o mais velho, resolvemos que estava na hora de ter o segundo ou a segunda, novamente uma gravidez planejada. Era um menino, que por incrível que pareça já tinha nome, pois nossos filhos já tinham nome antes mesmo de nascerem. A gestação foi normal, engordei pouco, pois havia engravidado acima do peso e tinha que me cuidar. Decidimos por uma cesariana. Fomos ao hospital uma semana antes; fiz exames e estava tudo certinho, então agendamos para a semana seguinte – um sábado lindo, início de mês setembro. Fui a última de quatro ou cinco mulheres naquela tarde. Na sala de pré-parto, comecei a sentir um desconforto; o bebê estava mudando de posição, só podia ser.

Meu esposo esperava para assistir o parto, e dissemos para meu filho mais velho que a cegonha deixaria o irmão no hospital; o médico de longe acenou para mim e perguntou: "Tudo bem?". Eu respondi: "Sim, tirando um incômodo que estou sentindo. Acho que o bebê se mexeu". Ele disse: "Tudo bem!". Logo depois me chamaram. Entrei no centro cirúrgico, tudo certo. Fui anestesiada, meu esposo apareceu; tudo indo como o esperado (inclusive foi a mesma médica que fez o parto do meu filho mais velho, também em plantão). A médica se dirigiu ao seu colega que estava ao meu lado e disse: "Não estou conseguindo tirar". O médico respondeu: "Vou empurrar aqui", e começou a empurrar a lateral direita da minha barriga. A médica falou: "Está escorregando, não estou conseguindo pegar", e o anestesista pediu licença para tentar ajudar e começou a empurrar minha barriga por cima. Comecei a ficar tensa e fazia toda a força que eu conseguia com meu instinto porque, anestesiada, não sabia se estava conseguindo fazer força, até que a médica, então mais nervosa, fez uma manobra para tirar meu bebê e conseguiu. O médico ao lado pediu para verem o bracinho porque ele escutou um barulho e falou isso umas duas vezes. Comecei a chorar sem parar quando vi meu bebê saindo apagadinho de bruços na mão da enfermeira. Que cena inesquecível! E a médica me perguntou: "Por que você está chorando?", eu disse: "Porque quebrou o braço do meu bebê, ele deve ter sentido dor".

Na volta, quando vi meu pequeno gigante com o úmero/braço enfaixado, comecei a chorar, meu Deus, tão pequeno e passando por tanta coisa. Meu esposo ao meu lado em prantos também, me pedindo calma, porque estava tudo bem. Ele estava ali, mas ainda tem lembranças dolorosas daquele dia). Nos explicaram sobre a fratura do úmero; graças a Deus um ortopedista pediátrico estava no hospital, pôde avaliar o caso do nosso pequeno e ele ficou na incubadora pelo conforto, pois não poderia colocar roupa naquele momento.

Ficamos os dois dias necessários, e eu ia até ele em todos os momentos de mamada. Aqui entre nós, amamentar é lindo, necessário, um momento único entre a mãe e o bebê, mas é difícil; para mim, nas duas gestações, não foi nem de perto de como eu esperava que seria.

Fomos para casa; nosso bebê mamava bem, tão bem que tínhamos que completar com fórmula, pois do contrário o chororô estava instalado; e era um choro que, como diriam os mais antigos, "fervia na garganta".

Meu bebê tinha um desenvolvimento típico: sempre muito sorridente, bonzinho para dormir, firmou o pescoço com uns três meses, sentou-se entre o quarto e quinto mês, e engatinhou com sete meses. A introdução alimentar foi ótima também; sempre aceitava o que oferecíamos e repetia o que mais gostava. No acompanhamento com pediatra, apresentava o peso e altura certinhos, os olhos acompanhavam nossos movimentos, esboçava palavrinhas como mamã, papá, "ága" (água), batia palminhas, mas andar mesmo foi com um ano e três meses, depois de muita insistência nossa e dos avós; lembranças carinhosas desse período, mas rolou até simpatias, pois estava demorando e a crendice humana nos une.

Eu nunca falei sobre isso para ninguém, mas próximo de um ano de idade, em uma consulta ao pediatra, mencionei que tinha alguma coisa diferente; eu não sabia explicar, mas alguma coisa havia mudado. Cheguei a perguntar para a médica na época se era normal o Heitor estar mais quietinho do que de costume. Nessa mesma época, meu sobrinho por parte materna estava fazendo terapia, pois apresentava alguns sinais que nos chamava a atenção, medo e choro intensos, pouca ou quase que nenhuma fala e essa era a mesma médica acompanhava meu sobrinho. Minha cunhada tinha visto um CID (classificação estatística internacional de doenças e problemas relacionados com a saúde)[1] no pedido médico e foi pesquisar; esse foi o nosso primeiro contato com a palavra "autismo". Portanto, perguntei para a médica se o Heitor poderia ter o mesmo diagnóstico, já que, até então, ninguém havia dito nada para nós. Essa mesma médica disse que eu estava exagerando.

Ao mesmo tempo, minha cunhada compartilhou o relato de outra pessoa que passava por questões bem similares com o filho, porém, nesse caso, a criança chorava muito à noite, só se acalmava com banho e não falava nada. É importante mencionar que, nesse caso, um tio da criança havia encontrado informações valiosas na carteira de vacina, e disse: "Olha, os sintomas são bem parecidos com o que estou lendo aqui, na carteira de vacina", a mãe, como todas nós, duvidou; não poderia estar acontecendo com o filho dela.

1 Segundo a OMS, a CID é a base para a identificação de tendências e estatísticas de saúde em todo o mundo, e o padrão internacional para relatar doenças e condições de saúde. É o padrão de classificação de diagnóstico para todos os fins clínicos e de pesquisa. A CID define o universo de doenças, agravos, lesões e outras condições de saúde relacionadas, listadas de forma abrangente e hierárquica (CNN, 2021).

Não tínhamos parâmetros, era tudo muito novo e como pais acabávamos, de uma maneira errônea, tentando proteger nossos filhos, não expondo suas diferenças entre crianças da mesma idade. Porque é claro que alguém iria perguntar, notar e é muito difícil se sentir diferente dos padrões, pior ainda quando não sabemos do que estamos falando.

A médica que eu havia comentado disse: "Não, imagina", que estava tudo perfeito com meu filho; é claro que eu, na cultura em que fui criada, acreditava que um médico é uma autoridade, estudou muito, sabia o que falava. Fui criada para ser obediente, mas com certeza eu estava errada. A essa altura já havia comentado com meu esposo, que carinhosamente me tranquilizou dizendo: "Você está muito abalada pelo seu sobrinho. Não se preocupe, está tudo bem, eu não observei nada". Mas quem ficava com o bebê a maior parte do tempo? Eu.

Pensei que com certeza estava errada, não era possível, e deixei guardada lá no fundo da alma minha inquietação.

Aniversário de um ano, tudo certo; Heitor participou de tudo, não estranhou nada. Porém, na hora do parabéns, esboçou que iria bater palminha e não bateu, ficou apenas olhando todos os convidados cantando e batendo palmas sem mudar seu semblante.

Hoje consigo confirmar nas fotos a falta de reações ou alterações do semblante do Heitor, mas, na época, mesmo notando algo diferente, pensei que aquele comportamento era por conta das pessoas desconhecidas, a primeira experiência em uma festa etc.

Uma coisa foi certa: depois de um ano de idade dele nossas noites de sono não foram as mesmas, provavelmente porque Heitor estava crescendo; o sono da tarde estava influenciando. Passamos a dormir mal, ele acordava a cada duas ou três horas; às vezes tomava mamadeira, às vezes não. Nos dias mais intensos oferecíamos um banho noturno, massagens, silêncio e nada; estávamos cansados, irritados, mas seguíamos. Procurei um neurologista por conta própria pelo plano de saúde; daí expliquei as minhas queixas, e ele nos pediu uma ressonância magnética e uma avaliação neuropsicológica. Acho que o médico pediu a ressonância porque, nesse meio-tempo, o Heitor caiu do berço. Nem chorou, não se machucou, porém eu achava que poderia ter sido pelo susto que ele estava mudando.

Marquei a ressonância e fui sozinha com meu filho. Meu esposo até se ofereceu, mas eu disse que não precisava. Correu tudo bem com o exame, resultado normal. Hoje, sugiro que, sempre que possível, leve um acompanhante.

Para a avaliação neuropsicológica, levei-o oito vezes até o consultório. A psicóloga fez entrevista, me deu vários questionários de investigação da hipótese diagnóstica para responder e me perguntava sempre o que eu estava notando de errado. Respondi umas 100 perguntas em questionários diferentes, e só duas ou três haviam dado diferente uma da outra. Conclusão: tudo normal, porém ela disse que a escola ajudaria e para que nós o estimulássemos em casa.

Passaram-se alguns meses e aquela dúvida voltou a me rodear. Meu bebê, agora com quase um ano e meio, com inúmeras noites maldormidas, batia a cabeça, batia na cabeça, puxava nossos cabelos e chorava, como chorava. A essa altura eu já havia procurado outro pediatra, que me disse que estava tudo bem, que era coisa da minha cabeça, que as crianças iam crescendo e dormindo um pouco menos mesmo. Quando eu me referia a minha experiência com meu filho mais velho, Arthur, diziam que eu não poderia comparar, que cada um é cada um; cada criança tem o seu tempo.

Daí pensamos: "Claro, é falta de contato com crianças da mesma idade. Vamos colocá-lo na escola, pronto". Matriculamos Heitor com um ano e dez meses, e sem declarar nada sobre meus questionamentos. Tivemos um primeiro semestre quase que normal. Ele participava de tudo, porém com algumas dificuldades de adaptação, rotina, sono, para tudo tínhamos uma resposta esperada e sempre seguíamos no "está tudo bem".

No final do ano, agora com dois anos e três meses, vieram as férias. Os comportamentos interferentes só aumentavam, mas poderia ser a falta de rotina; isso mudaria quando voltássemos às aulas.

Voltando às aulas, mudamos ele para o período da manhã, pois durante a tarde Heitor dormia muitas vezes na escola (lembra que ele não dormia direito à noite?), e não dormia pela manhã, somente à tarde; então, resolvemos mudar.

Passei um mês inteiro sentada na recepção. A adaptação estava difícil; ele chorava muito, agredia colegas e professora. Nessa época, começou a morder, os choros eram diários e várias vezes no dia. Uma vez, Heitor entrou melhor na sala e voltei para casa, que era perto, pois minha vida lá fora continuava a mesma. Ser microempreendedora me trazia algumas vantagens, mas também tinha minhas obrigações. Então, a escola me liga. Como já havia se tornado um hábito de sempre me ligarem quando não estava por perto, voltei sem sequer ter chegado em casa. Quando cheguei, Heitor tinha mordido o bracinho dele inteiro, mordido a professora. Assim que vi ele em prantos e daquele jeito, eu só chorei. Na verdade, já estava cansada, sem saber o que fazer. Só queria acordar daquele pesadelo, preferia mil vezes que ele me batesse ao se machucar daquela maneira.

No dia 12 de fevereiro de 2020, levei-o ao pronto-socorro, pois estava resfriado, e quando fomos atendidos pela pediatra, dra. Ana Paula de Paula Correa, ela examinou, passou um anti-inflamatório, mas enquanto escrevia a receita, ela olhou para mim e disse: "Mãe, tem mais alguma coisa, né?". Ali mesmo desabei a chorar, expliquei minha angústia. Estava cansada, não sabia mais o que fazer e ela humanamente me disse: "Espere aí, vou indicar uma colega neuropediatra". Ela demorou mais procurando o telefone dessa colega do que com a consulta pela garganta. Pegou meu número e disse que me daria um retorno. Ela me passou o contato da amiga neuropediatra, dra. Leticia Rasia, e logo agendei a consulta. Doía tanto em mim não saber o que estava acontecendo, não saber como ajudar meu bebê, que eu só chorava e me chateava quando os médicos diziam: "Não compare, é coisa da sua cabeça". Já estava no meu limite, cheguei a responder um "não estou comparando, mas tenho um parâmetro; estou falando que meu filho mais novo não está desenvolvendo da mesma maneira que meu filho mais velho, ou que as crianças da mesma faixa etária". No dia da consulta meu esposo foi, só ele falou, eu só chorava, não estava conseguindo mais lidar. Heitor já tinha um calinho ósseo na testa de tanto bater a cabeça. Eu vivia arranhada e mordida, meu filho mais velho tinha levado uma mordida nas costas que, meu Deus, preferia que tivesse sido em mim!

A dra. Letícia ouviu meu esposo por quase uma hora. Ouviu minhas tentativas de falar em meio às lágrimas, observou nosso filho chorando, depois correndo tentando fugir da sala, depois brincando com os inúmeros brinquedinhos que ela tem em sua sala, e até que carinhosamente nos explicou que nosso filho era uma criança com **autismo**. Naquele momento minhas lágrimas caíam sem que eu as pudesse conter. Na verdade, hoje lembrando de tudo, sinto que já sabia. Sempre soube que tinha algo diferente, mas quem era eu para questionar os médicos. Como eu disse anteriormente, fui criada para ser obediente. Sempre vi esses profissionais que tanto estudam como algo superior, portanto, se um médico falou, está falado. Mas não, verdadeiramente não. Eles são seres humanos como nós, que apenas tiveram a oportunidade de estudarem mais, mas, como qualquer profissional, são suscetíveis a erros e, principalmente, precisam constantemente de aprimoramentos, porque trabalhar com ciência é estar em constante aprendizado.

Sim, nosso ainda tão pequeno menino estava com inúmeras características do transtorno do espectro do autismo (TEA). Ele não falava (espera-se que criança com essa idade forme frases, apesar de ainda existir erros gramaticais; a criança consegue manter um diálogo, contar fatos, ter um vocabulário rico), não explorava ambientes, não respondia ou demonstrava a menor reação ao ser chamado pelo nome. Heitor não sustentava o olhar, não compartilhava o olhar com um objeto e pessoa, não apontava, quase que praticamente não dormia, era irritado, agredia a si mesmo; com apenas três anos, ele batia a cabeça na parede, formando até um calo (como citei anteriormente), tinha preferências alimentares, não gostava de barulho etc.

É claro que descrever hoje os sintomas é muito mais fácil do que quando estamos convivendo com eles diariamente, em um estresse familiar total, porque sim, faz sentido inúmeros casais não conseguirem levar adiante uma relação conjugal em que a sensação é de exclusão da sociedade, da família, e o que você tem acesso são apenas crises, e ainda precisa se enxergar como homem e mulher, como companheiros, como pessoas diferentes que se uniram para viverem e dividirem uma relação que não existe mais. Mas não estou romantizando, nem dizendo que é ou será fácil. Só estou colocando meu ponto de vista atual, porque antigamente, por diversas vezes, eu queria "matar ou morrer", não me sentia entendida por ninguém, parecia que só eu enxergava que meu filho não era mais o mesmo, era um misto de emoções difíceis de lidar. Às vezes, ainda me sinto assim, mas bem menos, pois, com o amadurecimento, hoje consigo entender que não existe um culpado, apenas a falta de conhecimento que nos deixa frágil e amedrontados.

Muitos casais se perdem um do outro, não por falta de amor, carinho ou respeito, mas pelo contexto, pela falta de apoio, por vergonha de procurar ajuda profissional, por aceitação de diagnóstico; na verdade, a nossa sociedade é treinada diariamente para seremos autossuficientes, para não precisarmos um do outro, para que só você se baste; e não é assim que as coisas funcionam. É necessário dividir, principalmente, momentos de dores, ouvindo e tentando entender que todos podem passar por isso, e que muitos já passaram ou estão passando. Você não está sozinho, não precisa ter vergonha ou medo; pelo contrário, precisa apenas de ajuda para suportar as dificuldades e, por isso, você escolheu ter alguém ao lado, para compartilhar os momentos de alegrias, sim, mas para se tornarem cada vez mais fortes com as dificuldades. Porque dividir a alegria sempre será fácil, mas somar na dificuldade, esse é o treinamento diário.

Voltando à consulta do diagnóstico, no final de tudo, dra. Letícia me deu um abraço e compartilhou que escolheu ser neuropediatra porque tinha um irmão mais velho autista, que sabia e sentia exatamente o que eu estava sentindo, e que poderíamos confiar, pois dias melhores viriam.

Ela nos receitou medicação e inúmeras horas de terapia. Terapia baseada na análise do comportamento aplicada (ABA). Quando achamos que as coisas iriam melhorar, o turbilhão de emoções só aumentaria. O mês seguinte era março 2020, o início da pandemia de Covid-19. Nossa busca teria uma pausa obrigatória, mas estava longe do fim, pois conseguimos terapias só em outubro do mesmo ano, ainda em período de insegurança devido ao vírus que nos acercava. Portanto, iniciamos verdadeiramente as terapias com uma frequência próxima do necessário em meados de janeiro de 2021. E os aprendizados só aumentaram com as mães da sala de espera, com estudos sobre o que é ABA, o que nosso filho deveria estar fazendo em cada faixa etária; cada devolutiva era uma alegria e um desespero. E a inclusão, ah, essa história ainda tem muitos capítulos, ainda mais quando falamos de inclusão; porque não sabemos o que é inclusão, só sabemos quando precisamos dela, acreditem!

Um filho é um elo de amor eterno, não existe nada e ninguém que apagará esse elo, o luto da idealização de um filho perfeito, sem dificuldades, é apenas uma fase de amadurecimento de uma nova mãe que surge capaz de morrer e reviver quantas vezes forem necessárias para lutar pelo seu filho. Ter um filho com deficiência me tornou um ser humano melhor, mais observador, mais tolerante e menos imediatista. Não foi e não é fácil, mas ele faz parte de mim e eu dele. Seguimos a nossa jornada com inúmeros desafios. Hoje, aos oito anos, ele é uma criança TEA nível 3 de suporte, minimamente verbal; porém, o Heitor não é o autismo, as características fazem apenas parte de um contexto muito maior de amor, carinho e respeito que temos pelo ser humano que ele é.

Não se sinta só, existem inúmeras famílias vivendo algo parecido com as dificuldades que você está enfrentando. Chore quantas vezes precisar, mas seque suas lágrimas e faça acontecer. Lute pelo melhor para sua família, o melhor para os seus. Não desista, inclua, agradeça e comemore. Você é incrível, eu acredito. Nossos filhos não tiveram escolha ao serem deficientes, mas nós temos a escolha de buscar o melhor que estiver ao nosso alcance.

Referência

CNN. O que é CID e como utilizar os os códigos da classificação? *CNN Brasil*, 23 set. 2021. Disponível em: https://www.cnnbrasil.com.br/saude/entenda-o-que-e-cid-o-codigo-que-identifica-doencas-no-mundo-todo/. Acesso em: 25 set. 2024.